큰활자본

불교상용의례집

 대한불교조계종 교육원

《불교상용의례집》개정판에 부쳐

'염불'이란 부처님에 대한 것을 마음에 회상하는 것입니다.

부처님에 대한 것이란 대표적으로 여래십호(如來十號)를 의미합니다. 염불의 가장 원시적인 형태로서 『불설십일상사념여래경(佛說十一想思念如來經)』에 의하면 '계의청정(戒意淸淨)'부터 '관불무염족(觀佛無厭足)'에 이르는 11가지의 상(想)을 가지고 여래를 사념한다고 설하고 있습니다.

이처럼 오랜 역사를 지니고 있는 염불은 부처님과 하나를 이루어 무념의 경지에 이르게 하는 지극한 수행법으로까지 발전하였으며, 특히 현대 한국불교의 의례의식에서 염불은 빠질 수 없는 중요한 위치에 있습니다. 그럼에도 불구하고 오늘날 염불에 대해 소홀히 여기는 경우가 없지 않습니다.

대한불교조계종 교육원에서는 염불의 중요성을 학인 시절부터 인식하고 익혀야 하며, 또 각 지방마다 조금씩 다른 내용을 통일할 필요성을 느꼈습니다. 이에 2013년에 승가대학 정규교과과정에 〈불교상용의례 I,II〉를 필수과목으로 편성하고, 교재로《불교상용의례집》을 발간하였습니다.《불교상용의례집》의 특징은 우리말 염불의 정착과 한국불교의 현대화에 기여하고 있는 점입니다.

이번에 다시《불교상용의례집》개정판을 펴내게 된 이유는 가장 널리 독송되는 '반야심경', '칠정례', '천수경', '행선축원', '신중예경', '아침종송', '저녁종송', '삼귀의', '사홍서원'이 우리말 염불로 완성되어 의례위원회의 결의와 중앙종회의 동의를 얻어 공포된 내용을 반영하기 위함입니다.

이번에 펴내는《불교상용의례집》개정판은 인묵 스님(조계종의례위원장), 화암 스님(염불교육지도위원장)의 지도와 감수를 받았습니다.

아울러 개정판《불교상용의례집》이 스님들과 불자들의 의례와 신행에 든든한 바탕이 되어 불조의 혜명이 이 땅에 끊임없이 이어질 수 있기를 발원합니다.

불기 2565(2021)년 3월

대한불교조계종 교육원 불학연구소장
보 문 합장

1. 본 교재는 기본교육기관 표준교육과정(사미 · 사미니)의 불교의례 교육을 위해 편찬하였다. 따라서 스님들의 기본 염불의식인 예경, 불공, 천도, 생활의례를 중점적으로 정리하였다.

2. 본 교재는 활용도를 높이기 위해 왼쪽 면을 '한문본'으로, 오른쪽 면을 '한글본'으로 편집하였다.

3. 본 교재는 수업 시간의 집중도를 높이기 위해 본문에서의 세세한 설명은 생략하였다.

4. 각 정근에 표시된 "「 」……"는 '「 」'에 있는 명호를 반복해서 정근한다는 뜻이다.

   본문에 표시된 "「 」(3번)"은 그 부분을 전체 3번 반복한다는 뜻이다.

5. 본서는 '조계종의례위원회'에서 의결한 내용을 기본으로 하였다. 전래의《작법귀감》(백파긍선, 1826)과《석문의범》(안진호, 만상회, 1935),《통일법요집》(대한불교조계종, 2008),《한글통일법요집》(대한불교조계종, 2005),《승가의범》(동주원명, 운주사, 2009),《다비 · 추선작법 연구보고서》(대한불교조계종 포교원 포교연구실, 2011) 등의 내용을 수용하여 정리하였다.

6. 본 교재의 우리말 '반야심경'(제194회 중앙종회), 우리말 '칠정례', '천수경'(제196회 중앙종회), 우리말 '행선축원', '신중예경', '아침종송', '저녁종송', '삼귀의', '사홍서원'(제206회 중앙종회)은 의례위원회에서 결의하고 중앙종회의 동의를 얻어 공포한 것을 수록하였다.

III 생활 의례

IV 상강례, 포살, 법문 의례

I

총 론

불교의례의 의미

의례란 특정한 목적을 가지고 일정한 행사를 정해진 방식에 따라 치르는 행위를 뜻한다. 의례는 그 상징체계를 수용하고 공동의 언행을 실행하는 과정을 통해 참여자들의 합의를 도출하는 기능을 수행한다. 따라서 인류는 긴 역사 속에서 목적에 따른 수많은 의례들을 개발하고, 이를 통해 공동체의 결속을 강화하고 질서를 유지하는 중요 수단으로 사용해 왔다.

불교공동체에서도 의례는 특별한 의미를 가지며 개발되고 변화되어 왔다. 그리고 그 단초는 스스로 불법승 삼보에 귀의하는 삼귀의계와 오계 · 십계 · 구족계 등을 수지하는 수계의식(受戒儀式), 자자와 포살 등의 승사(僧事) 등에서 찾을 수 있다. 승단의 기본질서를 유지하기 위해 시행되던 초기의 의궤(儀軌)는 이후 부처님의 가르침을 실현하는 행위[法事]로 그 목적이 확대되었고, 의궤의 적용범위 역시 식사와 법회 등 공동체의 일상 규범으로까지 확대되었다. 또한 대승불교에 이르러서는 대중을 부처님의 가르침으로 이끄는 수단[方便門]과 개인의 수행을 완성하는 방법으로까지 확대되었다. 이렇게 주변의 사상과 문화에 적응하고 시대적 요구에 부응하며 개발된 다양한 의례들은 기나긴 역사의 과정을 거치면서 전승되고 변화되어 현재에 이르고 있다.

현재 우리 사회는 급속한 변화를 맞고 있다. 폭포처럼 쏟아지는 정보로 사상과 문화가 다양해졌고, 공동체의 붕괴속도 또한 빨라지고 있다. 이런 변화들은 기존 권위로부터의 자유라는 선물을 가져다주었지만 한편으로는 방향타를 잃고 표류하는 불안한 군중을 양산하였다. 이에 소외와 불안을 겪는 수많은 사람들이 자기 정체성과 안정감을 회복할 새로운 공동체를 갈구하고 있다. 이들을 불교공동체로 인도하여 개인과 사회의 병통을 치유할 방법을 모색함에 있어 불교의례의 중요성이 더욱 부각되고 있다. 왜냐하면 사유체계와 행동양식을 공유하는 기본 틀이 곧 불교의례이고, 그 의례가 공동체 형성의 가장 기본적인 요소가 되기 때문이다.

더불어 시대적 요구와 대중들의 요구에 부합하는 형식을 적극적으로 고민하고 연구해야 할 것이다. 불교의례는 전통의 보존이라는 당위성을 확보하고 있다. 하지만 단순한 전승에 그친다면 박물관의 유물처럼 구경거리로 전락하고 말 것이다. 사상과 문화가 수용자들의 범위를 확대하고 그 효력을 증대하기 위해서는 시대적 요구에 부합하는 형식의 변화가 필수적이다.

현시대가 요구하는 불교의례의 변화에서 가장 먼저 고려할 것은 의례에 사용되는 언어이다. 한문이라는 언어의 장벽이 불교의례를 대중으로부터 격리시키는 현상을 야기하였기 때문이다. 또한 형식의 간소화가 요구되고 있다. 바쁜 현대인들은 종교생활에 많은 시간을 할애할 수 없다. 따라서 지나치게 긴 의례나 많은 학습을 요하는 복잡한 운율의 의례는 의도적으로 회피하는 경향을 보이고 있다. 또한 세속화로부터 탈피가 요구되고 있다. 불교적 이익과 행복을 성취한다는 본래의 목적을 망각하고 불교의례를 상품으로 전락시키는 일이 없도록 항상 주의해야 할 것이다.

이 불교상용의례집은 차후에도 개편작업을 이어갈 것이다. 적절한 방편을 통해 불교의 이념을 구현하고 사회로 확산하려는 노력은 상구보리 하화중생(上求菩提下化衆生)을 실천해야 할 불교도 본연의 임무이자 사명이기 때문이다.

2

불교의례의 특징

불교의례의 특징은 다음과 같다.

첫째, 자기완성의 길로 제시된다. 불교의례 참여자들은 시방삼세의 삼보께 정성껏 공양을 올리고[供養], 격식을 갖춰 삼보께 공경 예배하고[禮敬], 신구의 삼업으로 저지른 과오를 깊이 뉘우치고[懺悔], 자신이 획득한 유형무형의 이익을 공동체로 환원하고[廻向], 공동선을 구축하는 길에서 물러서지 않겠다는 서원을 다짐하는 과정을 통해 바람직하지 못한 과거와 단절하고 바람직한 미래에 적극적으로 동참하는 자기변화를 체험하게 된다. 즉 격식을 갖춘 집단행위나 통과의례에 그치지 않고 수행으로 직결된다는 점이다.

둘째, 인도자와 참여자의 상호교감이 적극적으로 이루어진다. 불교의례에서는 인도자가 대중과 마주 서지 않고 대중과 나란히 선다. 이는 유일신교의 사제들이 주로 신의 대리자 역할을 하는 반면에 불교의례의 인도자들은 대중의 대변자 역할을 한다는 걸 의미한다. 즉 불교의례에서의 인도자는 명령하고 지시하는 자가 아니라 모범을 보이며 대중을 설득하는 역할을 수행한다. 따라서 불교의례에서는 그 형식에 있어서도 참여자에게 많은 역할을 분배한다.

셋째, 일상의 행위를 수행으로 전환시킨다. 전통불교의례는 특정한 장소와 시간에 행해지는 예배와 찬탄·발원에 그치지 않고 관혼상제는 물론, 앉고 눕는 일상사에까지 그 적용범위가 확대되어 있다. 이를 두고 지나친 형식주의라 비판하는 이들도 있다. 하지만 그 배경에는 순간순간을 부처님의 가르침 속에서 살아가려 했던 종교적 열의가 녹아 있고, 지금 이 순간 바르게 생각하고 말하고 행동하는 것이 곧 부처님의 가르침이라는 지혜가 스며 있다. 따라서 평범한 일상사를 종교적 체험과 수행으로 승화시키는 불교의례의 놀라운 효과를 결코 경시해서는 안 될 것이다.

의례자의 자세

의례자는 첫째, 보살임을 자각해야 한다. 현행 한국의 불교의례는 대부분 대승불교권에서 형성된 것이다. 따라서 상구보리하화중생을 그 사상적 모태로 삼고 있고, 신앙 형태도 자력과 타력이 적절히 혼합된 양상이다. 보살은 완전한 깨달음을 추구하는 자인 동시에 깨달음을 실현하는 자이다. 따라서 불교의례에 참여하는 사람은 인도자와 참여자를 명확히 구분하기보다는 다함께 보살(菩薩)의 자세로 참여해야 한다.

둘째, 간절해야 한다. 간절함이 결여되면 종교적 체험은 발생하지 않는다. 또한 한계상황에 처한 이들에게 깊은 통찰력과 판단력을 기대하기란 현실적으로 무리이다. 따라서 불가항력의 난관에 봉착한 이들에게는 절대적 지혜와 자비를 갖춘 불보살의 가피력이 절실히 요구된다. 불교의례가 그런 염원을 충족시켜주는 주요 수단인 만큼 인도자는 참여자에게 불보살의 불가사의한 신통과 가피에 대한 확고한 믿음을 심어주어야 한다.

셋째, 회향과 발원으로 귀결해야 한다. 회향과 발원은 개인의 기복으로 치우치기 쉬운 중생의 속성을 차단하는 불교의례의 주요한 부분이다. 의례 인도자는 자신의 이익을 중생에게 회향하는 행위가 곧 부처님의 가르침을 완성하는 길임을 상기시키고, 항상 공동체의 이익과 행복을 지향하도록 대중을 인도·교화해야 한다.

넷째, 규범을 준수해야 한다. 미비한 형식으로는 뜻을 온전히 표현하거나 전달하기도 힘들다. 따라서 의례자는 정해진 의례의 절차에 따라 하나하나 성실히 시행하도록 노력해야 한다.

II

사찰 의례

예불의례
禮 佛 儀 禮

1. 도량석
道 場 釋

> 도량석이란, 자시(子時)에는 하늘의 기운이 열리고 축시(丑時)에는 땅의 기운이 열리며 인시(寅時)에는 사람의 기운이 열리므로 천(天)·지(地)·인(人) 삼재(三才)가 열리는 때에 잠자는 뭇 생명을 깨운다 하여 풀 석(釋) 자를 써서 도량석이라 한다.

① **도량석을 시작할 때**에는 각 사찰의 대웅전(혹 큰방) 정면 앞마당에서 부처님을 향하여 목탁을 세 번 올리고 내렸다가 다시 한 번 올린 후 경문을 독송한다.

② 정구업진언에서 개법장진언까지 외운 뒤 사대주, 천수경, 화엄경약찬게, 관음예문, 초발심자경문, 법성게 등을 선택해서 정해진 시간에 따라 할 수 있다.

③ <u>도량석을 마칠 때</u> 정해진 시간에 경문을 외우면서 도량석을 처음 시작한 대웅전(혹 큰방) 정면까지 온 다음, '계수서방안락찰 접인중생대도사 아금발원원왕생 유원자비애섭수'를 한 뒤 목탁을 세 번 내린다.

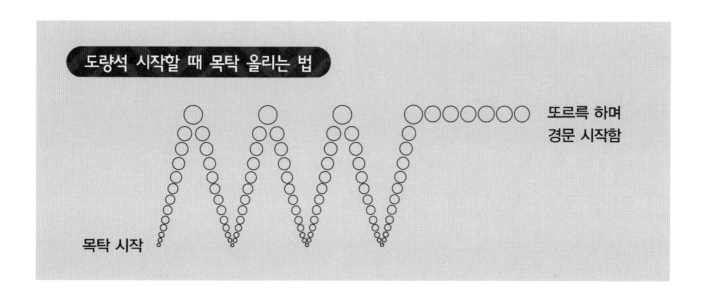

도량석 시작할 때 목탁 올리는 법

또르륵 하며
경문 시작함

목탁 시작

목탁 치는 법

1. 일자(一字) 목탁은 두 음절에 한 박자씩 치면서 천수경을 외운다.

   예 : 정 구업 진언 수리 수리 마하 수리 수수 리 사바 하

2. 빠른 목탁을 칠 때는 한 음절에 한 박자씩 친다.
   경문을 외울 때는 작게 치고 숨쉴 때는 크게 친다.

   예 : 정 구업 진언 수리 수리 마하수리 수수리 사바하

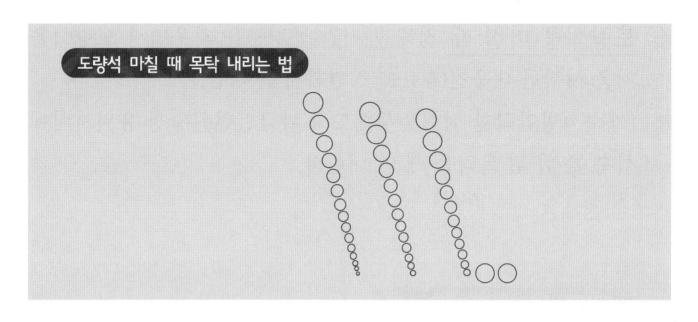

도량석 마칠 때 목탁 내리는 법

1) 천수경 (참조_ 78쪽)
千 手 經

2) 의상조사 법성게 (참조_ 412쪽)
義 湘 祖 師　法 性 偈

3) 사대주
四 大 呪

나무대불정 여래밀인 수증요의 제보살만행 수능엄신주
南無大佛頂　如來密因　修證了義　諸菩薩萬行　首楞嚴神呪

다냐타 옴 아나례 비사제 비라 바아라 다리 반다 반다니 바아라
바니반 호훔 다로옴박 사바하.

정본 관자재보살 여의륜주
正本　觀自在菩薩　如意輪呪

나무 붇다야 나무 달마야 나무 승가야 나무 아리야 바로기제 사라

야 모지 사다야 마하사다야 사가라 마하가로 니가야 하리다야 만다라 다냐타 가가나 바라지진다 마니 마하무다례 루로루로 지따 하리다예 비사예 옴 부다나 부다니 야등.

불정심 관세음보살 모다라니
佛頂心 觀世音菩薩 姥陀羅尼

나모 라다나 다라야야 나막 아리야 바로기제 새바라야 모지 사다바야 마하 사다바야 마하가로 니가야 다냐타 아바다 아바다 바리바제 인혜혜 다냐타 살바다라니 만다라야 인혜혜 바리마수다 못다야 옴 살바작수가야 다라니 인지리야 다냐타 바로기제 새바라야 살바도따 오하야미 사바하.

불설 소재길상 다라니
佛說 消災吉祥 陀羅尼

나모 사만다 못다남 아바라지 하다사 사나남 다냐타 옴 카 카 카혜 카혜 훔 훔 아바라 아바라 바라 아바라 바라 아바라 지따 지따 지리 지리 빠다 빠다 선지가 시리예 사바하.

4) 화엄경 약찬게 (참조_198쪽)
華嚴經 略纂偈

2. 종송
鐘頌

■ 아침종송 시작할 때

① 도량석이 끝나기 직전, 즉 목탁을 세 번 내려서 마칠 때 법당 소임 스님은 종송을 시작하는데, 먼저 종틀을 2~3번 가볍게 울려준다.

② 그다음 종을 작은 소리로 울리면서 점점 크게 적당한 간격으로 치다가 댕댕(:) 작게 치고, 땡 땡 땡(○○○) 크게 세 망치를 치고 나서 '원차종성변법계' 소리를 한다.

③ 종전 의식집에는 '개경게'와 '개법장진언'이 없다. 왜냐하면 경전을 독송할 때는 '개경게, 개법장진언'을 먼저 해야 하지만 종송은 일반 염불이기 때문에 하지 않는다.

④ 게송을 외우며 종을 치는 간격은 호흡이 긴 사람과 짧은 사람의 차이가 있으므로 꼭 정해진 자리가 있는 것은 아니다. 적당한 간격으로 은은히 이어지도록 한 망치씩 친다.

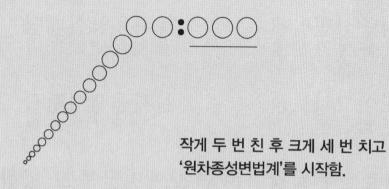

아침종송 시작할 때

작게 두 번 친 후 크게 세 번 치고
'원차종성변법계'를 시작함.

1) 아침종송
朝禮鐘頌

원차종성변법계	철위유암실개명
願此鐘聲遍法界	鐵圍幽暗悉皆明

삼도이고파도산	일체중생성정각
三途離苦破刀山	一切衆生成正覺

나무 비로교주 화장자존 연 보게지금문 포 낭함지옥축

南無 毘盧敎主 華藏慈尊 演 寶偈之金文 布 琅函之玉軸

진진혼입 찰찰원융 십조구만오천사십팔자 일승원교

塵塵混入 刹刹圓融 十兆九萬五千四十八字 一乘圓敎

나무대방광불화엄경(3번)

南無大方廣佛華嚴經

제일게
第一偈

약인욕요지	삼세일체불	응관법계성	일체유심조
若人欲了知	三世一切佛	應觀法界性	一切唯心造

파지옥진언
破地獄眞言

나모 아따 시지남 삼먁삼못다 구치남 옴 아자나 바바시 지리지리 훔 (3번)

장엄염불 운운
莊嚴念佛 云云

1) 아침종송

이 종소리 온 법계에 두루 퍼져서
철위산 깊은 어둠 모두 밝히고
삼도 고통 없어지고 칼산 무너져
일체중생 바른 깨침 이뤄지이다.

비로교주 화장자존 보배로운 게송으로 금문 설하고
옥함 속의 묘한 진리 펼치시오니, 티끌마다 스며들고
국토마다 원융하신 십조구만 오천사십팔자 일승원교
대방광불 화엄경에 귀명합니다.

나무대방광불화엄경.(3번)

제일게

과거, 현재, 미래의 모든 세계와 일체의 부처님을 알고자 하면
마땅히 법계 성품 관할지니 모든 것은 이 마음이 지었느니라.

파지옥진언 : 지옥을 파하는 진언

나모 아따 시지남 삼먁삼못다 구치남 옴 아자나 바바시 지리지리 훔 (3번)

장엄염불 운운

■ 아침종송 마칠 때

① '원공법계제중생 ~자타일시성불도' 하면서 한 망치 치고, 길게 '나무아미타불' 하면서 '불' 자 끝에 : ○ 한 망치 친다.
'아미타불 본심미묘진언, 다냐타 옴 아리다라 사바하'를 차츰 빨리 외우면서 종을 점점 빠르게 치고 소리를 작게 내린다.

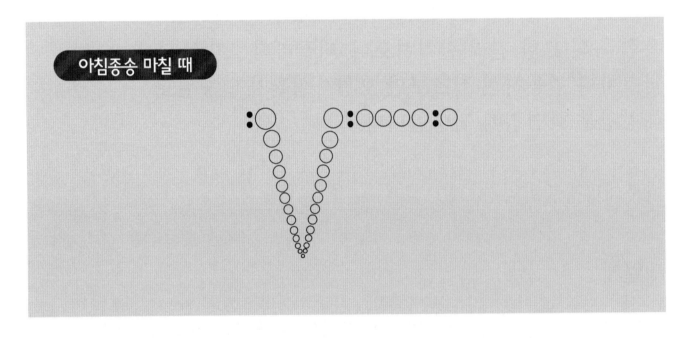

'원이차공덕, 보급어일체, 아등여중생, 당생극락국, 동견무량수, 개공성불도'까지 해서 마친 후 다시 종을 살려서 적당한 간격으로 치다가 : ○ ○ ○ ○ : ○ 다섯 망치로 끝낸다.

② 사물을 갖춘 사찰에서는 법고, 범종, 운판, 목어를 다 친 후 대중스님이 법당에 참석한 것을 확인하고 예불종을 친다.
예불종은 내리고 올리기를 세 번 한 후, 다섯 망치를 친다.

첫 번째 : ○칠 때 예불경쇠나 목탁을 치며 대중이 일어나 저두하고 예불을 시작한다.

③ 아침예불종과 사시마지종은 치는 법이 똑같다.

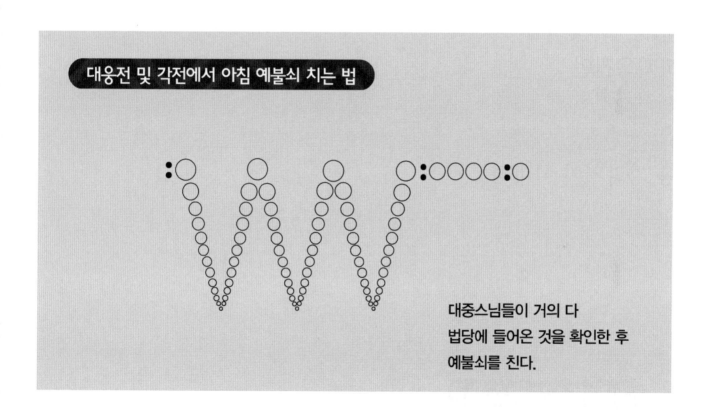

대웅전 및 각전에서 아침 예불쇠 치는 법

대중스님들이 거의 다
법당에 들어온 것을 확인한 후
예불쇠를 친다.

2) 저녁종송
夕 禮 鐘 頌

문종성번뇌단　지혜장보리생
聞 鐘 聲 煩 惱 斷　智 慧 長 菩 提 生

이지옥출삼계　원성불도중생
離 地 獄 出 三 界　願 成 佛 度 衆 生

파지옥진언
破 地 獄 眞 言

옴 가라지야 사바하 (3번)

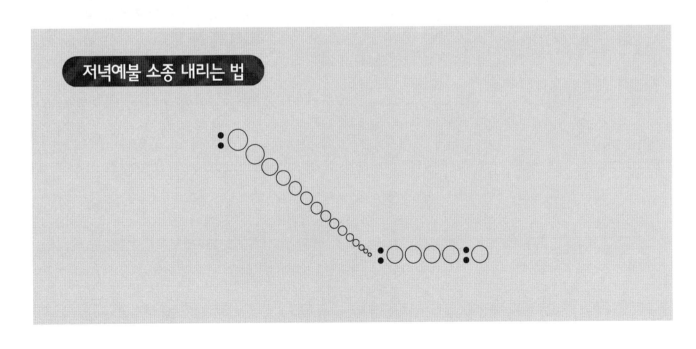

저녁예불 소종 내리는 법

2) 저녁종송

이 종소리 듣게 되면 온갖 번뇌 끊어지고
밝은 지혜 자라나고 보리심이 생겨나며
지옥세계 멀리 떠나 삼계고를 벗어나고
깨달음을 이루어서 모든 중생 건져지이다.

파지옥진언 : 지옥을 파하는 진언

옴 가라지야 사바하. (3번)

① 먼저 종틀을 2~3번 울린다.
② ' : ○ 문종성 번뇌단, 지혜장 보리생 ○' 하고 한 망치 치고,
'이지옥 출삼계, 원성불 도중생 ○' 하면서 한 망치 치고,
'파지옥 진언 옴 가라지야 사바하' 한 번 하고 ○ 한 망치 치고,
세 번째 진언 '옴 가라지야사바하'의 '하' 字에서 : ○ 하고 마친다.
③ 저녁예불 시 법고, 범종, 운판, 목어 등 사물을 집전할 때 각단
예경을 먼저 한다. 사물 치는 것이 모두 끝난 후 법당에서는
소종을 한 번 내린 후 상단 예불을 시작한다.
사물을 다 집전하고 나서 법당 소종을 한 번 내릴 때 소리를 완
전히 내린 후, 음종 : ○○○○ 네 번을 크게 치고 마지막에 :
○ 쳐서 마친다.

3. 대웅전 예경
大雄殿禮敬

1) 상단 예불
上壇禮佛

다게
茶偈

아금청정수　변위감로다
我今淸淨水　變爲甘露茶

봉헌삼보전　원수애납수 (3번)
奉獻三寶前　願垂哀納受

오분향게
五分香偈

계향 정향 혜향 해탈향 해탈지견향
戒香 定香 慧香 解脫香 解脫知見香

광명운대 주변법계 공양시방 무량불법승
光明雲臺 周遍法界 供養十方 無量佛法僧

헌향진언
獻香眞言

옴 바아라 도비야 훔 (3번)

3. 대웅전 예경

1) 상단 예불

다게 : 차 올리는 게송

저희 이제 청정수를 감로다 삼아 삼보님전 올리오니
자비로 받으소서, 자비로 받으소서,
대자비로 받으옵소서.

오분향게 : 향 올리는 게송

계향 정향 혜향 해탈향 해탈지견향,
광명구름 두루하여 시방세계 한량없는
삼보님전 공양합니다.

헌향진언 : 향 올리는 진언

옴 바아라 도비야 훔.(3번)

칠정례
七頂禮

지심귀명례 삼계도사 사생자부 시아본사 석가모니불
至心歸命禮 三界導師 四生慈父 是我本師 釋迦牟尼佛

지심귀명례 시방삼세 제망찰해 상주일체 불타야중
至心歸命禮 十方三世 帝網刹海 常住一切 佛陀耶衆

지심귀명례 시방삼세 제망찰해 상주일체 달마야중
至心歸命禮 十方三世 帝網刹海 常住一切 達摩耶衆

지심귀명례 대지문수사리보살 대행보현보살
至心歸命禮 大智文殊師利菩薩 大行普賢菩薩

대비관세음보살 대원본존 지장보살마하살
大悲觀世音菩薩 大願本尊 地藏菩薩摩訶薩

지심귀명례 영산당시 수불부촉 십대제자 십육성 오백성
至心歸命禮 靈山當時 受佛付囑 十大弟子 十六聖 五百聖

독수성 내지 천이백 제대아라한 무량자비성중
獨修聖 乃至 千二百 諸大阿羅漢 無量慈悲聖衆

지심귀명례 서건동진 급아해동 역대전등 제대조사
至心歸命禮 西乾東震 及我海東 歷代傳燈 諸大祖師

천하종사 일체미진수 제대선지식
天下宗師 一切微塵數 諸大善知識

지심귀명례 시방삼세 제망찰해 상주일체 승가야중
至心歸命禮 十方三世 帝網刹海 常住一切 僧伽耶衆

유원 무진삼보 대자대비 수아정례 명훈가피력
唯願 無盡三寶 大慈大悲 受我頂禮 冥熏加被力

원공법계제중생 자타일시성불도(저두)
願共法界諸衆生 自他一時成佛道

칠정례

지극한 마음으로,
온 세계 스승이며 모든 중생 어버이신 석가모니 부처님께 절하옵니다.

지극한 마음으로,
온 세계 항상 계신 거룩하신 부처님께 절하옵니다.

지극한 마음으로,
온 세계 항상 계신 거룩하신 가르침에 절하옵니다.

지극한 마음으로,
대지문수사리보살 대행보현보살 대비관세음보살
대원본존 지장보살님께 절하옵니다.

지극한 마음으로,
부처님께 부촉받은 십대제자 십육성 오백성 독수성 내지
천이백 아라한께 절하옵니다.

지극한 마음으로,
불법 전한 역대조사 천하종사 한량없는 선지식께 절하옵니다.

지극한 마음으로,
온 세계 항상 계신 거룩하신 스님들께 절하옵니다.

다함없는 삼보시여,
저희 예경 받으시고, 가피력을 내리시어,
법계중생 모두 함께 성불하여지이다.

행선축원
行禪祝願

조석향등헌불전   귀의삼보예금선
朝 夕 香 燈 獻 佛 前   歸 依 三 寶 禮 金 仙

국계안녕병혁소   천하태평법륜전
國 界 安 寧 兵 革 消   天 下 太 平 法 輪 轉

원아세세생생처   상어반야불퇴전
願 我 世 世 生 生 處   常 於 般 若 不 退 轉

여피본사용맹지   여피사나대각과
如 彼 本 師 勇 猛 智   如 彼 舍 那 大 覺 果

여피문수대지혜   여피보현광대행
如 彼 文 殊 大 智 慧   如 彼 普 賢 廣 大 行

여피지장무변신   여피관음삽이응
如 彼 地 藏 無 邊 身   如 彼 觀 音 卅 二 應

시방세계무불현   보령중생입무위
十 方 世 界 無 不 現   普 令 衆 生 入 無 爲

문아명자면삼도   견아형자득해탈
聞 我 名 者 免 三 途   見 我 形 者 得 解 脫

여시교화항사겁   필경무불급중생
如 是 敎 化 恒 沙 劫   畢 竟 無 佛 及 衆 生

시회대중각복위   선망부모왕극락
時 會 大 衆 各 伏 爲   先 亡 父 母 往 極 樂

행선축원

아침저녁 향과등불 부처님전 올리옵고
삼보전에 귀의하여 공경예배 하옵나니
우리나라 태평하고 온갖재앙 소멸되며
온~ 세계 평화롭고 부처님법 이뤄지이다. (삼배)

저희들이 이와같이 세세생생 날적마다
반야지혜 좋은인연 물러나지 아니하고
우리본사 세존처럼 용맹하신 뜻세우고
비로자나 여래같이 큰깨달음 이룬뒤에
문수사리 보살처럼 깊고밝은 큰지혜와
보현보살 본을받아 크고넓은 행원으로
넓고넓어 끝이없는 지장보살 몸과같이
천수천안 관음보살 삼십이응 몸을나눠
시방삼세 넓은세계 두루돌아 다니면서
모든중생 제도하여 열반도에 들게할제
내이름을 듣는이는 삼악도를 벗어나고
내모습을 보는이는 생사번뇌 해탈하며
백천만겁 지나면서 이와같이 교화하여
부처님도 중생들도 모든차별 없어지이다.
시방삼세 불제자들 모든소원 이뤄지고
선망부모 제형숙백 왕생극락 하옵시며

현존사친수여해
現存師親壽如海

법계애혼이고취
法界哀魂離苦趣

산문숙정절비우
山門肅靜絶悲憂

사내재앙영소멸
寺內災殃永消滅

토지천룡호삼보
土地天龍護三寶

산신국사보정상
山神局司補禎祥

준동함령등피안
蠢動含靈登彼岸

세세상행보살도
世世常行菩薩道

구경원성살바야
究竟圓成薩婆若

마하반야바라밀
摩訶般若波羅蜜

나무석가모니불
南無釋迦牟尼佛

나무석가모니불
南無釋迦牟尼佛

나무시아본사석가모니불
南無是我本師釋迦牟尼佛

살아계신　은사육친　수명장수　하옵시고
온법계의　애혼고혼　삼도고해　벗어나며
산문도량　정숙하여　근심걱정　없어지고
도량내의　대소재앙　영원토록　소멸되며
토지천룡　신장님들　삼보님을　호지하고
산신국사　호법신은　상서정기　드높이며
일체중생　모두함께　저언덕에　태어나고
세세생생　언제라도　보살도를　행하여서
구경에는　일체지가　원만하게　이뤄지다.

마하반야바라밀(저두)

나무석가모니불

나무석가모니불

나무시아본사석가모니불.

발원문
發願文

이산 연 선사 발원문
怡山 然 禪師 發願文

귀명시방조어사 연양청정미묘법
歸命十方調御師 演揚淸淨微妙法

삼승사과해탈승 원사자비애섭수
三乘四果解脫乘 願賜慈悲哀攝受

단모갑
但某甲

자위진성 왕입미류
自違眞性 枉入迷流

수생사이표침 축색성이탐염 십전십사 적성유루지인
隨生死以飄沈 逐色聲而貪染 十纏十使 積成有漏之因

육근육진 망작무변지죄 미륜고해 심익사도
六根六塵 妄作無邊之罪 迷淪苦海 深溺邪途

착아탐인 거왕조직 누생업장 일체건우
著我耽人 擧枉措直 累生業障 一切愆尤

앙삼보이자비 역일심이참회 소원능인증발 선우제휴
仰三寶以慈悲 瀝一心而懺悔 所願能仁拯拔 善友提携

출번뇌지심원 도보리지피안 차세 복기명위 각원창융
出煩惱之深源 到菩提之彼岸 此世 福基命位 各願昌隆

발원문

이산 연 선사 발원문

시방삼세 부처님과 팔만사천 큰법보와
보살성문 스님네께 지성귀의 하옵나니
자비하신 원력으로 굽어살펴 주옵소서. (삼배)
저희들이

참된성품	등지옵고	무명속에	뛰어들어
나고죽는	물결따라	빛과소리	물이들고
심술궂고	욕심내어	온갖번뇌	쌓았으며
보고듣고	맛봄으로	한량없는	죄를지어
잘못된길	갈팡질팡	생사고해	헤매면서
나와남을	집착하고	그른길만	찾아다녀
여러생에	지은업장	크고작은	많은허물
삼보전에	원력빌어	일심참회	하옵나니

바라옵건대

부처님이	이끄시고	보살님네	살피옵서
고통바다	헤어나서	열반언덕	가사이다.
이세상의	명과복은	길이길이	창성하고
오는세상	불법지혜	무럭무럭	자라나서

내생지종영묘 동희증수 생봉중국 장우명사
來生智種靈苗 同希增秀 生逢中國 長遇明師

정신출가 동진입도 육근통리 삼업순화
正信出家 童眞入道 六根通利 三業純化

불염세연 상수범행 집지금계 진엽불침
不染世緣 常修梵行 執持禁戒 塵葉不侵

엄호위의 연비무손 불봉팔난 불결사연
嚴護威儀 蜎飛無損 不逢八難 不缺四緣

반야지이현전 보리심이불퇴 수습정법 요오대승
般若智以現前 菩提心而不退 修習正法 了悟大乘

개육도지행문 월삼기지겁해 건법당어처처 파의망어중중
開六度之行門 越三祇之劫海 建法幢於處處 破疑網於重重

항복중마 소륭삼보 승사시방제불 무유피로
降伏衆魔 紹隆三寶 承事十方諸佛 無有疲勞

수학일체법문 실개통달 광작복혜 보리진사
修學一切法門 悉皆通達 廣作福慧 菩提塵沙

득육종지신통 원일생지불과 연후불사법계
得六種之神通 圓一生之佛果 然後不捨法界

변입진로 등관음지자심 행보현지원해 타방차계
徧入塵勞 等觀音之慈心 行普賢之願海 他方此界

축류수형 응현색신 연양묘법 이리고취 아귀도중
逐類隨形 應現色身 演揚妙法 泥犁苦趣 餓鬼道中

날적마다　　　좋은국토　　　밝은스승　　　만나오며
바른신심　　　굳게세고　　　아이로서　　　출가하여
귀와눈이　　　총명하고　　　말과뜻이　　　진실하며
세상일에　　　물안들고　　　청정범행　　　닦고닦아
서리같이　　　엄한계율　　　털끝인들　　　범하리까.
점잖은　　　　거동으로　　　모든생명　　　사랑하여
이내목숨　　　버리어도　　　지성으로　　　보호하리.
삼재팔난　　　만나잖고　　　불법인연　　　구족하며
반야지혜　　　드러나고　　　보살마음　　　견고하여
제불정법　　　잘배워서　　　대승진리　　　깨달은뒤
육바라밀　　　행을닦아　　　아승지겁　　　뛰어넘고
곳곳마다　　　설법으로　　　천겁만겁　　　의심끊고
마군중을　　　항복받고　　　삼보를　　　　잇사올제
시방제불　　　섬기는일　　　잠깐인들　　　쉬오리까.
온갖법문　　　다배워서　　　모두통달　　　하옵거든
복과지혜　　　함께늘어　　　무량중생　　　제도하며
여섯가지　　　신통얻고　　　무생법인　　　이룬뒤에
관음보살　　　대자비로　　　시방법계　　　다니면서
보현보살　　　행원으로　　　많은중생　　　건지올제
여러갈래　　　몸을나눠　　　미묘법문　　　연설하고
지옥아귀　　　나쁜곳엔　　　광명놓고　　　신통보여

혹방대광명 혹현제신변 기유견아상 내지문아명
或放大光明 或見諸神變 其有見我相 乃至聞我名

개발보리심 영출윤회고 화확빙하지지
皆發菩提心 永出輪廻苦 火鑊氷河之地

변작향림 음동식철지도 화생정토 피모대각 부채함원
變作香林 飮銅食鐵之徒 化生淨土 披毛戴角 負債嘀怨

진파신산 함점이락 질역세이현위약초 구료침아
盡罷辛酸 咸霑利樂 疾疫世而見爲藥草 救療沈痾

기근시이 화작도량 제제빈뇌
饑饉時而 化作稻梁 濟諸貧餒

단유이익 무불흥숭 차기누세원친 현존권속 출사생지골몰
但有利益 無不興崇 次期累世冤親 現存眷屬 出四生之汩沒

사만겁지애전 등여함생 제성불도
捨萬劫之愛纏 等與含生 齊成佛道

허공유진 아원무궁 정여무정 동원종지
虛空有盡 我願無窮 情與無情 同圓種智

나무석가모니불
南無釋迦牟尼佛

나무석가모니불
南無釋迦牟尼佛

나무시아본사석가모니불
南無是我本師釋迦牟尼佛

내모양을　보는이나　내이름을　듣는이는
보리마음　모두내어　윤회고를　벗어나되
화탕지옥　끓는물은　감로수로　변해지고
검수도산　날선칼날　연꽃으로　변화되어
고통받던　저중생들　극락세계　왕생하며
나는새와　기는짐승　원수맺고　빚진이들
온갖고통　벗어나서　좋은복락　누려지다.
모진질병　돌적에는　약풀되어　치료하고
흉년드는　세상에는　쌀이되어　구제하되
여러중생　이익한일　한가진들　빼오리까.
천겁만겁　내려오던　원수거나　친한이나
이세상의　권속들도　누구누구　할것없이
얽히었던　애정끊고　삼계고해　벗어나서
시방세계　중생들이　모두성불　하사이다
허공끝이　있사온들　이내소원　다하리까
유정들도　무정들도　일체종지　이뤄지다.

나무석가모니불

나무석가모니불

나무시아본사석가모니불.

반야심경

般若心經

마하반야바라밀다심경

摩訶般若波羅蜜多心經

관자재보살 행심반야바라밀다시 조견오온개공 도일체고액

觀自在菩薩 行深般若波羅蜜多時 照見五蘊皆空 度一切苦厄

사리자 색불이공 공불이색 색즉시공 공즉시색 수상행식 역부여시

舍利子 色不異空 空不異色 色卽是空 空卽是色 受想行識 亦復如是

사리자 시제법공상 불생불멸 불구부정 부증불감 시고 공중무색

舍利子 是諸法空相 不生不滅 不垢不淨 不增不減 是故 空中無色

무수상행식 무안이비설신의 무색성향미촉법 무안계 내지 무의식계

無受想行識 無眼耳鼻舌身意 無色聲香味觸法 無眼界 乃至 無意識界

무무명 역무무명진 내지 무노사 역무노사진 무고집멸도 무지역무득

無無明 亦無無明盡 乃至 無老死 亦無老死盡 無苦集滅道 無智亦無得

이무소득고 보리살타 의반야바라밀다고 심무가애 무가애고

以無所得故 菩提薩埵 依般若波羅蜜多故 心無罣碍 無罣碍故

무유공포 원리전도몽상 구경열반 삼세제불 의반야바라밀다고

無有恐怖 遠離顚倒夢想 究竟涅槃 三世諸佛 依般若波羅蜜多故

득아눗다라삼먁삼보리

得阿耨多羅三藐三菩提

고지 반야바라밀다

故知 般若波羅蜜多

시대신주 시대명주 시무상주 시무등등주

是大神呪 是大明呪 是無上呪 是無等等呪

능제일체고 진실불허 고설반야바라밀다주 즉설주왈

能除一切苦 眞實不虛 故說般若波羅蜜多呪 卽說呪曰

아제아제 바라아제 바라승아제 모지 사바하 (3번)

揭諦揭諦 婆羅揭諦 婆羅僧揭諦 菩提 娑婆訶

반야심경

마하반야바라밀다심경

관—자재보살이— 깊은 반야바라밀다를— 행할 때,—

오온이— 공한 것을 비추어— 보고 온갖 고통에서 건너느니라.—

사리자여! 색이 공과 다르지— 않고 공이 색과 다르지— 않으며,—

색이 곧— 공이요 공이 곧— 색이니, 수 상 행 식도— 그러하니라.

사리자여! 모든 법은 공하여— 나지도— 멸하지도 않으며,

더럽지도 깨끗하지도— 않으며, 늘지도— 줄지도— 않느니라.

그러므로 공— 가운데는 색이 없고 수 상 행 식도— 없으며,—

안 이 비— 설 신 의도 없고, 색 성 향— 미 촉 법도 없으며,

눈의 경계도— 의식의— 경계까지도— 없고,

무명도— 무명이— 다함까지도— 없으며,

늙고 죽음도— 늙고 죽음이— 다함까지도— 없고,

고 집 멸 도도— 없으며, 지혜도— 얻음도— 없느니라.

얻을 것이 없는 까닭에— 보살은— 반야바라밀다를— 의지하므로

마음에— 걸림이— 없고 걸림이— 없으므로 두려움이 없어서,

뒤바뀐— 헛된 생각을— 멀리 떠나 완전한— 열반에— 들어가며,

삼세의— 모든 부처님도 반야바라밀다를— 의지하므로—

최상의— 깨달음을 얻느니라.

반야바라밀다는— 가장 신비하고 밝은 주문이며 위없는— 주문이며

무엇과도 견줄 수— 없는 주문이니,

온갖 괴로움을 없애고— 진실하여 허망하지 않음을— 알지니라.

이제 반야바라밀다주를 말하리라.

「아제아제 바라아제 바라승아제— 모지 사바하」. (3번)

2) 신중단
神 衆 壇

(1) 신중예경 1
神 衆 禮 敬

헌다게
獻 茶 偈

청정명다약 능제병혼침 유기옹호중
淸 淨 茗 茶 藥 能 除 病 昏 沈 唯 冀 擁 護 衆

원수애납수 원수애납수 원수자비애납수
願 垂 哀 納 受 願 垂 哀 納 受 願 垂 慈 悲 哀 納 受

지심귀명례 진법계 허공계 화엄회상 욕색제천중
至 心 歸 命 禮 盡 法 界 虛 空 界 華 嚴 會 上 欲 色 諸 天 衆

지심귀명례 진법계 허공계 화엄회상 팔부사왕중
至 心 歸 命 禮 盡 法 界 虛 空 界 華 嚴 會 上 八 部 四 王 衆

지심귀명례 진법계 허공계 화엄회상 호법선신중
至 心 歸 命 禮 盡 法 界 虛 空 界 華 嚴 會 上 護 法 善 神 衆

원제천룡팔부중   위아옹호불리신
願 諸 天 龍 八 部 衆   爲 我 擁 護 不 離 身

어제난처무제난   여시대원능성취
於 諸 難 處 無 諸 難   如 是 大 願 能 成 就

반야심경(참조_ 46쪽)
般 若 心 經

2) 신중단

(1) 신중예경 1

헌다게 : 차 올리는 게송

청정 명다 묘한 약은 병과 혼침 없애주니,
옹호성중이시여 자비로 받으소서, 자비로 받으소서,
대자비로 받으옵소서.

지극한 마음으로,
진법계 허공계 화엄회상 욕색 제천님께 절하옵니다.

지극한 마음으로,
진법계 허공계 화엄회상 팔부 사왕님께 절하옵니다.

지극한 마음으로,
진법계 허공계 화엄회상 호법선신님께 절하옵니다.

일체의 천룡팔부 신중이시여, 저희를 옹호하사 떠나지 마옵시고
어려운 일 부딪혀도 어려움이 없어져서
이와 같은 큰 원을 성취하게 하옵소서.

반야심경(참조_ 47쪽)

(2) 신중예경 2
神衆禮敬

헌다게
獻茶偈

청정명다약 능제병혼침 유기옹호중
清淨茗茶藥 能除病昏沈 唯冀擁護衆

원수애납수 원수애납수 원수자비애납수
願垂哀納受 願垂哀納受 願垂慈悲哀納受

지심귀명례 금강보살 명왕중
至心歸命禮 金剛菩薩 明王衆

지심귀명례 범석사왕 일월제천중
至心歸命禮 梵釋四王 日月諸天衆

지심귀명례 하계당처 일체호법선신 영기등중
至心歸命禮 下界當處 一切護法善神 靈祇等衆

화엄성중혜감명	사주인사일념지
華嚴聖衆慧鑑明	四洲人事一念知

애민중생여적자	시고아금공경례
哀愍衆生如赤子	是故我今恭敬禮

반야심경(참조_ 46쪽)
般若心經

(2) 신중예경 2

헌다게 : 차 올리는 게송

청정 명다 묘한 약은 병과 혼침 없애주니,

옹호성중이시여

자비로 받으소서, 자비로 받으소서,

대자비로 받으옵소서.(저두례)

지극한 마음으로 금강보살 명왕님께 절하옵니다.

지극한 마음으로 범석사왕 일월제천님께 절하옵니다.

지극한 마음으로 하계당처 일체호법선신 영기등님께 절하옵니다.

화엄 성중 큰 지혜로 밝게 살펴

온 세계 모든 일을 한순간에 다 아시고

모든 중생 자식처럼 어여삐 여기시니,

저희 이제 공경히 절하옵니다.

반야심경(참조_ 47쪽)

4. 각단예불
各壇禮佛

1) 극락전 · 미타전
極樂殿 彌陀殿

지심귀명례 극락도사 아미타여래불
至心歸命禮 極樂導師 阿彌陀如來佛

지심귀명례 좌우보처 관음세지양대보살
至心歸命禮 左右補處 觀音勢至兩大菩薩

지심귀명례 일체청정 대해중보살마하살
至心歸命禮 一切淸淨 大海衆菩薩摩訶薩

무량광중화불다   앙첨개시아미타
無量光中化佛多   仰瞻皆是阿彌陀

응신각정황금상   보계도선벽옥라
應身各挺黃金相   寶髻都旋碧玉螺

고아일심귀명정례
故我一心歸命頂禮

4. 각단예불

1) 극락전 · 미타전

지극한 마음으로,
극락으로 이끄시는 아미타 부처님께 절하옵니다.

지극한 마음으로,
좌보처 관세음보살 우보처 대세지보살님께 절하옵니다.

지극한 마음으로,
일체청정 대해중보살 마하살께 절하옵니다.

무량한 광명중 화신 부처님 많고 많지만
우러러 바라보니 모두 아미타 부처님이시네.
응신불은 모두 금빛 모습 빼어나고
보계마다 벽옥 나계 휘감아 도니
저희 이제 일심으로 절하옵니다.

2) 관음전 · 원통전
觀音殿　圓通殿

지심귀명례 보문시현 원력홍심 대자대비 관세음보살
至心歸命禮　普門示現　願力弘深　大慈大悲　觀世音菩薩

지심귀명례 심성구고 응제중생 대자대비 관세음보살
至心歸命禮　尋聲救苦　應諸衆生　大慈大悲　觀世音菩薩

지심귀명례 좌보처 남순동자 우보처 해상용왕
至心歸命禮　左補處　南巡童子　右補處　海上龍王

일엽홍련재해중　벽파심처현신통
一葉紅蓮在海中　碧波深處現神通

작야보타관자재　금일강부도량중
昨夜寶陀觀自在　今日降赴道場中

고아일심귀명정례
故我一心歸命頂禮

2) 관음전 · 원통전

지극한 마음으로,
보문에서 나투시는 깊은 원력 지니신
대자대비 관세음보살님께 절하옵니다.

지극한 마음으로,
중생들의 소리 따라 온갖 고통 건지시는
대자대비 관세음보살님께 절하옵니다.

지극한 마음으로,
좌보처 남순동자 우보처 해상용왕님께 절하옵니다.

붉은 연꽃 한 이파리 바다 위로 솟아나서
푸른 물결 깊은 곳에서 온갖 신통 나투시네.
어젯밤엔 보타산에서 자재로이 관하시고
오늘 아침 이 도량에 강림하시니
저희 이제 일심으로 절하옵니다.

3) 지장전 · 명부전
地 藏 殿　　冥 府 殿

(1) 지장전
地 藏 殿

지심귀명례 지장원찬 이십삼존 제위여래불
至心歸命禮 地藏願讚 二十三尊 諸位如來佛

지심귀명례 유명교주 지장보살마하살
至心歸命禮 幽冥敎主 地藏菩薩摩訶薩

지심귀명례 좌우보처 도명존자 무독귀왕
至心歸命禮 左右補處 道明尊者 無毒鬼王

지장대성위신력 항하사겁설난진
地藏大聖威神力 恒河沙劫說難盡

견문첨례일념간 이익인천무량사
見聞瞻禮一念間 利益人天無量事

고아일심귀명정례
故我一心歸命頂禮

3) 지장전 · 명부전

(1) 지장전

지극한 마음으로,
지장원찬 이십삼존 제위여래부처님께 절하옵니다.

지극한 마음으로,
유명교주 대원본존 지장보살마하살님께 절하옵니다.

지극한 마음으로,
좌보처 도명존자 우보처 무독귀왕님께 절하옵니다.

> 지장보살 대성인의 크신 위신력,
> 항하사 겁 말하여도 다하지 못해,
> 보고 듣고 찰나 동안 예배하여도
> 인간 천상 모두 함께 이익 얻으니
> 저희 이제 일심으로 절하옵니다.

(2) 명부전
冥 府 殿

지심귀명례 풍도대제 명부시왕중
至心歸命禮 酆都大帝 冥府十王衆

지심귀명례 태산부군 판관귀왕중
至心歸命禮 泰山府君 判官鬼王衆

지심귀명례 장군동자 사자졸리 아방등중
至心歸命禮 將軍童子 使者卒吏 阿旁等衆

제성자풍수불호　명왕원해최난궁
諸聖慈風誰不好　冥王願海最難窮

오통신속우난측　명찰인간순식중
五通神速尤難測　明察人間瞬息中

고아일심귀명정례
故我一心歸命頂禮

(2) 명부전

지극한 마음으로,
풍도대제 명부시왕님께 절하옵니다.

지극한 마음으로,
태산부군 판관귀왕님께 절하옵니다.

지극한 마음으로,
장군동자 사자관리 아방들님께 절하옵니다.

모든 성인 자비 가풍 누구인들 싫어하리.
명왕의 바다 같은 원력 헤아리기 어려워라.
다섯 신통 더욱 빨라 가늠조차 어려우니
한순간에 인간계를 밝게 살펴 아시오니
저희 이제 일심으로 절하옵니다.

4) 나한전 · 영산전 · 응진전
羅漢殿 靈山殿 應眞殿

지심귀명례 영산교주 시아본사 석가모니불
至心歸命禮 靈山敎主 是我本師 釋迦牟尼佛

지심귀명례 좌우보처 양대보살
至心歸命禮 左右補處 兩大菩薩

지심귀명례 십육대아라한 감재직부 제위사자등중
至心歸命禮 十六大阿羅漢 監齋直符 諸位使者等衆

청련좌상월여생   삼천계주석가존
靑蓮座上月如生   三千界主釋迦尊

자감궁중성약렬   십육대아라한중
紫紺宮中星若列   十六大阿羅漢衆

고아일심귀명정례
故我一心歸命頂禮

4) 나한전 · 영산전 · 응진전

지극한 마음으로,
영산 교주 우리 본사 석가모니 부처님께 절하옵니다.

지극한 마음으로,
좌우보처 양대보살님께 절하옵니다.

지극한 마음으로,
열여섯 아라한과 감재직부 모든 사자님들께 절하옵니다.

삼천세계 주인이신 석가모니 부처님은
두리둥실 청련화대에 달 뜨는 듯 앉으셨고
열여섯 아라한과 감재직부 사자 등은
자감궁중 옹호하여 별처럼 나열하니
저희 이제 일심으로 절하옵니다.

5) 약사전
藥師殿

지심귀명례 동방만월세계 십이상원 약사유리광여래불
至心歸命禮 東方滿月世界 十二上願 藥師琉璃光如來佛

지심귀명례 좌보처 일광변조 소재보살
至心歸命禮 左補處 日光遍照 消災菩薩

지심귀명례 우보처 월광변조 식재보살
至心歸命禮 右補處 月光遍照 息災菩薩

십이대원접군기   일편비심무공결
十二大願接群機   一片悲心無空缺

범부전도병근심   불우약사죄난멸
凡夫顚倒病根深   不遇藥師罪難滅

고아일심귀명정례
故我一心歸命頂禮

5) 약사전

지극한 마음으로,
동방 만월세계 열두 가지 높은 원을 성취하신
약사유리광여래 부처님께 절하옵니다.

지극한 마음으로,
좌보처 일광변조 소재보살님께 절하옵니다.

지극한 마음으로,
우보처 월광변조 식재보살님께 절하옵니다.

열두 가지 큰 원으로 중생을 건지시니
한결같은 자비심은 한 치의 빈틈없네.
뿌리 깊고 뒤집힌 범부의 번뇌 병은
약사여래 못 만나면 죄업소멸 어려우니
저희 이제 일심으로 절하옵니다.

6) 용화전 · 미륵전
龍 華 殿　彌 勒 殿

지심귀명례 현거도솔 당강용화 자씨미륵존여래불
至心歸命禮　現居兜率　當降龍華　慈氏彌勒尊如來佛

지심귀명례 복연증승 수량무궁 자씨미륵존여래불
至心歸命禮　福緣增勝　壽量無窮　慈氏彌勒尊如來佛

지심귀명례 원력장엄 자비광대 자씨미륵존여래불
至心歸命禮　願力莊嚴　慈悲廣大　慈氏彌勒尊如來佛

고거도솔허제반　　　원사용화조우난
高居兜率許躋攀　　　遠嗣龍華遭遇難

백옥호휘충법계　　　자금광상화진환
白玉毫輝充法界　　　紫金光相化塵寰

고아일심귀명정례
故我一心歸命頂禮

6) 용화전 · 미륵전

지극한 마음으로,
도솔천에 계시다가 용화세계 내려오실 자씨미륵 부처님께 절하옵니다.

지극한 마음으로,
복연이 날로 뛰어나고 수명이 무궁하신 자씨미륵 부처님께 절하옵니다.

지극한 마음으로,
원력이 장엄하고 자비가 광대하신 자씨미륵 부처님께 절하옵니다.

    높디높은 도솔천에서 중생교화 하옵시고
    멀고 멀어 만나기 힘든 용화세계 기다리네.
    백호에서 나온 광명 온 법계에 가득하여
    자마금상 모습으로 온 세상을 교화하니
    저희 이제 일심으로 절하옵니다.

7) 칠성단
七星壇

지심귀명례 금륜보계 치성광여래불
至心歸命禮 金輪寶界 熾盛光如來佛

지심귀명례 좌우보처 일광월광 양대보살
至心歸命禮 左右補處 日光月光 兩大菩薩

지심귀명례 북두대성 칠원성군 주천열요 제성군중
至心歸命禮 北斗大星 七元星君 周天列曜 諸星君衆

자미대제통성군
紫微大帝統星君

십이궁중태을신
十二宮中太乙神

칠정제림위성주
七政齊臨爲聖主

삼태공조작현신
三台共照作賢臣

고아일심귀명정례
故我一心歸命頂禮

7) 칠성단

지극한 마음으로,
금륜보계 치성광여래 부처님께 절하옵니다.

지극한 마음으로,
좌우에서 보좌하는 일광월광 양대보살님께 절하옵니다.

지극한 마음으로,
북두대성 칠원성군님과 하늘에 두루 자리하는 일체의
성군님께 절하옵니다.

　　여러 성군 거느리는 자미대제는
　　십이궁 가운데 태을신이라.
　　칠원성군은 함께 임해 성주가 되고
　　삼태성은 함께 비춰 어진 신하가 되니
　　저희 이제 일심으로 절하옵니다.

8) 독성단 · 천태각
獨聖壇　天台閣

지심귀명례 천태산상 독수선정 나반존자
至心歸命禮 天台山上 獨修禪定 那畔尊者

지심귀명례 천상인간 응공복전 나반존자
至心歸命禮 天上人間 應供福田 那畔尊者

지심귀명례 불입열반 대사용화 나반존자
至心歸命禮 不入涅槃 待俟龍華 那畔尊者

나반신통세소희　　　행장현화임시위
那畔神通世所稀　　　行藏現化任施爲

송암은적경천겁　　　생계잠형입사유
松巖隱跡經千劫　　　生界潛形入四維

고아일심귀명정례
故我一心歸命頂禮

8) 독성단·천태각

지극한 마음으로,
천태산에 홀로 앉아 선정을 닦으시는 독성님께 절하옵니다.

지극한 마음으로,
천상과 인간계의 복전되시는 독성님께 절하옵니다.

지극한 마음으로,
열반에 들지 않고 용화세계 기다리시는 독성님께 절하옵니다.

나반존자 지닌 신통 세상에는 드물어서
숨었다가 나타내길 마음대로 하신다네.
솔숲 바위 자취 묻고 일천 겁을 지내시고
중생계에 모습 감춰 사방팔방 노니시니
저희 이제 일심으로 절하옵니다.

9) 산왕단·산신각
山 王 壇　 山 神 閣

지심귀명례 만덕고승 성개한적 산왕대신
至心歸命禮 萬德高勝 性皆閑寂 山王大神

지심귀명례 차산국내 항주대성 산왕대신
至心歸命禮 此山局內 恒住大聖 山王大神

지심귀명례 시방법계 지령지성 산왕대신
至心歸命禮 十方法界 至靈至誠 山王大神

영산석일여래촉　　　위진강산도중생

靈山昔日如來囑　　　威振江山度衆生

만리백운청장리　　　운거학가임한정

萬里白雲靑嶂裡　　　雲車鶴駕任閑情

고아일심귀명정례

故我一心歸命頂禮

9) 산왕단 · 산신각

지극한 마음으로,
만덕 높고 수승하며 모든 성품 한적하신 산신님께 절하옵니다.

지극한 마음으로,
이 산중에 큰 성인으로 항상 계신 산신님께 절하옵니다.

지극한 마음으로,
시방법계에 지극히 신령하고 성스러운 산신님께 절하옵니다.

그 옛날 영산에서 여래의 부촉받아
위엄으로 강산에서 중생을 건지시네.
수만 리 구름 사이 높푸른 산속을
구름 타고 학을 타고 한가로이 거니시니
저희 이제 일심으로 절하옵니다.

10) 조왕단
竈 王 壇

지심귀명례 팔만사천 조왕대신
至心歸命禮 八萬四千 竈王大神

지심귀명례 좌보처 담시역사
至心歸命禮 左補處 擔柴力士

지심귀명례 우보처 조식취모
至心歸命禮 右補處 造食炊母

향적주중상출납　　호지불법역최마
香積廚中常出納　　護持佛法亦摧魔

인간유원내성축　　제병소재강복다
人間有願來誠祝　　除病消災降福多

고아일심귀명정례
故我一心歸命頂禮

10) 조왕단

지극한 마음으로,
팔만사천 조왕님께 절하옵니다.

지극한 마음으로,
좌보처 담시륵사님께 절하옵니다.

지극한 마음으로,
우보처 조식취모님께 절하옵니다.

향이 쌓인 부엌에서 출납 맡아 다스리며
불법을 지키시고 마귀들을 꺾으시네.
소원 가진 사람들이 정성으로 축원하면
병과 재앙 없애주고 많은 복록 내리시니
저희 이제 일심으로 절하옵니다.

11) 용왕단

龍 王 壇

지심귀명례 삼주호법 위태천신

至心歸命禮 三洲護法 韋䭾天神

지심귀명례 좌보처 사가라용왕

至心歸命禮 左補處 沙伽羅龍王

지심귀명례 우보처 화수길용왕

至心歸命禮 友補處 和修吉龍王

시우행운사대주　　　오화수출구천두

施雨行雲四大洲　　　五花秀出救千頭

도생일념귀무념　　　백곡이리해중수

度生一念歸無念　　　百穀以利海衆收

고아일심귀명정례

故我一心歸命頂禮

11) 용왕단

지극한 마음으로,
삼주에서 호법하신 위태천신님께 절하옵니다.

지극한 마음으로,
좌보처 사가라 용왕님께 절하옵니다.

지극한 마음으로,
우보처 화수길 용왕님께 절하옵니다.

이 사천하 사대주에 구름 펴고 비 뿌리니
다섯 꽃이 빼어나서 많은 사람 구원하네.
중생제도 일념마저 무념으로 돌아갈 때
많은 중생 백곡으로 이익 주고 거두시니
저희 이제 일심으로 절하옵니다.

불공의례
佛供儀禮

1. 상단불공
上壇佛供

보례진언
普禮眞言

아금일신중	즉현무진신
我今一身中	卽現無盡身
변재삼보전	일일무수례
遍在三寶前	一一無數禮

옴 바아라 믹 (3번, 삼배)

불공의례

1. 상단불공

보례진언 : 널리 절하는 진언

저희 이제 한 몸에서 다함없는 몸을 내어

온~ 세계 두루 계신 삼보님께 절하옵니다.

옴 바아라 믹.(3번, 삼배)

천수경
千手經

정구업진언
淨口業眞言

수리수리 마하수리 수수리 사바하 (3번)

오방내외안위제신진언
五方內外安慰諸神眞言

나무 사만다 못다남 옴 도로 도로 지미 사바하 (3번)

개경게
開經偈

무상심심미묘법	백천만겁난조우
無上甚深微妙法	百千萬劫難遭遇
아금문견득수지	원해여래진실의
我今聞見得受持	願解如來眞實意

개법장진언
開法藏眞言

옴 아라남 아라다 (3번)

천수경

정구업진언 : 구업을 청정케 하는 진언

수리수리 마하수리 수수리 사바하. (3번)

오방내외안위제신진언 : 오방내외 신중을 편안하게 모시는 진언

나무 사만다 못다남 옴 도로 도로 지미 사바하. (3번)

개경게 : 경전을 펴는 게송

위~ 없이 심히깊은 미묘한법을
백천만겁 지난들~ 어찌만나리
제가이제 보고듣고 받아지니니
부처님의 진실한뜻 알아지이다.

개법장진언 : 법장을 여는 진언

옴 아라남 아라다. (3번)

천수천안 관자재보살 광대원만 무애대비심대다라니 계청
千手千眼 觀自在菩薩 廣大圓滿 無碍大悲心大陀羅尼 啓請

계수관음대비주
稽首觀音大悲主

원력홍심상호신
願力弘深相好身

천비장엄보호지
千臂莊嚴普護持

천안광명변관조
千眼光明遍觀照

진실어중선밀어
眞實語中宣密語

무위심내기비심
無爲心內起悲心

속령만족제희구
速令滿足諸希求

영사멸제제죄업
永使滅除諸罪業

천룡중성동자호
天龍衆聖同慈護

백천삼매돈훈수
百千三昧頓熏修

수지신시광명당
受持身是光明幢

수지심시신통장
受持心是神通藏

세척진로원제해
洗滌塵勞願濟海

초증보리방편문
超證菩提方便門

아금칭송서귀의
我今稱誦誓歸依

소원종심실원만
所願從心悉圓滿

천수천안 관음보살 광대하고 원만하며
걸림없는 대비심의 다라니를 청하옵니다.

자비로운 관세음께 절하옵나니
크신원력 원만상호 갖추시옵고
천손으로 중생들을 거두시오며
천눈으로 광명비춰 두루살피네.

진실하온 말씀중에 다라니펴고
함이없는 마음중에 자비심내어
온갖소원 지체없이 이뤄주시고
모든죄업 길이길이 없애주시네.

천룡들과 성현들이 옹호하시고
백천삼매 한순간에 이루어지니
이다라니 지닌몸은 광명당이요
이다라니 지닌마음 신통장이라.

모든번뇌 씻어내고 고해를건너
보리도의 방편문을 얻게되오며
제가이제 지송하고 귀의하오니
온갖소원 마음따라 이뤄지이다.

나무대비관세음
南無大悲觀世音

원아속지일체법
願我速知一切法

나무대비관세음
南無大悲觀世音

원아조득지혜안
願我早得智慧眼

나무대비관세음
南無大悲觀世音

원아속도일체중
願我速度一切衆

나무대비관세음
南無大悲觀世音

원아조득선방편
願我早得善方便

나무대비관세음
南無大悲觀世音

원아속승반야선
願我速乘般若船

나무대비관세음
南無大悲觀世音

원아조득월고해
願我早得越苦海

나무대비관세음
南無大悲觀世音

원아속득계정도
願我速得戒定道

나무대비관세음
南無大悲觀世音

원아조등원적산
願我早登圓寂山

나무대비관세음
南無大悲觀世音

원아속회무위사
願我速會無爲舍

나무대비관세음
南無大悲觀世音

원아조동법성신
願我早同法性身

자비하신 관세음께 귀의하오니
일체법을 어서속히 알아지이다.
자비하신 관세음께 귀의하오니
지혜의눈 어서어서 얻어지이다.

자비하신 관세음께 귀의하오니
모든중생 어서속히 건네지이다.
자비하신 관세음께 귀의하오니
좋은방편 어서어서 얻어지이다.

자비하신 관세음께 귀의하오니
지혜의배 어서속히 올라지이다.
자비하신 관세음께 귀의하오니
고통바다 어서어서 건너지이다.

자비하신 관세음께 귀의하오니
계정혜를 어서속히 얻어지이다.
자비하신 관세음께 귀의하오니
열반언덕 어서어서 올라지이다.

자비하신 관세음께 귀의하오니
무위집에 어서속히 들어지이다.
자비하신 관세음께 귀의하오니
진리의몸 어서어서 이뤄지이다.

아약향도산 도산자최절　아약향화탕 화탕자소멸
我若向刀山　刀山自摧折　我若向火湯　火湯自消滅

아약향지옥 지옥자고갈　아약향아귀 아귀자포만
我若向地獄　地獄自枯渴　我若向餓鬼　餓鬼自飽滿

아약향수라 악심자조복　아약향축생 자득대지혜
我若向修羅　惡心自調伏　我若向畜生　自得大智慧

나무관세음보살마하살　나무대세지보살마하살
南無觀世音菩薩摩訶薩　南無大勢至菩薩摩訶薩

나무천수보살마하살 나무여의륜보살마하살
南無千手菩薩摩訶薩 南無如意輪菩薩摩訶薩

나무대륜보살마하살 나무관자재보살마하살
南無大輪菩薩摩訶薩 南無觀自在菩薩摩訶薩

나무정취보살마하살 나무만월보살마하살
南無正趣菩薩摩訶薩 南無滿月菩薩摩訶薩

나무수월보살마하살 나무군다리보살마하살
南無水月菩薩摩訶薩 南無軍茶利菩薩摩訶薩

나무십일면보살마하살　나무제대보살마하살
南無十一面菩薩摩訶薩　南無諸大菩薩摩訶薩

나무본사아미타불 (3번)
南無本師阿彌陀佛

칼산지옥 제가가면 칼산절로 꺾여지고
화탕지옥 제가가면 화탕절로 사라지며
지옥세계 제가가면 지옥절로 없어지고
아귀세계 제가가면 아귀절로 배부르며
수라세계 제가가면 악한마음 선해지고
축생세계 제가가면 지혜절로 얻어지이다.

나무 관세음보살마하살

나무 대세지보살마하살

나무 천수보살마하살

나무 여의륜보살마하살

나무 대륜보살마하살

나무 관자재보살마하살

나무 정취보살마하살

나무 만월보살마하살

나무 수월보살마하살

나무 군다리보살마하살

나무 십일면보살마하살

나무 제대보살마하살

나무 본사아미타불. (3번)

신묘장구 대다라니
神妙章句 大陀羅尼

나모 라다나 다라야야 나막알약 바로기제 새바라야 모지사다바야 마하 사다바야 마하가로 니가야 옴 살바 바예수 다라나 가라야 다사명 나막 까리다바 이맘알야 바로기제 새바라 다바 니라간타 나막하리나야 마발 다 이사미 살발타 사다남 수반아예염 살바보다남 바바마라 미수다감 다 냐타 옴 아로계 아로가 마지로가 지가란제 혜혜하례 마하모지 사다바 사마라 사마라 하리나야 구로구로 갈마 사다야 사다야 도로도로 미연제 마하미연제 다라다라 다린 나례 새바라 자라자라 마라미마라 아마라 몰 제예혜혜 로계새바라 라아 미사미 나사야 나베사미사미 나사야 모하자 라 미사미 나사야 호로호로 마라호로 하례 바나마나바 사라사라 시리시 리 소로소로 못쟈못쟈 모다야 모다야 매다리야 니라간타 가마사 날사남 바라하라나야 마낙 사바하 싯다야 사바하 마하싯다야 사바하 싯다유예 새바라야 사바하 니라간타야 사바하 바라하 목카싱하 목카야 사바하 바 나마 하따야 사바하 자가라 욕다야 사바하 상카섭나네 모다나야 사바하 마하라 구타다라야 사바하 바마사간타 이사시체다 가릿나 이나야 사바 하 먀가라 잘마니바 사나야 사바하 나모 라다나 다라야야 나막알야 바 로기제 새바라야 사바하

신묘장구 대다라니 : 신묘한 대다라니

나모 라다나 다라야야 나막알약 바로기제 새바라야 모지사다바야 마하 사다바야 마하가로 니가야 옴 살바 바예수 다라나 가라야 다사명 나막 까리다바 이맘알야 바로기제 새바라 다바 니라간타 나막하리나야 마발 다 이사미 살발타 사다남 수반아예염 살바보다남 바바마라 미수다감 다 냐타 옴 아로계 아로가 마지로가 지가란제 혜혜하례 마하모지 사다바 사마라 사마라 하리나야 구로구로 갈마 사다야 사다야 도로도로 미연제 마하미연제 다라다라 다린 나례 새바라 자라자라 마라미마라 아마라 몰 제예혜혜 로계새바라 라아 미사미 나사야 나베사미사미 나사야 모하자 라 미사미 나사야 호로호로 마라호로 하례 바나마나바 사라사라 시리시 리 소로소로 못쟈못쟈 모다야 모다야 매다리야 니라간타 가마사 날사남 바라하라나야 마낙 사바하 싯다야 사바하 마하싯다야 사바하 싯다유예 새바라야 사바하 니라간타야 사바하 바라하 목카싱하 목카야 사바하 바 나마 하따야 사바하 자가라 욕다야 사바하 상카섭나네 모다나야 사바하 마하라 구타다라야 사바하 바마사간타 이사시체다 가릿나 이나야 사바 하 먀가라 잘마니바 사나야 사바하 나모 라다나 다라야야 나막알야 바 로기제 새바라야 사바하

사방찬
四方讚

일쇄동방결도량
一灑東方潔道場

이쇄남방득청량
二灑南方得淸凉

삼쇄서방구정토
三灑西方俱淨土

사쇄북방영안강
四灑北方永安康

도량찬
道場讚

도량청정무하예
道場淸淨無瑕穢

삼보천룡강차지
三寶天龍降此地

아금지송묘진언
我今持誦妙眞言

원사자비밀가호
願賜慈悲密加護

참회게
懺悔偈

아석소조제악업
我昔所造諸惡業

개유무시탐진치
皆由無始貪瞋癡

종신구의지소생
從身口意之所生

일체아금개참회
一切我今皆懺悔

사방찬 : 사방을 깨끗이 하는 찬 — 독송은 하지 않음

동방에~ 물뿌리니 도량이맑고
남방에~ 물뿌리니 청량얻으며
서방에~ 물뿌리니 정토이루고
북방에~ 물뿌리니 평안해지네.

도량찬 : 청정한 도량의 찬 — 독송은 하지 않음

온도량이 청정하여 티끌없으니
삼보천룡 이도량에 강림하시네
제가이제 묘한진언 외우옵나니
대자대비 베푸시어 가호하소서.

참회게 : 죄업을 뉘우치는 게송 — 독송은 하지 않음

지난세월 제가지은 모든악업은
옛적부터 탐진치로 말미암아서
몸과말과 생각으로 지었사오니
제가이제 모든죄업 참회합니다.

참제업장십이존불

懺除業障十二尊佛

나무참제업장보승장불　보광왕화염조불

南無懺除業障寶勝藏佛　　寶光王火燄照佛

일체향화자재력왕불　백억항하사결정불

一切香華自在力王佛　　百億恒河沙決定佛

진위덕불　금강견강소복괴산불

振威德佛　　金綱堅强消伏壞散佛

보광월전묘음존왕불　환희장마니보적불

寶光月殿妙音尊王佛　　歡喜藏摩尼寶積佛

무진향승왕불　사자월불

無盡香勝王佛　　獅子月佛

환희장엄주왕불　제보당마니승광불

歡喜莊嚴珠王佛　　帝寶幢摩尼勝光佛

참제업장십이존불 : 열두 부처님을 칭명하여, 듣게 되면 업장이 소멸되는 가지참회법
— 독송은 하지 않음

나무참제업장보승장불

보광왕화염조불

일체향화자재력왕불

백억항하사결정불

진위덕불

금강견강소복괴산불

보광월전묘음존왕불

환희장마니보적불

무진향승왕불

사자월불

환희장엄주왕불

제보당마니승광불

십악참회
十惡懺悔

살생중죄금일참회　투도중죄금일참회　사음중죄금일참회
殺生重罪今日懺悔　偸盜重罪今日懺悔　邪淫重罪今日懺悔

망어중죄금일참회　기어중죄금일참회　양설중죄금일참회
妄語重罪今日懺悔　綺語重罪今日懺悔　兩舌重罪今日懺悔

악구중죄금일참회　탐애중죄금일참회　진에중죄금일참회
惡口重罪今日懺悔　貪愛重罪今日懺悔　瞋恚重罪今日懺悔

치암중죄금일참회
癡暗重罪今日懺悔

백겁적집죄　일념돈탕제　여화분고초　멸진무유여
百劫積集罪　一念頓蕩除　如火焚枯草　滅盡無有餘

죄무자성종심기　심약멸시죄역망
罪無自性從心起　心若滅時罪亦亡

죄망심멸양구공　시즉명위진참회
罪亡心滅兩俱空　是則名爲眞懺悔

참회진언
懺悔眞言

옴 살바 못자모지 사다야 사바하 (3번)

십악참회 : 열 가지 악업을 참회함 ― 독송은 하지 않음

살생으로 지은죄업 참회합니다.

도둑질로 지은죄업 참회합니다.

사음으로 지은죄업 참회합니다.

거짓말로 지은죄업 참회합니다.

꾸민말로 지은죄업 참회합니다.

이간질로 지은죄업 참회합니다.

악한말로 지은죄업 참회합니다.

탐욕으로 지은죄업 참회합니다.

성냄으로 지은죄업 참회합니다.

어리석어 지은죄업 참회합니다.

오랜세월 쌓인죄업 한생각에 없어지니

마른풀이 타버리듯 남김없이 사라지네.

죄의자성 본래없어 마음따라 일어나니

마음이~ 사라지면 죄도함께 없어지네.

모든죄가 없어지고 마음조차 사라져서

죄와마음 공해지면 진실한~ 참회라네.

참회진언 : 죄업을 뉘우치는 진언

옴 살바 못자모지 사다야 사바하. (3번)

준제찬
准 提 讚

준제공덕취 准 提 功 德 聚	**적정심상송** 寂 靜 心 常 誦
일체제대난 一 切 諸 大 難	**무능침시인** 無 能 侵 是 人
천상급인간 天 上 及 人 間	**수복여불등** 受 福 如 佛 等
우차여의주 遇 此 如 意 珠	**정획무등등** 定 獲 無 等 等

나무칠구지불모대준제보살 (3번)
南 無 七 俱 胝 佛 母 大 准 提 菩 薩

정법계진언
淨 法 界 眞 言

옴 람 (3번)

호신진언
護 身 眞 言

옴 치림 (3번)

준제찬 : 준제주의 찬 — 독송은 하지 않음

준제주는 모든공덕 보고이어라
고요한~ 마음으로 항상외우면
이~세상 온갖재난 침범못하리
하늘이나 사람이나 모든중생이
부처님과 다름없는 복을받으니
이와같은 여의주를 지니는이는
결정코~ 최상의법 이루오리라.

나무 칠구지불모대준제보살. (3번)

정법계진언 : 법계를 맑게 하는 진언

옴 람.(3번)

호신진언 : 몸을 보호하는 진언

옴 치림. (3번)

관세음보살 본심미묘 육자대명왕진언
觀世音菩薩 本心微妙 六字大明王眞言

옴 마니 반메 훔 (3번)

준제진언
准提眞言

나무 사다남 삼막삼못다 구치남 다냐타

옴 자례주례 준제 사바하 부림 (3번)

준제발원
准提發願

아금지송대준제　　　　즉발보리광대원
我今持誦大准提　　　　卽發菩提廣大願

원아정혜속원명　　　　원아공덕개성취
願我定慧速圓明　　　　願我功德皆成就

원아승복변장엄　　　　원공중생성불도
願我勝福遍莊嚴　　　　願共衆生成佛道

관세음보살 본심미묘 육자대명왕진언 : 관세음보살님의 본마음을 보여주는 미묘한 육자대명왕진언

옴 마니 반메 훔. (3번)

준제진언

나무 사다남 삼먁삼못다 구치남 다냐타

옴 자례주례 준제 사바하 부림.(3번)

준제발원 : 준제보살의 발원 ─ 독송은 하지 않음

제가이제 준제주를 지송하오니
보리심을 발하오며 큰원세우고
선정지혜 어서속히 밝아지오며
모든공덕 남김없이 성취하옵고
수승한복 두루두루 장엄하오며
모든중생 깨달음을 이뤄지이다.

여래십대발원문
如來十大發願文

원아영리삼악도　　　　원아속단탐진치
願我永離三惡道　　　　願我速斷貪瞋癡

원아상문불법승　　　　원아근수계정혜
願我常聞佛法僧　　　　願我勤修戒定慧

원아항수제불학　　　　원아불퇴보리심
願我恒隨諸佛學　　　　願我不退菩提心

원아결정생안양　　　　원아속견아미타
願我決定生安養　　　　願我速見阿彌陀

원아분신변진찰　　　　원아광도제중생
願我分身遍塵刹　　　　願我廣度諸衆生

발사홍서원
發四弘誓願

중생무변서원도　　　　번뇌무진서원단
衆生無邊誓願度　　　　煩惱無盡誓願斷

법문무량서원학　　　　불도무상서원성
法門無量誓願學　　　　佛道無上誓願成

여래십대발원문 : 부처님께 발하는 열 가지 원

원하오니 삼악도를 길이여의고
탐진치~   삼독심을 속히끊으며
불법승~   삼보이름 항상듣고서
계정혜~   삼학도를 힘써닦으며
부처님을 따라서~ 항상배우고
원컨대~   보리심에 항상머물며
결정코~   극락세계 가서태어나
아미타~   부처님을 친견하옵고
온~세계   모든국토 몸을나투어
모든중생 빠짐없이 건져지이다.

발사홍서원 : 네 가지 큰 서원

가~없는 중생을~ 건지오리다.
끝~없는 번뇌를~ 끊으오리다.
한~없는 법문을~ 배우오리다.
위~없는 불도를~ 이루오리다.

자성중생서원도　　　자성번뇌서원단
自性衆生誓願度　　　自性煩惱誓願斷

자성법문서원학　　　자성불도서원성
自性法門誓願學　　　自性佛道誓願成

발원이　　　귀명례삼보
發願已　　　歸命禮三寶

나무상주시방불
南無常住十方佛

나무상주시방법
南無常住十方法

나무상주시방승 (3번)
南無常住十方僧

자성의~   중생을~   건지오리다.

자성의~   번뇌를~   끊으오리다.

자성의~   법문을~   배우오리다.

자성의~   불도를~   이루오리다.

제가 이제 삼보님께 귀~명합니다.

시방세계 부처님께 귀명합니다.

시방세계 가르침에 귀명합니다.

시방세계 스님들께 귀명합니다. (3번)

삼보통청
三寶通請

거불
擧佛

나무 불타부중 광림법회
南無 佛陀部衆 光臨法會

나무 달마부중 광림법회
南無 達摩部衆 光臨法會

나무 승가부중 광림법회
南無 僧伽部衆 光臨法會

보소청진언
普召請眞言

나무 보보제리 가리다리 다타 아다야 (3번)

유치
由致

앙유 삼보대성자 종 진정계 흥대비운 비신현신 포신운어 삼천세계
仰惟 三寶大聖者 從 眞淨界 興大悲雲 非身現身 布身雲於 三千世界

무법설법 쇄 법우어팔만진로 개 종종방편지문 도 망망사계지중
無法說法 灑 法雨於八萬塵勞 開 種種方便之門 導 茫茫沙界之衆

삼보통청

거불 : 불명을 칭하여 가피를 구함

나무 불타부중 광림법회

나무 달마부중 광림법회

나무 승가부중 광림법회

보소청진언 : 널리 청하는 진언

나무 보보제리 가리다리 다타 아다야. (3번)

유치 : 불보살님의 덕상을 찬탄하고 법회가 이루어지는 연유를 아룀

앙유(우러러 생각하옵건대)
삼보자존께서는 진여의 청정법계에서 자비의 구름으로 피어나
몸 아니건만 구름으로 삼천대천세계를 덮으시고, 설할 법이
없건만 법의 비로 팔만사천 번뇌를 씻으시며,

유구개수 여 공곡지전성 무원부종 약 징담지인월 시이 사바세계
有求皆遂 如 空谷之傳聲 無願不從 若 澄潭之印月 是以 娑婆世界

차사천하 남섬부주 동양 대한민국 모처 모산 모사 청정 (수월) 도량
此四天下 南贍部洲 東洋 大韓民國 某處 某山 某寺 淸淨 (水月) 道場

원아금차 지극지정성 헌공발원재자 모처 거주
願我今此 至極之精誠 獻供發願齋者 某處 居住

청신사 모생 모인 보체
淸信士 某生 某人 保體

청신녀 모생 모인 보체
淸信女 某生 某人 保體

이 금월금일
以 今月今日

건설법연 정찬공양 제망중중 무진삼보자존 훈근작법 앙기묘원자
虔設法筵 淨饌供養 帝網重重 無盡三寶慈尊 薰勤作法 仰祈妙援者

우복이 설 명향이례청 정 옥립이수재 재체수미 건성가민
右伏以 爇 茗香以禮請 呈 玉粒而修齋 齋體雖微 虔誠可愍

기회자감 곡조미성 근병일심 선진삼청
冀回慈鑑 曲照微誠 謹秉一心 先陳三請

갖가지 방편 문을 열어 끝없는 고해의 중생을 이끄시니,

빈 골짜기 메아리처럼 구하는 것 모두 얻게 하시고,

맑은 연못 달그림자처럼 원하는 것 모두 이루어 주시옵니다.

그러하옵기에 사바세계 차사천하 남섬부주 대한민국

○○처 청정(수월)도량에서

지극한 정성으로 ○○(축원할 제목)을 발원하는 재자

(주소 : ○○처 거주)

○○○ 등이,

금월 금일

삼가 법연을 열어 다함없는 삼보자존께 조촐한 공양구를

올리오며, 정성으로 법요를 거행하며 신묘한 가피를 바라옵는

저희들은 삼가 싱그러운 향을 사르고 예로 청하오며,

백옥 같은 흰쌀 올려 재를 차렸사온데 공양물은 미미하오나

정성은 간절하오니 자비 거울 돌리시어 작은 정성을

굽어 비춰 주옵소서. 삼가 일심으로 먼저 삼청하옵니다.

청사

請詞

나무 일심봉청 이대자비 이위체고 구호중생 이위자량 어
南無 一心奉請 以大慈悲 而爲體故 救護衆生 以爲資糧 於

제병고 위작양의 어 실도자 시기정로 어 암야중 위작광명
諸病苦 爲作良醫 於 失道者 示其正路 於 闇夜中 爲作光明

어 빈궁자 영득복장 평등요익 일체중생 청정법신비로자나불
於 貧窮者 令得伏藏 平等饒益 一切衆生 淸淨法身毘盧遮那佛

원만보신노사나불 천백억화신석가모니불 서방교주아미타불
圓滿報身盧舍那佛 千百億化身釋迦牟尼佛 西方敎主阿彌陀佛

당래교주미륵존불 시방상주진여불보 일승원교대화엄경
當來敎主彌勒尊佛 十方常住眞如佛寶 一乘圓敎大華嚴經

대승실교묘법화경 삼처전심격외선전
大乘實敎妙法華經 三處傳心格外禪詮

시방상주 심심법보 대지문수보살 대행보현보살 대비관세음보살
十方常住 甚深法寶 大智文殊菩薩 大行普賢菩薩 大悲觀世音菩薩

대원지장보살 전불심등 가섭존자 유통교해 아난존자
大願地藏菩薩 傳佛心燈 迦葉尊者 流通敎海 阿難尊者

시방상주 청정승보 여시삼보 무량무변 일일주변 일일진찰
十方常住 淸淨僧寶 如是三寶 無量無邊 一一周遍 一一盡刹

유원 자비 연민유정 강림도량 수차공양
唯願 慈悲 憐愍有情 降臨道場 受此供養

청사 : 청하는 글

나무 일심봉청

대자비로 본체를 삼고 중생을 구호하심을 자산과 양식으로 삼으시며,

병들어 앓는 이에겐 좋은 의사가 되옵시고,

길 잃은 자에게는 바른길을 일러주시고,

어둠 속을 헤매는 자에겐 빛이 되시고,

가난한 자에겐 보배 창고 얻게 하며,

모든 중생 두루 넉넉하게 하옵시는 청정법신 비로자나 부처님,

원만보신 노사나 부처님, 천백억화신 석가모니 부처님과

서방교주 아미타 부처님, 장차 오실 용화교주 미륵 부처님 등,

시방세계 항상 계신 진여 그대로의 불보님과 일승법의 원만한

교법인 대화엄경, 대승의 참 가르침인 묘법연화경,

세 곳에서 전하신 마음도리 · 언어문자 여읜 선법 등

시방에 항상 계신 매우 깊은 법보님과, 대지 문수보살님,

대행 보현보살님, 대비 관세음보살님, 대원 지장보살님,

부처님의 마음등불 전해 받은 가섭존자님,

교법을 유통시킨 아난존자님 등 시방에 항상 계신 청정 승보님,

이와 같이 한량없는 낱낱 티끌세계에 두루 하신 삼보님이시여,

'자비로써' 중생을 어여삐 여기사

이 도량에 강림하여 공양을 받으소서.

향화청

香花請

향화청 (3번)

가영

歌詠

| 불신보변시방중 | 삼세여래일체동 |
| 佛身普遍十方中 | 三世如來一體同 |

| 광대원운항부진 | 왕양각해묘난궁 |
| 廣大願雲恒不盡 | 汪洋覺海渺難窮 |

고아일심귀명정례
故我一心歸命頂禮

헌좌진언

獻座眞言

| 묘보리좌승장엄 | 제불좌이성정각 |
| 妙菩提座勝莊嚴 | 諸佛坐已成正覺 |

| 아금헌좌역여시 | 자타일시성불도 |
| 我今獻座亦如是 | 自他一時成佛道 |

옴 바아라 미나야 사바하 (3번)

향화청 : 향과 꽃으로 청함

향과 꽃으로 청하옵니다. (3번)

가영 : 부처님을 찬탄하는 노래

부처님 몸 시방법계 충만하시니
삼세 여래 부처님도 이와 같아라.
넓고 크신 원력구름 다함이 없고
넓고 넓은 진리바다 끝이 없어라.
저희 이제 일심으로 절하옵니다.

헌좌진언 : 자리를 바치는 진언

훌륭하게 장엄된 보리좌여!
삼세 제불 깨달음을 이룬 자리
지금 드린 이 자리도 그와 같으니
우리 함께 불도를 이루오리다.

옴 바아라 미나야 사바하. (3번)

정법계진언
淨法界眞言

옴 람 (3 · 7번)

공양게
供養偈

공양시방조어사　연양청정미묘법　삼승사과해탈승
供養十方調御士　演揚清淨微妙法　三乘四果解脫僧

원수애납수
願垂哀納受

원수애납수
願垂哀納受

원수자비애납수
願垂慈悲哀納受

진언권공
眞言勸供

향수나열재자건성　　욕구공양지주원
香羞羅列齋者虔誠　　欲求供養之周圓

수장가지지변화　　　앙유삼보 특사가지
須仗加持之變化　　　仰惟三寶 特賜加持

정법계진언 : 법계를 맑게 하는 진언

옴 람. (3 · 7번)

공양게 : 공양을 올리는 게송

시방삼세 항상 계신 부처님과

청정 진리 펴내시는 미묘법과

삼승사과 해탈하신 승보님께 공양하오니,

자비로 받으소서,

자비로 받으소서,

대자비로 받으옵소서.

진언권공 : 진언으로 공양의 변화를 청함

향기로운 공양물은 재자들의 정성이오니

원만한 공양 이뤄지려면

가지력에 의지해야 변화되오니

삼보시여, 특별 가지를 내리옵소서.

나무시방불
南無十方佛

나무시방법
南無十方法

나무시방승
南無十方僧

무량위덕 자재광명승묘력 변식진언
無量威德　自在光明勝妙力　變食眞言

나막 살바다타 아다 바로기제 옴 삼바라 삼바라 훔 (3번)

시감로수진언
施甘露水眞言

나무 소로바야 다타아다야 다냐타 옴 소로소로

바라소로 바라소로 사바하 (3번)

일자수륜관진언
一字水輪觀眞言

옴 밤 밤 밤밤 (3번)

「나무 시방불

나무 시방법

나무 시방승」. (3번)

무량위덕 자재광명승묘력 변식진언 : 부처님의 가지로써 공양한 음식을
질적·양적으로 변화시키는 진언

나막 살바다타 아다 바로기제 옴 삼바라 삼바라 훔. (3번)

시감로수진언 : 감로수가 흘러나오는 진언

나무 소로바야 다타아다야 다냐타 옴 소로소로
바라소로 바라소로 사바하. (3번)

일자수륜관진언 : '밤' 자에서 우유가 한량없이 나오는 진언

옴 밤 밤 밤밤. (3번)

유해진언
乳海眞言

나무 사만다 못다남 옴 밤 (3번)

예공
禮供

지심정례공양 삼계도사 사생자부 시아본사 석가모니불
至心頂禮供養 三界導師 四生慈父 是我本師 釋迦牟尼佛

지심정례공양 시방삼세 제망찰해 상주일체 불타야중
至心頂禮供養 十方三世 帝網刹海 常住一切 佛陀耶衆

지심정례공양 시방삼세 제망찰해 상주일체 달마야중
至心頂禮供養 十方三世 帝網刹海 常住一切 達摩耶衆

지심정례공양 대지문수사리보살 대행보현보살
至心頂禮供養 大智文殊舍利菩薩 大行普賢菩薩

대비관세음보살 대원본존 지장보살마하살
大悲觀世音菩薩 大願本尊 地藏菩薩摩訶薩

유해진언 : 우유가 바다같이 많아져 베풀어지는 진언

나무 사만다 못다남 옴 밤. (3번)

예공 : 공양 올림

지극한 마음으로,
온 세계 스승이며 모든 중생 어버이신 석가모니 부처님께
공양 올리옵니다.

지극한 마음으로,
온 세계 항상 계신 거룩하신 부처님께
공양 올리옵니다.

지극한 마음으로,
온 세계 항상 계신 거룩하신 가르침에
공양 올리옵니다.

지극한 마음으로,
대지문수보살 대행보현보살
대비관세음보살 대원본존 지장보살님께
공양 올리옵니다.

지심정례공양 영산당시 수불부촉 십대제자 십육성
至心頂禮供養 靈山當時 受佛付囑 十大弟子 十六聖

오백성 독수성 내지 천이백 제대아라한 무량자비성중
五百聖 獨修聖 乃至 千二百 諸大阿羅漢 無量慈悲聖衆

지심정례공양 서건동진 급아해동 역대전등 제대조사
至心頂禮供養 西乾東震 及我海東 歷代傳燈 諸大祖師

천하종사 일체미진수 제대선지식
天下宗師 一切微塵數 諸大善知識

지심정례공양 시방삼세 제망찰해 상주일체 승가야중
至心頂禮供養 十方三世 帝網刹海 常住一切 僧伽耶衆

유원 무진삼보 대자대비 수차공양 명훈가피력
唯願 無盡三寶 大慈大悲 受此供養 冥熏加被力

원공법계제중생
願共法界諸衆生

자타일시성불도
自他一時成佛道

지극한 마음으로,
부처님의 부촉받은
십대제자 십육성 오백성 독수성 내지 천이백 아라한께
공양 올리옵니다.

지극한 마음으로,
불법 전한 역대조사 천하종사 한량없는 선지식께
공양 올리옵니다.

지극한 마음으로,
온 세계 항상 계신 거룩하신 스님들께
공양 올리옵니다.

다함없는 삼보시여,
저희 공양 받으시고 가피력을 내리시어
법계 중생 모두 함께 성불하여지이다.

보공양진언
普供養眞言

옴 아아나 삼바바 바아라 훔 (3번)

보회향진언
普廻向眞言

옴 사마라 사마라 미마나 사라마하 자거라바 훔 (3번)

원성취진언
願成就眞言

옴 아모카 살바다라 사다야 시베 훔 (3번)

보궐진언
補闕眞言

옴 호로호로 사야모케 사바하 (3번)

탄백
嘆白

찰진심념가수지	대해중수가음진
刹塵心念可數知	大海中水可飮盡

허공가량풍가계	무능진설불공덕
虛空可量風可繫	無能盡說佛功德

보공양진언 : 널리 공양하는 진언

옴 아아나 삼바바 바아라 훔. (3번)

보회향진언 : 널리 회향하는 진언
옴 사마라 사마라 미마나 사라마하 자거라바 훔. (3번)

원성취진언 : 대원성취를 발원하는 진언
옴 아모카 살바다라 사다야 시베 훔. (3번)

보궐진언 : 빠진 것을 보완하는 진언
옴 호로호로 사야모케 사바하. (3번)

탄백 : 부처님의 공덕을 찬탄하고 아룀

세상티끌 온갖생각 세어서 알고
넓은바다 가득한물 모두 마시며
텅빈하늘 헤아리고 바람 묶어도
부처님   크신공덕 말할 수 없네

석가모니 정근

釋迦牟尼 精勤

나무 삼계도사 사생자부 시아본사 「석가모니불」……

南無 三界導師 四生慈父 是我本師 釋迦牟尼佛

석가여래종자심진언

釋迦如來種子心眞言

나무 사만다 못다남 박 (3번)

천상천하무여불	**시방세계역무비**
天上天下無如佛	十方世界亦無比
세간소유아진견	**일체무유여불자**
世間所有我盡見	一切無有如佛者

축원

祝願

앙고 시방삼세 제망중중 무진삼보자존 불사자비 허수낭감

仰告 十方三世 帝網重重 無盡三寶慈尊 不捨慈悲 許垂朗鑑

상래소수공덕해 회향삼처실원만

上來所修功德海 廻向三處悉圓滿

대한민국 국운융창 남북평화통일 국위선양

大韓民國 國運隆昌 南北平和統一 國威宣揚

석가모니 정근

나무 삼계도사 사생자부 시아본사 「석가모니불」…….

석가여래종자심진언 : 석가 여래의 종자를 심는 진언

나무 사만다 못다남 박. (3번)

천상천하　부처님　　같은 이 없고
시방세계　그누구도　비할 수 없네.
온세상을　내가모두　다 볼지라도
부처님　　같으신 분　일절 없어라.

축원

앙고(우러러 고하옵건대)
시방삼세 제망중중 다함없는 삼보시여,
자비를 버리지 마시고 지혜 광명을 드리워 주옵소서.
지금까지 닦은 바다 같은 공덕을 중생계에
회향하오니 모두 원만하여지이다.

대한민국 국운이 융창하고, 민족이 단합하며, 국위가 선양되고,

민심단합 세계평화 만민함락 불일증휘 법륜상전
民心團合 世界平和 萬民咸樂 佛日增輝 法輪常轉

억원 금차 지극정성 시회합원대중등 지심발원
抑願 今此 至極精誠 時會合院大衆等 至心發願

모처 모산 모사 불사도중
某處 某山 某寺 佛事途中

앙몽 삼보대성존 가피지묘력 일체 마장장애 영위소멸
仰蒙 三寶大聖尊 加被之妙力 一切 魔障障碍 永爲消滅

종초지말 어기중간 무장무애 대작불사 환희원만 성취지발원
從初至末 於其中間 無障無碍 大作佛事 歡喜圓滿 成就之發願

금차 지극정성 헌공발원재자
今此 至極精誠 獻供發願齋者

모처 거주
某處 居住

청신사 모생 모인 보체
淸信士 某生 某人 保體

청신녀 모생 모인 보체
淸信女 某生 某人 保體

앙몽 삼보대성존 가피지묘력 다생겁래 일체소작지죄업 실개소멸
仰蒙 三寶大聖尊 加被之妙力 多生劫來 一切所作之罪業 悉皆消滅

불법문중 신심견고 영불퇴전
佛法門中 信心堅固 永不退轉

남북이 통일되며, 세계가 평화롭고,
만민이 즐거우며,
부처님 광명이 날로 빛나며,
법륜이 항상 구르게 하옵소서.

사바세계 남섬부주 대한민국
○○처 청정(수월)도량에서
오늘 지극한 정성으로 공양하며 발원하는 재자
대한민국 ○○처 거주 ○○와
오늘 모인 대중인 노소 비구 비구니 청신사 청신녀
동남동녀 백의단월 각각 등이
정성을 다해 법요를 봉행하옵니다.

이 인연공덕으로 제불보살님의 오묘한 가피력을 받아서,
일체 재앙과 마음의 장애가 영원히 사라지고,
가정이 모두 화목하여 편안한 삶을 살며,

참선자 의단독로 염불자 삼매현전 간경자 혜안통투 박복자 복덕구족
參禪者 疑團獨露 念佛者 三昧現前 看經者 慧眼通透 薄福者 福德具足

단명자 수명장원 병고자 즉득쾌차 사업자 사업번창
短命者 壽命長遠 病苦者 卽得快差 事業者 事業繁昌

직무자 수분성취 농사자 오곡풍성 무직자 취업성취
職務者 隨分成就 農事者 五穀豊盛 無職者 就業成就

운전자 안전운행 학업자 일문천오 무연자 혼사성취
運轉者 安全運行 學業者 一聞千悟 無緣者 婚事成就

무자자 속득생남 가내안과태평 각기심중 소구소망
無子者 速得生男 家內安過太平 各其心中 所求所望

만사여의 원만성취지발원
萬事如意 圓滿成就之發願

억원 금일 헌공발원재자 각각등 복위 각각등 기부 각기
抑願 今日 獻供發願齋者 各各等 伏爲 各各等 記付 各其

상서선망 광겁부모 다생사장 누대종친 제형숙백 자매질손 원근친척
上逝先亡 曠劫父母 多生師長 累代宗親 弟兄叔伯 姊妹姪孫 遠近親戚

일체권속등 각각 열위열명영가 내지 겸급법계 사생칠취 삼도팔난
一切眷屬等 各各 列位列名靈駕 乃至 兼及法界 四生七趣 三途八難

사은삼유 일체 애혼원혼등중 각 열명영가
四恩三有 一切 哀魂冤魂等衆 各 列名靈駕

차 도량내외 동상동하 유주무주 운집고혼 비명액사 일체애혼등중
此 道場內外 洞上洞下 有主無主 雲集孤魂 非命厄死 一切哀魂等衆

재수는 대통하여 사업이 번창하고,
자손은 창성하고 병 없이 오래 살며,
온갖 일이 형통하여 어려운 일 사라지고,
마음속에 구하던 일 뜻과 같이 원만하게 성취하며,
매일매일 여러 가지 상서로운 경사 있고,
어느 때나 일체 재앙 없어지며,
수명은 태산같이 길어지고,
복덕은 바다처럼 넓어지이다.

동참 재자 모두 부처님 품 안에서
신심이 견고하여 영원히 물러나지 아니하고
아눗다라삼먁삼보리심을 발하고,

동참 재자들의 먼저 돌아가신
각 부모님들을 비롯한
모든 영가들이 이 인연공덕으로
극락세계 왕생하여
상품상생하게 하옵소서.

각 열명영가 함탈삼계 윤회지고뇌 즉왕극락세계 친견미타
各 列名靈駕 咸脫三界 輪廻之苦惱 卽往極樂世界 親見彌陀

몽불수기 돈오무생 법인지대원 연후원 항사법계 무량불자등
蒙佛授記 頓悟無生 法忍之大願 然後願 恒沙法界 無量佛子等

동유화장장엄해 동입보리대도량 상봉화엄불보살 항몽제불대광명
同遊華藏莊嚴海 同入菩提大道場 常逢華嚴佛菩薩 恒蒙諸佛大光明

소멸무량중죄장 획득무량대지혜 돈성무상최정각 광도법계제중생
消滅無量衆罪障 獲得無量大智慧 頓成無上最正覺 廣度法界諸衆生

이보제불막대은 세세상행보살도 구경원성살바야 마하반야바라밀
以報諸佛莫大恩 世世常行菩薩道 究竟圓成薩婆若 摩訶般若波羅蜜

나무석가모니불
南無釋迦牟尼佛

나무석가모니불
南無釋迦牟尼佛

나무시아본사석가모니불
南無是我本師釋迦牟尼佛

그런 뒤에, 항하의 모래 수와 같이 많은 법계의 한량없는 불자들이,

꽃으로 장엄된 화장세계에 노닐며 깨달음의 도량에 들어가,

항상 화엄세계 불보살님들을 만나 뵙고,

모든 부처님의 크신 광명을 입어,

무량한 죄업 소멸되고 한량없는 큰 지혜를 얻어,

위없는 바른 깨달음을 단박에 이루고,

널리 법계의 모든 중생을 제도하여,

부처님의 크신 은혜 갚기 원하오며,

세상에 날 적마다 보살도를 행하여

마침내 일체지가 원만히 이루어지이다.

마하반야바라밀.

나무 석가모니불

나무 석가모니불

나무시아본사 석가모니불.

2. 중단퇴공
中 壇 退 供

이차청정향운공 봉헌옹호성중전 감찰재자건간심
以此淸淨香雲供 奉獻擁護聖衆前 鑑察齋者虔懇心

원수애납수
願垂哀納受

원수애납수
願垂哀納受

원수자비애납수
願垂慈悲哀納受

지심정례공양 진법계 허공계 화엄회상 욕색제천중
至心頂禮供養 盡法界 虛空界 華嚴會上 欲色諸天衆

지심정례공양 진법계 허공계 화엄회상 팔부사왕중
至心頂禮供養 盡法界 虛空界 華嚴會上 八部四王衆

지심정례공양 진법계 허공계 화엄회상 호법선신중
至心頂禮供養 盡法界 虛空界 華嚴會上 護法善神衆

유원 신중자비 옹호도량 실개수공발보리 시작불사도중생
唯願 神衆慈悲 擁護道場 悉皆受供發菩提 施作佛事度衆生

2. 중단퇴공

청정하고 향기로운 공양을 화엄성중께 올리오니
재자들의 간절한 마음 살피셔서
자비로 받으소서,
자비로 받으소서,
대자비로 받으옵소서.

지극한 마음으로,
진법계 허공계 화엄회상 욕계 색계 제천님께 공양 올리옵니다.

지극한 마음으로,
진법계 허공계 화엄회상 팔부 사왕님께 공양 올리옵니다.

지극한 마음으로,
진법계 허공계 화엄회상 호법선신님께 공양 올리옵니다.

자비로운 신중님이시여,
이 도량을 옹호하여 저희 공양 받으시고
보리심을 내어 불사를 펴 중생을 건지소서.

보공양진언
普供養眞言

옴 아아나 삼바바 바아라 훔 (3번)

반야심경 (참조_ 46쪽)
般若心經

불설소재길상다라니
佛說消災吉祥陀羅尼

나모 사만다 못다남 아바라지 하다사 사나남 다냐타 옴 카카 카혜 카혜
훔훔 아바라 아바라 바라 아바라 바라 아바라 지따 지따 지리
지리 빠다 빠다 선지가 시리에 사바하 (3번)

원성취진언
願成就眞言

옴 아모카 살바다라 사다야 시베 훔 (3번)

보궐진언
補闕眞言

옴 호로호로 사야모케 사바하 (3번)

보공양진언 : 널리 공양을 올리는 진언

옴 아아나 삼바바 바아라 훔. (3번)

반야심경 (참조_ 47쪽)

불설소재길상다라니 : 재앙을 없애고 상서로움을 얻게 하는 부처님이 설한 다라니

나무 사만다 못다남 아바라지 하다사 사나남 다냐타 옴 카카 카혜 카혜
훔훔 아바라 아바라 바라 아바라 바라 아바라 지따 지따 지리
지리 빠다 빠다 선지가 시리예 사바하. (3번)

원성취진언 : 대원성취를 발원하는 진언

옴 아모카 살바다라 사다야 시베 훔. (3번)

보궐진언: 빠진 것을 보완하는 진언

옴 호로호로 사야모케 사바하. (3번)

보회향진언
普廻向眞言

옴 사마라 사마라 미마나 사라마하 자거라바 훔 (3번)

화엄성중 정근
華嚴聖衆 精勤

나무 화엄회상 정법옹호 「화엄성중」…….
南無 華嚴會上 正法擁護　華嚴聖衆

탄백
嘆白

화엄성중혜감명	사주인사일념지
華嚴聖衆慧鑑明	四洲人事一念知
애민중생여적자	시고아금공경례
哀愍衆生如赤子	是故我今恭敬禮

보회향진언 : 널리 회향하는 진언

옴 사마라 사마라 미마나 사라마하 자거라바 훔. (3번)

화엄성중 정근

나무 화엄회상 정법옹호 「화엄성중」…….

탄백 : 부처님의 공덕을 찬탄하고 아룀

화엄 성중 큰 지혜로 밝게 살펴,
온 세계 모든 일을 한순간에 다 아시고
모든 중생 자식처럼 어여삐 여기시니,
저희 이제 공경히 절하옵니다.

축원
祝願

절이
切以

화엄회상 제대현성 첨수연민지지정 각방신통지성력
華嚴會上 諸大賢聖 僉垂憐愍之至情 各放神通之聖力

금차 지극정성 헌공 발원재자 모처 거주
今此 至極精誠 獻供 發願齋者 某處 居住

청신사 모생 모인 보체
淸信士 某生 某人 保體

청신녀 모생 모인 보체
淸信女 某生 某人 保體

앙몽 팔대금강부 사대보살중 일체호법선신 영기등중 각방가호지성력
仰蒙 八大金剛部 四大菩薩衆 一切護法善神 靈祇等衆 各方加護之聖力

험난시절 동서사방 출입제처 악인원리 선인상봉 악귀불침 선신가호
險難時節 東西四方 出入諸處 惡人遠離 善人相逢 惡鬼不侵 善神加護

삼재팔난 관재구설 각종횡액 사백사병 화재적환 우환질병 일체재앙
三災八難 官災口舌 各種橫厄 四百四病 火災賊患 憂患疾病 一切災殃

병고액난등 영위소멸 경영지사업 무장무애
病苦厄難等 永爲消滅 經營之事業 無障無碍

축원

절이(간절히 생각하옵건대)
화엄회상의 모든 성현들이시여,
저희를 연민히 여기시는 지극한 마음을 드리우사
모두에게 신통력을 발현해 주옵소서.

    사바세계 남섬부주 대한민국 ○○처 청정(수월)도량에서,

    오늘 지극한 정성으로 공양 올리며 발원하는 재자

    ○○처 거주

    ○○인 보체 등이

이 인연공덕으로 화엄성중님의 가호하는 힘을 입어

동서사방으로 다니는 곳마다 악인은 멀어지고 귀인은 만나고,

관재구설과 삼재팔난 사백사병 병고액난이 일시에 소멸되고,

재수는 대통하고 이익은 번영되고

재수대통 이익번영 사업성취 학업성취 시험합격 가족화목
財數大通 利益繁榮 事業成就 學業成就 試驗合格 家族和睦

건강발원 속득진급 재판승소 즉득석방 경영지사 심중소구소원
健康發願 速得進級 裁判勝訴 卽得釋放 經營之事 心中所求所願

만사여의원만 성취지대원
萬事如意圓滿 成就之大願

연후원 처세간 여허공 여련화 불착수 심청정 초어피
然後願 處世間 如虛空 如蓮花 不着水 心淸淨 超於彼

계수례 무상존 구호길상 마하반야바라밀
稽首禮 無上尊 俱護吉祥 摩訶般若波羅蜜

사업하는 이는 사업성취하고 학업하는 이는 지혜가 총명하고,

시험생은 원만합격하고 가족은 건강하고 화목하며

진급자는 속득 진급하며 재판자는 즉득 승소하고

부귀와 영화 누리는 등 만사가 뜻대로 원만히 이루어지이다.

그런 뒤에 원하옵나니,

세상 살기를 허공같이 하고

더러움에 물들지 않는 연꽃같이

마음이 청정하여 정토에 태어나지이다.

길상 모두 갖추신 위없이 존귀한 성현들께 절하옵니다.

마하반야바라밀.

3. 각단헌공
各 壇 獻 供

1) 지장헌공
地 藏 獻 供

천수경 (참조_ 78쪽)
千 手 經

거불
擧 佛

나무 유명교주 지장보살
南無 幽冥敎主 地藏菩薩

나무 남방화주 지장보살
南無 南方化主 地藏菩薩

나무 대원본존 지장보살
南無 大願本尊 地藏菩薩

3. 각단헌공

1) 지장헌공

천수경 (참조_ 79쪽)

거불 : 불명을 칭하여 가피를 구함

나무 유명교주 지장보살

나무 남방화주 지장보살

나무 대원본존 지장보살.

보소청진언
普召請眞言

나무 보보제리 가리다리 다타아다야 (3번)

유치
由致

앙유 지장대성자 만월진용 징강정안 장마니이시원과위 제함담이유
仰惟 地藏大聖者 滿月眞容 澄江淨眼 掌摩尼而示圓果位 躋菡萏而猶

섭인문 보방자광 상휘혜검 조명음로 단멸죄근 당절귀의 해지감응
躡因門 普放慈光 常揮慧劍 照明陰路 斷滅罪根 倘切歸依 奚遲感應

시이 사바세계 차사천하 남섬부주 동양 대한민국 모도 모군 모산 모사
是以 娑婆世界 此四天下 南贍部洲 東洋 大韓民國 某道 某郡 某山 某寺

청정 (수월) 도량
淸淨 (水月) 道場

금차 지극정성 제당 ○○○지신 천혼재자 모처거주 행효자 모인복위
今此 至極精誠 第當 ○○○之辰 薦魂齋者 某處居住 行孝子 某人伏爲

소천선 ○○○영가
所薦先 ○○○ 靈駕

보소청진언 : 널리 청하는 진언

나무 보보제리 가리다리 다타아다야. (3번)

유치 : 법회가 이루어지는 연유를 아룀

앙유(우러러 생각하옵건대)

지장보살님께옵서는 만월 같은 얼굴과 맑은 강물 같은 눈을 가지셨으며, 마니구슬 손에 들고 원만한 과위 보이시고, 연화대에 앉아 인행문을 놓지 않으며 자비광명 두루 놓으시고, 항상 지혜의 검을 휘두르사 저승의 길 밝히고 죄악뿌리 끊으신다 하오니, 간절한 정성으로 귀의하면 그 감응 어찌 더디오리까.

그러하옵기에 사바세계 남섬부주 대한민국
○○처 청정(수월)도량에서,

오늘 지극한 정성으로 ○○재를 봉행하고자
○○처 거주 재자 ○○○인이
그의 ○○○ 영가의 극락왕생을 발원하고자,

이 금월금일 건설법연 정찬공양 남방화주 지장대성 서회자감
以 今月今日 虔設法筵 淨饌供養 南方化主 地藏大聖 庶回慈鑑

곡조미성 앙표일심 선진삼청
曲照微誠 仰表一心 先陳三請

청사
請詞

나무 일심봉청 자인적선 서구중생 수중금석 진개지옥지문
南無 一心奉請 慈因積善 誓救衆生 手中金錫 振開地獄之門

장상명주 광섭대천지계 염왕전상 업경대전 위남염부제중생
掌上明珠 光攝大千之界 閻王殿上 業鏡臺前 爲南閻部提衆生

작개증명공덕주 대비대원 대성대자 본존지장왕보살 마하살
作箇證明功德主 大悲大願 大聖大慈 本尊地藏王菩薩 摩訶薩

유원 자비 강림도량 수차 공양
唯願 慈悲 降臨道場 受此 供養

금월 금일 경건히 법연을 열어 조촐한 공양구를
남방화주 지장보살님께 공양드리옵니다.
밝은 지혜 거울로써 작은 정성을 굽어 살펴 주옵소서.
삼가 일심으로 먼저 삼청을 펼치옵니다.

청사 : 청하는 글

나무 일심봉청
자비한 인행으로 선을 쌓으사 중생 구제를 서원하시니,
손에 드신 금석을 흔들어 지옥문을 여시고,
손 위 밝은 구슬은 광명으로 대천세계를 덮으시옵니다.
염라대왕의 궁전 업경대 앞에서
남염부제 중생들을 위하여 증명해 주시는 공덕주,
대비대원 대성대자 지장보살 마하살님이시여,
'자비로써' 이 도량에 강림하여 공양을 받으소서.

향화청
香花請

향화청 (3번)

가영
歌詠

장상명주일과한
掌上明珠一顆寒

자연수색변래단
自然隨色辨來端

기회제기친분부
幾回提起親分付

암실아손향외간
暗室兒孫向外看

고아일심귀명정례
故我一心歸命頂禮

헌좌진언
獻座眞言

묘보리좌승장엄
妙菩提座勝莊嚴

제불좌이성정각
諸佛坐已成正覺

아금헌좌역여시
我今獻座亦如是

자타일시성불도
自他一時成佛道

옴 바아라 미나야 사바하 (3번)

향화청 : 향과 꽃으로 청함

향과 꽃으로 청하옵니다. (3번)

가영 : 찬탄하는 노래

손 위에 밝은 구슬 맑은 빛이 영롱한데
자연스레 빛깔 따라 어김없이 나타나고
몇 번이고 이끌어서 친절히 일러주니
어둔 방의 아이들이 밖으로 나아가네.
저희 이제 일심으로 절하옵니다.

헌좌진언 : 자리를 바치는 진언

훌륭하게 장엄된 보리좌여!
삼세제불 깨달음을 이룬 자리
지금 드린 이 자리도 그와 같으니
우리 함께 불도를 이루오리다.

옴 바아라 미나야 사바하. (3번)

정법계진언
淨法界眞言

옴 람 (7 · 21번)

다게
茶偈

금장감로다 봉헌지장전 감찰건간심
今將甘露茶 奉獻地藏前 鑑察虔懇心

원수애납수
願垂哀納受

원수애납수
願垂哀納受

원수자비애납수
願垂慈悲哀納受

진언권공
眞言勸供

향수나열 재자건성 욕구공양지주원 수장가지지변화
香羞羅列 齋者虔誠 欲求供養之周圓 須仗加持之變化

앙유삼보 특사가지
仰惟三寶 特賜加持

나무시방불
南無十方法

정법계진언 : 법계를 맑게 하는 진언

옴 람. (7·21번)

다게 : 차 올리는 게송

저희 이제 감로다를 지장보살님께 올리오니

간절한 마음 살피시어

자비로 받으소서,

자비로 받으소서,

대자비로 받으옵소서.

진언권공 : 진언으로 공양의 변화를 청함

향기로운 공양물은 재자들의 정성이오니
원만한 공양 이뤄지려면
가지력에 의지해야 변화되오니
삼보시여, 특별 가지를 내리옵소서.

「나무 시방불

나무시방법
南無十方佛

나무시방승 (3번)
南無十方僧

무량위덕 자재광명승묘력 변식진언
無量威德　自在光明勝妙力　變食眞言

나막 살바다타 아다 바로기제 옴 삼바라 삼바라 훔 (3번)

시감로수진언
施甘露水眞言

나무 소로바야 다타아다야 다냐타 옴 소로소로
바라소로 바라소로 사바하 (3번)

일자수륜관진언
一字水輪觀眞言

옴 밤 밤 밤밤 (3번)

유해진언
乳海眞言

나무 사만다 못다남 옴 밤 (3번)

나무 시방법

나무 시방승」. (3번)

무량위덕 자재광명승묘력 변식진언 : 부처님의 가지로써 공양한 음식을
질적·양적으로 변화시키는 진언

나막 살바다타 아다 바로기제 옴 삼바라 삼바라 훔. (3번)

시감로수진언 : 감로수가 흘러나오는 진언

나무 소로바야 다타아다야 다냐타 옴 소로소로
바라소로 바라소로 사바하. (3번)

일자수륜관진언 : '밤' 자에서 우유가 한량없이 나오는 진언

옴 밤 밤 밤밤. (3번)

유해진언 : 우유가 바다같이 많아져 베풀어지는 진언

나무 사만다 못다남 옴 밤. (3번)

예공
禮供

지심정례공양 지장원찬 이십삼존 제위여래불
至心頂禮供養 地藏願讚 二十三尊 諸位如來佛

지심정례공양 유명교주 지장보살 마하살
至心頂禮供養 幽冥敎主 地藏菩薩 摩訶薩

지심정례공양 좌우보처 도명존자 무독귀왕
至心頂禮供養 左右補處 道明尊者 無毒鬼王

유원 대원본존 지장대성 수차공양 명훈가피력 원공법계제중생
唯願 大願本尊 地藏大聖 受此供養 冥熏加被力 願共法界諸衆生

자타일시성불도
自他一時成佛道

보공양진언
普供養眞言

옴 아아나 삼바바 바아라 훔 (3번)

보회향진언
普廻向眞言

옴 사마라 사마라 미마나 사라마하 자거라바 훔 (3번)

예공 : 공양 올림

지극한 마음으로,
지장원찬 이십삼존 제위여래부처님께 공양 올리옵니다.

지극한 마음으로,
유명교주 대원본존 지장보살마하살님께 공양 올리옵니다.

지극한 마음으로,
좌보처 도명존자 우보처 무독귀왕님께 공양 올리옵니다.

대성대자 지장보살님이시여,
저희 공양 받으시고 가피력을 내리시어
법계 중생 모두 함께 성불하여지이다.

보공양진언 : 널리 공양하는 진언

옴 아아나 삼바바 바아라 훔. (3번)

보회향진언 : 널리 회향하는 진언

옴 사마라 사마라 미마나 사라마하 자거라바 훔. (3번)

원성취진언
願成就眞言

옴 아모카 살바다라 사다야 시베 훔 (3번)

보궐진언
補闕眞言

옴 호로호로 사야모케 사바하 (3번)

지장 정근
地藏 精勤

나무 남방화주 대원본존 「지장보살」…… (시간에 맞게)
南無 南方化主 大願本尊   地藏菩薩

지장보살 멸정업진언
地藏菩薩 滅淨業眞言

옴 바라 마니다니 사바하 (3번)

지장대성위신력   항하사겁설난진
地藏大聖威神力   恒河沙劫說難盡

견문첨례일념간   이익인천무량사
見聞瞻禮一念間   利益人天無量事

원성취진언 : 대원성취를 발원하는 진언

옴 아모카 살바다라 사다야 시베 훔. (3번)

보궐진언 : 빠진 것을 보완하는 진언

옴 호로호로 사야모케 사바하. (3번)

지장 정근

나무 남방화주 대원본존 「지장보살」……. (시간에 맞게)

지장보살 멸정업진언 : 업을 소멸하고 정화시키는 지장보살님의 진언

옴 바라 마니다니 사바하. (3번)

지장보살 대성인의 크신 위신력,
항하사 겁 말하여도 다하지 못해
보고 듣고 찰나 동안 예배하여도
인간 천상 모두 함께 이익 얻으리.

지장 축원
地藏 祝願

앙고
仰告

남방화주 대원본존 지장보살 불사자비 허수낭감
南方化主 大願本尊 地藏菩薩 不捨慈悲 許垂朗鑑

상래소수공덕해 회향삼처실원만
上來所修功德海 廻向三處悉圓滿

시이 사바세계 차사천하 남섬부주 동양 대한민국 모처 모산
是以 娑婆世界 此四天下 南贍部洲 東洋 大韓民國 某處 某山

모사 청정 (수월) 도량
某寺 淸淨 (水月) 道場

금차 지극정성 제당 ○○지신 천혼재자 모처거주
今此 至極精誠 第當 ○○之辰 薦魂齋者 某處居住

행효자 ○○○등 복위 소천선 ○○○영가
行孝子 ○○○等 伏爲 所薦先 ○○○ 靈駕

이차인연공덕 지장대성 가피지묘력 다겁생래 소작지죄업 실개소멸
以此因緣功德 地藏大聖 加被之妙力 多劫生來 所作之罪業 悉皆消滅

부답명로 즉왕극락세계 상품상생지대원
不踏冥路 卽往極樂世界 上品上生之大願

재고축(천혼문) 이차인연 염불풍송공덕 왕생서방정토 친견미타
再告祝 (薦魂文) 以此因緣 念佛諷誦功德 往生西方淨土 親見彌陀

획몽제불 감로관정 반야낭지 활연개오 득무생법인지대원
獲蒙諸佛 甘露灌頂 般若朗智 豁然開悟 得無生法忍之大願

지장 축원

앙고(우러러 고하옵건대)

남섬부주의 교화주며 큰 원력의 본존이신 지장보살님이시여,

자비를 버리지 마옵고 지혜 광명을 드리워 주옵소서.

지금까지 닦은 바다 같은 공덕을 중생계에 회향하오니

모두 원만하여지이다.

   사바세계 남섬부주 대한민국 ○○처 청정(수월)도량에서,

   지극한 정성으로 오늘 ○○재를 봉행하는,

   ○○에 거주하는 재자 ○○○가 축원하는

   그의 ○○, ○○○영가가,

이 인연공덕으로 지장보살께서 보살피시는 오묘한 힘을 입어,

여러 겁 동안 지은 죄업이 모두 소멸되고,

저승길에 헤매지 않고 곧바로 극락세계 상품에 왕생하여지이다.

다시 축원하옵건대,

염불하고 경을 외운 공덕으로 서방정토에 왕생하여,

아미타 부처님을 직접 뵙고,

부처님께서 감로수 뿌려주심을 입어 밝은 지혜 환히 깨달아,

무생법인 얻기를 바라옵니다.

삼고축 금차지극정성 ○○ 재지신 ○○ 영가위주 상서선망
三告祝 今此至極精誠 ○○ 齋之辰 ○○ 靈駕爲主 上逝先亡

사존부모 누세종친 제형숙백 일체친족등 각 열위열명영가
師尊父母 累世宗親 弟兄叔伯 一切親族等 各 列位列名靈駕

차도량내외 동상동하 일체유주무주고혼 제불자등 각열위열명영가
此道場內外 洞上洞下 一切有主無主孤魂 諸佛子等 各列位列名靈駕

이차인연공덕 불보살가피력 함탈삼계지고뇌 왕생 왕생 원왕생
以此因緣功德 佛菩薩加被力 咸脫三界之苦惱 往生 往生 願往生

왕생극락세계 상품상생지대원
往生極樂世界 上品上生之大願

억원 원아금차 지극정성 생축 헌공 발원제자 금일지성재자
抑願 願我今此 至極精誠 生祝 獻供 發願齋者 今日至誠齋者

(주소) 거주 ○○생 ○○○ 각각등 보체
(住所) 居住 ○○生 ○○○ 各各等 保體

이차인연공덕 제불보살가피력 무병장원 수명장수 복덕구족 만사대길
以此因緣功德 諸佛菩薩加被力 無病長遠 壽命長壽 福德具足 萬事大吉

각기심중 소구소원 여의원만성취지대원
各其心中 所求所願 如意圓滿成就之大願

연후원 항사법계 무량불자등 동유화장장엄해 동입보리대도량
然後願 恒沙法界 無量佛子等 同遊華藏莊嚴海 同入菩提大道場

상봉화엄불보살 항몽제불대광명 소멸무량중죄장 획득무량대지혜
常逢華嚴佛菩薩 恒蒙諸佛大光明 消滅無量衆罪障 獲得無量大智慧

돈성무상최정각 광도법계제중생 이보제불막대은 세세상행보살도
頓成無上最正覺 廣度法界諸衆生 以報諸佛莫大恩 世世常行菩薩道

구경원성살바야 마하반야바라밀
究竟圓成薩婆若 摩訶般若波羅蜜

거듭 원하옵건대,

영가를 중심으로 먼저 돌아가신 스승, 부모, 여러 대의 종친, 형과 아우, 숙부, 백부, 모든 친족 등 여러 영가와 이 도량 안과 밖, 윗동네와 아랫동네, 주인이 있거나 없는 외로운 영혼, 모든 불자 등 각 영가들이 이 인연 공덕으로 불보살의 가피력을 입어 모두 삼계의 고뇌를 벗어나 극락정토의 상품상생의 세계에 왕생하여지이다.

거듭 원하옵건대,

오늘 지극 정성 재자 ○○○ 각각 등 보체가 이 인연공덕으로 제불보살님의 가피력을 입어 병 없이 행복하며 수명은 길어지고 복덕이 구족하여 만사가 대길하고 각자 마음속에 바라고 구하는 원들이 뜻대로 원만히 이루어지이다.

그런 뒤에 원하옵나니,

항하의 모래 수와 같이 많은 법계의 한량없는 불자들이,
꽃으로 장엄된 화장세계에 노닐며 깨달음의 도량에 들어가,
항상 화엄세계의 불보살님들을 만나 뵙고, 모든 부처님의 크신
광명을 입어, 무량한 죄업 소멸되고 한량없는 큰 지혜를 얻어,
위없는 바른 깨달음을 단박에 이루어, 널리 법계의 모든 중생을
제도하여, 부처님의 크신 은혜 갚기 원하오며, 세상에 날 때마다
보살도를 행하여 마침내 일체지가 원만히 이루어지이다.
마하반야바라밀.

2) 관음헌공
觀音獻供

천수경 (참조_78쪽)
千手經

거불
擧佛

나무 원통교주 관세음보살
南無 圓通敎主 觀世音菩薩

나무 도량교주 관세음보살
南無 道場敎主 觀世音菩薩

나무 원통회상 불보살
南無 圓通會上 佛菩薩

2) 관음헌공

천수경 (참조_ 79쪽)

거불 : 불명을 칭하여 가피를 구함

나무 원통교주 관세음보살

나무 도량교주 관세음보살

나무 원통회상 불보살.

보소청진언
普召請眞言

나무 보보제리 가리다리 다타아다야 (3번)

유치
由致

앙유 관음대성자 자용심묘 비원우심 위접인중생 내상처미타불찰
仰惟 觀音大聖者 慈容甚妙 悲願尤深 爲接引衆生 乃常處彌陀佛刹

입적정삼매 우불리백화도량 보응시방 심성구고 불리일보 찰찰현신
入寂靜三昧 又不離白花道場 普應十方 尋聲救苦 不離一步 刹刹現身

약신공양지의 필차감통지념 유구개수 무원부종
若伸供養之儀 必借感通之念 有求皆遂 無願不從

시이 사바세계 차사천하 남섬부주 동양 대한민국 모도 모군 모산
是以 娑婆世界 此四天下 南贍部洲 東洋 大韓民國 某道 某郡 某山

모사 청정지도량
某寺 淸淨之道場

원아금차 지극정성 헌공발원재자 모처거주 모인보체
願我今此 至極精誠 獻供發願齋者 某處居住 某人保體

이 금월금일 건설법연 정찬공양 원통교주 관세음보살 훈근작법
以 今月今日 虔設法筵 淨饌供養 圓通敎主 觀世音菩薩 薰勲作法

보소청진언 : 널리 청하는 진언

나무 보보제리 가리다리 다타아다야. (3번)

유치 : 법회가 이루어지는 연유를 아룀

앙유(우러러 생각하옵건대)

미묘하고 자비로운 용모에 인자한 서원이 더욱 깊으신

관음대성자께옵서는, 중생들을 이끌어 인도하기 위해서

항상 아미타 부처님 국토에 머무르시고, 적정한 삼매에 드시고,

백화도량을 떠나지 않으나 시방세계 두루 응하여 소리 따라

괴로움 건져 주시고, 한 걸음도 옮기지 않으나 국토마다 몸을

나타내신다 하오니, 공양 올리는 정성 간절하면 반드시 감응의

힘을 내려 주시고 구하는 것은 모두 이루어 주시기를 원하옵니다.

　　이에 사바세계 남섬부주 대한민국 ○○처 청정도량에서,

　　오늘 지극한 정성으로 불공하며 발원하는 ○○○ 등이

　　이 인연공덕으로 ○○원(축원할 제목)을 이루고자,

금월 금일 지극한 정성으로 삼가 법연을 열어 조촐한 공양구를

원통교주 관세음보살님께 공양드리옵니다.

앙기 묘원자 우복이 친소편혜 표심향 무화이보훈 앙고 자문 청면월
仰祈 妙援者 右伏以 親燒片慧 表心香 無火而普熏 仰扣 慈門 請面月

이공이곡조 잠사어보굴 청부어향연 앙표일심 선진삼청
離空而曲照 暫辭於寶窟 請赴於香筵 仰表一心 先陳三請

청사
請詞

나무 일심봉청 해안고절처 보타낙가산 도량교주 삼십이응신
南無 一心奉請 海岸孤絶處 寶陀洛迦山 道場教主 三十二應身

십사무외력 사부사의덕 수용무애 팔만사천 삭가라수 팔만사천
十四無畏力 四不思議德 受容無碍 八萬四千 爍迦羅首 八萬四千

모다라비 팔만사천 청정보목 혹자혹위 분형산체 응제중생
母陀羅臂 八萬四千 淸淨寶目 或慈或威 分形散體 應諸衆生

심소원구 발고여락 대자대비 관자재보살마하살
心所願求 拔苦與樂 大慈大悲 觀自在菩薩摩訶薩

유원 자비 강림도량 수차공양
唯願 慈悲 降臨道場 受此供養

정성껏 법요를 행하며 신묘한 가피를 바라옵는 저희들은
한 조각 지혜의 향을 살라 마음 향을 표하오니,
불길이 없어도 두루 퍼지게 하여지이다.
우러러 자비문에 사뢰오니, 맑은 달이 허공을 떠나 굽어 비추듯
잠시나마 보배궁전 떠나시어 이 향연에 이르소서.
삼가 일심으로 먼저 삼청을 펼치옵니다.

청사 : 청하는 글

나무 일심봉청
바닷가 외딴 곳, 보타낙가산의 도량교주님께서는,
32응신과 14무외력과 4부사의덕을 갖추사
수용하심이 걸림 없으시며,
8만 4천의 지혜 얼굴과 자비 손길과
보배의 눈으로 자비와 위엄 고루 갖추시고,
형상과 몸을 나누어 흩어서 중생들의 원에 따라
고통을 없애고 즐거움을 주시는
대자대비 관자재보살마하살님이시여,
'자비로써' 이 도량에 강림하여 공양을 받으소서.

향화청
香花請

향화청 (3번)

가영
歌詠

백의관음무설설
白衣觀音無說說

남순동자불문문
南巡童子不聞聞

병상녹양삼제하
瓶上綠楊三際夏

암전취죽시방춘
巖前翠竹十方春

고아일심귀명정례
故我一心歸命頂禮

헌좌진언
獻座眞言

묘보리좌승장엄
妙菩提座勝莊嚴

제불좌이성정각
諸佛坐已成正覺

아금헌좌역여시
我今獻座亦如是

자타일시성불도
自他一時成佛道

옴 바아라 미나야 사바하 (3번)

향화청 : 향과 꽃으로 청함

향과 꽃으로 청하옵니다. (3번)

가영 : 찬탄하는 노래

백의관음 설함 없이 설하시고
남순동자 들음 없이 들으시네.
화병의 푸른 버들 늘 여름이고
바위 앞 푸른 대는 온통 봄이네.
저희 이제 일심으로 절하옵니다.

헌좌진언 : 자리를 바치는 진언

훌륭하게 장엄된 보리좌여!
삼세제불 깨달음을 이룬 자리
지금 드린 이 자리도 그와 같으니
우리 함께 불도를 이루오리다.

옴 바아라 미나야 사바하. (3번)

정법계진언
淨法界眞言

옴 람 (7 · 21번)

다게
茶偈

금장감로다 봉헌관음전 감찰건간심
今將甘露茶 奉獻觀音前 鑑察虔懇心

원수애납수
願垂哀納受

원수애납수
願垂哀納受

원수자비애납수
願垂慈悲哀納受

진언권공
眞言勸供

향수나열 재자건성 욕구공양지주원 수장가지지변화
香羞羅列 齋者虔誠 欲求供養之周圓 須仗加持之變化

앙유삼보 특사가지
仰惟三寶 特賜加持

나무시방불
南無十方佛

정법계진언 : 법계를 맑게 하는 진언

옴 람. (7·21번)

다게 : 차 올리는 게송

저희 이제 감로다를 관세음보살님께 올리오니
간절한 마음 살피시어
자비로 받으소서,
자비로 받으소서,
대자비로 받으옵소서.

진언권공 : 진언으로 공양의 변화를 청함

향기로운 공양물은 재자들의 정성이오니
원만한 공양 이뤄지려면 가지력에 의지해야 변화되오니
삼보시어, 특별 가지를 내리옵소서.

「나무 시방불

나무시방법
南無十方法

나무시방승 (3번)
南無十方僧

무량위덕 자재광명승묘력 변식진언
無量威德　自在光明勝妙力　變食眞言

나막 살바다타 아다 바로기제 옴 삼바라 삼바라 훔 (3번)

시감로수진언
施甘露水眞言

나무 소로바야 다타아다야 다냐타 옴 소로소로

바라소로 바라소로 사바하 (3번)

일자수륜관진언
一字水輪觀眞言

옴 밤 밤 밤밤 (3번)

유해진언
乳海眞言

나무 사만다 못다남 옴 밤 (3번)

나무 시방법

나무 시방승」. (3번)

무량위덕 자재광명승묘력 변식진언 : 부처님의 가지로써 공양한 음식을
질적 · 양적으로 변화시키는 진언

나막 살바다타 아다 바로기제 옴 삼바라 삼바라 훔. (3번)

시감로수진언 : 감로수가 흘러나오는 진언

나무 소로바야 다타아다야 다냐타 옴 소로소로
바라소로 바라소로 사바하. (3번)

일자수륜관진언 : '밤' 자에서 우유가 한량없이 나오는 진언

옴 밤 밤 밤밤. (3번)

유해진언 : 우유가 바다같이 많아져 베풀어지는 진언

나무 사만다 못다남 옴 밤. (3번)

예공
禮供

지심정례공양 보문시현 원력홍심 대자대비 관세음보살
至心頂禮供養 普門示現 願力洪深 大慈大悲 觀世音菩薩

지심정례공양 심성구고 응제중생 대자대비 관세음보살
至心頂禮供養 尋聲救苦 應諸衆生 大慈大悲 觀世音菩薩

지심정례공양 좌보처 남순동자 우보처 해상용왕
至心頂禮供養 左補處 南巡童子 右補處 海上龍王

유원대자대비 관세음보살 수차공양
唯願大慈大悲 觀世音菩薩 受此供養

명훈가피력 원공법계제중생 자타일시성불도
冥熏加被力 願共法界諸衆生 自他一時成佛道

보공양진언
普供養眞言

옴 아아나 삼바바 바아라 훔 (3번)

보회향진언
普廻向眞言

옴 사마라 사마라 미마나 사라마하 자거라바 훔 (3번)

예공 : 공양 올림

지극한 마음으로, 보문에서 나투시고 깊은 원력 지니신
대자대비 관세음보살님께 공양 올리옵니다.

지극한 마음으로, 중생들의 소리 따라 온갖 고통 건지시는
대자대비 관세음보살님께 공양 올리옵니다.

지극한 마음으로,
좌보처 남순동자 우보처 해상용왕님께 공양 올리옵니다.

대자대비 관세음보살님이시여,
저희 공양 받으시고 가피력을 내리시어
법계 중생 모두 함께 성불하여지이다.

보공양진언 : 널리 공양하는 진언

옴 아아나 삼바바 바아라 훔. (3번)

보회향진언 : 널리 회향하는 진언

옴 사마라 사마라 미마나 사라마하 자거라바 훔. (3번)

원성취진언
願成就眞言

옴 아모카 살바다라 사다야 시베 훔 (3번)

보궐진언
補闕眞言

옴 호로호로 사야모케 사바하 (3번)

관음 정근
觀音精勤

나무 보문시현 원력홍심 대자대비 구고구난 「관세음보살」…….
南無 普門示現 願力洪深 大慈大悲 救苦救難 觀世音菩薩

관세음보살 멸업장진언
觀世音菩薩 滅業障眞言

옴 아로늑계 사바하 (3번)

구족신통력 광수지방편
具足神通力 廣修智方便

시방제국토 무찰불현신
十方諸國土 無刹不現身

원성취진언 : 대원성취를 발원하는 진언

옴 아모카 살바다라 사다야 시베 훔. (3번)

보궐진언 : 빠진 것을 보완하는 진언

옴 호로호로 사야모케 사바하. (3번)

관음 정근

나무 보문시현 원력홍심 대자대비 구고구난 「관세음보살」······.

관세음보살 멸업장진언 : 업을 소멸하고 정화시키는 관세음보살님의 진언

옴 아로늑계 사바하. (3번)

신통한 힘 구족하고 지혜방편 널리 닦아
시방세계 모든 곳에 빠짐없이 나투시니
이에 저희들은 일심으로 절하옵니다.

원멸사생육도 법계유정 다겁생래제업장 아금참회계수례
願滅四生六道 法界有情 多劫生來諸業障 我今懺悔稽首禮

원제죄장실소제 세세상행보살도
願諸罪障悉消除 世世常行菩薩道

원이차공덕 보급어일체 아등여중생
願以此功德 普及於一切 我等與衆生

당생극락국 동견무량수 개공성불도
當生極樂國 同見無量壽 皆共成佛道

관음 축원
觀音 祝願

앙고 대자대비 관세음보살 불사자비 허수낭감
仰告 大慈大悲 觀世音菩薩 不捨慈悲 許垂朗鑑

상래소수공덕해 회향삼처실원만
上來所修功德海 廻向三處悉圓滿

시이 사바세계 차사천하 남섬부주 동양 대한민국 모처 모산 모사
是以 娑婆世界 此四天下 南贍部洲 東洋 大韓民國 某處 某山 某寺

청정 (수월) 도량
淸淨 (水月) 道場

사생육도의 법계중생 여러 겁 동안

지은 업장 모두 소멸해 주시기를

제가 지금 참회하고 머리 숙여 절하오니

죄업장이 모두 소멸되고

태어나는 세상마다 보살도를 행하여지이다.

이 공덕이 모든 곳에 두루 퍼져서

우리 모두 극락정토 태어나서

아미타불 친견하고 모두 함께 성불하여지이다.

관음 축원

앙고(우러러 고하옵건대)

대자대비하신 관세음보살님이시여,

자비를 버리지 마옵시고 지혜 광명을 드리워 주옵소서.

지금까지 닦은 바다 같은 공덕을 중생계에 회향하오니

모두 원만하여지이다.

　　사바세계 남섬부주 대한민국 ○○처

　　청정(수월)도량에서,

원아금차 지극정성 헌공발원재자 모처거주 모인보체
願我今此 至極精誠 獻供發願齋者 某處居住 某人保體

이차 인연공덕 일체병고재난 영위소멸 사대강건 육근청정 복덕구족
以此 因緣功德 一切病苦災難 永爲消滅 四大强健 六根淸淨 福德具足

수명장원 안과태평 부귀영화 심중소구소원 만사여의원만 형통지대원
壽命長遠 安過太平 富貴榮華 心中所求所願 萬事如意圓滿 亨通之大願

연후원 항사법계 무량불자 등 동유화장장엄해 동입보리대도량
然後願 恒沙法界 無量佛子 等 同遊華藏莊嚴海 同入菩提大道場

상봉화엄불보살 항몽제불대광명 소멸무량중죄장 획득무량대지혜
常逢華嚴佛菩薩 恒蒙諸佛大光明 消滅無量衆罪障 獲得無量大智慧

돈성무상최정각 광도법계제중생 이보제불막대은 세세상행보살도
頓成無上最正覺 廣度法界諸衆生 以報諸佛莫大恩 世世常行菩薩道

구경원성살바야
究竟圓成薩婆若

마하반야바라밀
摩訶般若波羅蜜

오늘 지극한 정성으로 공양하며 발원하는 재자
○○거주 ○○○보체 등이

이 인연 공덕으로 일체의 병고와 재난이 소멸하고 사대가 건강하고 육
근이 청정하고 복덕이 구족하고 수명이 길어지고 편안하고
태평하며 부귀영화 누리며 마음속에 구하는 모든 소원이 뜻대로
원만하게 이루어지이다.

그런 뒤에 원하옵나니,
항하의 모래 수와 같이 많은 법계의 한량없는 불자들이,
꽃으로 장엄된 화장세계에 노닐며 깨달음의 도량에 들어가,
항상 화엄세계의 불보살님들을 만나 뵙고,
모든 부처님의 크신 광명을 입어, 무량한 죄업 소멸되고,
한량없는 큰 지혜를 얻어, 위없는 바른 깨달음을
단박에 이루어, 널리 법계의 모든 중생을 제도하여,
부처님의 크신 은혜 갚기 원하오며,
세상에 날 때마다 보살도를 행하여 마침내
일체지가 원만히 이루어지이다.

마하반야바라밀.

3) 신중헌공
神 衆 獻 供

천수경 (참조_ 78쪽)
千 手 經

거불
擧 佛

나무 금강회상 불보살
南無 金剛會上 佛菩薩

나무 도리회상 성현중
南無 忉利會上 聖賢衆

나무 옹호회상 영기등중
南無 擁護會上 靈祇等衆

예적대원만다라니
穢 跡 大 圓 滿 多 羅 尼

옴 빌실구리 마하바라 한내 믹집믹 혜마니 미길미 마나세

옴 자가나 오심모 구리 훔훔훔 박박 박박박 사바하 (3번)

3) 신중헌공

천수경 (참조_ 79쪽)

거불 : 불명을 칭하여 가피를 구함

금강회상 불보살님께 귀의합니다.

도리회상 성현님께 귀의합니다.

옹호회상 영기등중님께 귀의합니다.

예적대원만다라니 : 예적금강성자의 원만성취 다라니

옴 빌실구리 마하바라 한내 믹집믹 혜마니 미길미 마나세
옴 자가나 오심모 구리 훔훔훔 박박 박박박 사바하. (3번)

십대명왕본존진언
十大明王本尊眞言

옴 호로호로 지따지따 반다반다 하나하나 아미리제 옴 박 (3번)

소청삼계제천진언
召請三界諸天眞言

옴 사만다 아가리 바리보라리 다가다가 훔 바탁 (3번)

보소청진언
普召請眞言

나무 보보제리 가리다리 다타아다야 (3번)

유치
由致

절이 예적명왕 천부공계 산하지기 옹호성중자 위령막측 신변난사
切以 穢跡明王 天部空界 山河地祇 擁護聖衆者 威靈莫測 神變難思

위도중생이혹시자용 위호불법이혹현엄상 시권야 불유적화 창실야
爲度衆生而或示慈容 爲護佛法而或現嚴相 施權也 不留跡化 彰實也

즉명본원 혜감분명 묘용자재 상선벌악지무사 소재강복지유직
卽冥本元 慧鑑分明 妙用自在 賞善罰惡之無私 消災降福之有直

십대명왕본존진언 : 십대명왕의 본심진언

옴 호로호로 지따지따 반다반다 하나하나 아미리제 옴 박. (3번)

소청삼계제천진언 : 삼계제천을 청하는 진언

옴 사만다 아가리 바리보라리 다가다가 훔 바탁. (3번)

보소청진언 : 널리 청하는 진언

나무 보보제리 가리다리 다타아다야. (3번)

유치 : 법회가 이루어지는 연유를 아룀

절이(간절히 생각하옵건대)
예적명왕 천부공계 산하지기의 옹호성중께서는 헤아리기 어려운 위신
력과 신통변화로써 중생을 제도하고자 자비로운 얼굴을
보이기도 하고, 정법을 수호하고자 엄한 모습을 나타내기도
하십니다. 방편을 베푸시나 자취를 남기지 않고,
실상을 나타낼 때에는 그윽히 근본에 부합하십니다.
지혜로운 살핌이 분명하시고, 묘한 작용 자재하사 선악의 상벌에
사사로움이 없으시고, 재앙을 소멸하고 복을 주심에 곧고 바르니,

범제소원 막불향종
凡諸所願 莫不響從

시이 사바세계 차사천하 남섬부주 동양 대한민국 모도 모군 모산
是以 娑婆世界 此四天下 南贍部洲 東洋 大韓民國 某道 某郡 某山

모사 청정지도량 금차 지극정성 헌공발원재자 모처거주 모인보체
某寺 淸淨之道場 今此 至極精誠 獻供發願齋者 某處居住 某人保體

이 금월금일 건설법연 정찬공양 앙헌옹호지성중 부찰간도지범정
以 今月今日 虔設法筵 淨饌供養 仰獻擁護之聖衆 俯察懇禱之凡情

기회영감지소소 곡조미성지편편 근병일심 선진삼청
冀回靈鑑之昭昭 曲照微誠之片片 謹秉一心 先陳三請

청사
請詞

나무 일심봉청 수호지주 팔대금강 호지사방 사대보살
南無 一心奉請 守護持呪 八大金剛 護持四方 四大菩薩

여래화현 십대명왕 사바계주 대범천왕 지거세주 제석천왕
如來化現 十大明王 娑婆界主 大梵天王 地居世主 帝釋天王

호세안민 사방천왕 일월이궁 양대천자 이십제천 제대천왕
護世安民 四方天王 日月二宮 兩大天子 二十諸天 諸大天王

메아리가 소리 쫓듯 중생들의 모든 소원 이뤄주지 못함이 없사옵니다.

그러하옵기에 사바세계 차사천하 남섬부주
대한민국 ○○처 청정도량에서
지극한 정성으로 ○○(축원할 제목)을 발원하는 재자
(주소 : ○○○처 거주) ○○○가

금월 금일에 법연을 열어 옹호회상의 여러 성중께 조촐한
공양구를 올리오니, 어리석은 범부의 정성 굽어살펴 감응하여
주옵소서. 삼가 일심으로 먼저 삼청을 올리옵니다.

청사 : 청하는 글

나무 일심봉청
주문 지닌 이들을 수호하는 팔대 금강님,
사방을 호지하는 사대 보살님, 여래의 화현이신 십대 명왕님,
사바세계의 주인이신 대범천왕님, 도리천의 주인이신 제석천왕님,
세상과 백성을 편안히 보호하시는 사방천왕님,
일월궁의 양대천자님과 이십천의 제대천왕님,

북두대성 칠원성군 좌보우필 삼태육성 이십팔수 주천열요 제성군중
北斗大聖 七元星君 左補右弼 三台六星 二十八宿 周天列曜 諸星君衆

하계당처 토지가람 호계대신 복덕대신 내호조왕 외호산신
下界當處 土地伽藍 護戒大神 福德大神 內護竈王 外護山神

당경하이 유현주재 음양조화 부지명위 호법선신 일체영기등중
當境遐邇 幽現主宰 陰陽造化 不知名位 護法善神 一切靈祇等衆

유원 승삼보력 강림도량 수차공양
唯願 承三寶力 降臨道場 受此供養

향화청
香花請

향화청 (3번)

가영
歌詠

옹호성중만허공	도재호광일도중
擁護聖衆滿虛空	都在毫光一道中

신수불어상옹호	봉행경전영유통
信受佛語常擁護	奉行經典永流通

고아일심귀명정례
故我一心歸命頂禮

북두대성 칠원성군님, 좌우에서 보필하는 삼태육성 이십팔수님,

온 하늘에 반짝이는 여러 성군중님,

하계당처의 토지신님, 가람신님, 호계대신님, 복덕대신님,

집 안을 지키는 조왕신님, 집 밖을 지키는 산신님,

멀고 가까운 곳에 음양조화로 자유로이 나투시는

이름 모를 일체의 신령스런 호법선신 영기님이시여,

삼보님의 가지력을 받으시어 이 도량에 강림하여 공양을 받으소서.

향화청 : 향과 꽃으로 청함

향과 꽃으로 청하옵니다. (3번)

가영 : 찬탄하는 노래

허공에 가득하신 옹호성중은

모두가 백호광명에 싸여 있도다.

가르침을 수지하여 늘 옹호하며

경전을 받들어서 길이 유통하시네.

저희 이제 일심으로 절하옵니다.

헌좌진언
獻座眞言

아금경설보엄좌	봉헌제대신중전
我今敬設寶嚴座	奉獻諸大神衆前
원멸진로망상심	속원해탈보리과
願滅塵勞妄想心	速圓解脫菩提果

옴 가마라 승하 사바하 (3번)

정법계진언
淨法界眞言

옴 람 (7 · 21번)

공양게
供養偈

이차청정향운공 봉헌옹호성중전 감찰재자건간심
以此淸淨香雲供 奉獻擁護聖衆前 鑑察齋者虔懇心

원수애납수
願垂哀納受

원수애납수
願垂哀納受

원수자비애납수
願垂慈悲哀納受

헌좌진언 : 자리를 바치는 진언

저희 지금 경건하게 보배자리 마련하여
신중님께 바치오니 번뇌 망상 소멸하고
속히 보리과를 원만하게 하소서.

옴 가마라 승하 사바하. (3번)

정법계진언 : 법계를 맑게 하는 진언

옴 람. (7 · 21번)

공양게 : 공양을 올리는 게송

청정하고 향기로운 공양을 화엄성중님께 올리오니
재자들의 간절한 마음 살피시어

자비로 받으소서,

자비로 받으소서,

대자비로 받으옵소서.

진언권공
眞言勸供

향수나열 재자건성 욕구공양지주원 수장가지지변화
香羞羅列 齋者虔誠 欲求供養之周圓 須仗加持之變化

앙유삼보 특사가지
仰惟三寶 特賜加持

나무시방불
南無十方佛

나무시방법
南無十方法

나무시방승 (3번)
南無十方僧

무량위덕 자재광명승묘력 변식진언
無量威德 自在光明勝妙力 變食眞言

나막 살바다타 아다 바로기제 옴 삼바라 삼바라 훔 (3번)

시감로수진언
施甘露水眞言

나무 소로바야 다타아다야 다냐타 옴 소로소로

바라소로 바라소로 사바하 (3번)

진언권공 : 진언으로 공양의 변화를 청함

향기로운 공양물은 재자들의 정성이오니
원만한 공양이 두루 원만하게 이뤄지려면
가지력에 의지해야 변화되오니
삼보시여, 특별 가지를 내리옵소서.

「나무 시방불
 나무 시방법
 나무 시방승」. (3번)

무량위덕 자재광명승묘력 변식진언 : 부처님의 가지로써 공양한 음식을
질적·양적으로 변화시키는 진언

나막 살바다타 아다 바로기제 옴 삼바라 삼바라 훔. (3번)

시감로수진언 : 감로수가 흘러나오는 진언

나무 소로바야 다타아다야 다냐타 옴 소로소로
바라소로 바라소로 사바하. (3번)

일자수륜관진언
一字水輪觀眞言

옴 밤 밤 밤밤 (3번)

유해진언
乳海眞言

나무 사만다 못다남 옴 밤 (3번)

예공
禮供

지심정례공양 진법계 허공계 화엄회상 욕색제천중
至心頂禮供養 盡法界 虛空界 華嚴會上 欲色諸天衆

지심정례공양 진법계 허공계 화엄회상 팔부사왕중
至心頂禮供養 盡法界 虛空界 華嚴會上 八部四王衆

지심정례공양 진법계 허공계 화엄회상 호법선신중
至心頂禮供養 盡法界 虛空界 華嚴會上 護法善神衆

유원 신중자비 옹호도량
唯願 神衆慈悲 擁護道場

실개수공발보리 시작불사도중생
悉皆受供發菩提 施作佛事度衆生

일자수륜관진언 : '밤' 자에서 우유가 한량없이 나오는 진언

옴 밤 밤 밤밤. (3번)

유해진언 : 우유가 바다같이 많아져 베풀어지는 진언

나무 사만다 못다남 옴 밤. (3번)

예공 : 공양 올림

지극한 마음으로,
진법계 허공계 화엄회상 욕계 색계 제천님께 공양 올리옵니다.

지극한 마음으로,
진법계 허공계 화엄회상 팔부 사왕님께 공양 올리옵니다.

지극한 마음으로,
진법계 허공계 화엄회상 호법선신님께 공양 올리옵니다.

  자비로운 신중님이시여,
  이 도량을 옹호하여 저희 공양 받으시고
  보리심을 내어 불사를 펴 중생을 건지소서.

진언가지
眞言加持

상래가지이흘 공양장진 이차향수 특신공양
上來加持已訖 供養將進 以此香羞 特伸供養

향공양 연향공양 등공양 연등공양 다공양
香供養 燃香供養 燈供養 燃燈供養 茶供養

선다공양 과공양 선과공양 미공양 향미공양
仙茶供養 果供養 仙果供養 米供養 香米供養

유원 신중 애강도량 불사자비 수차공양
唯願 神衆 哀降道場 不捨慈悲 受此供養

보공양진언
普供養眞言

옴 아아나 삼바바 바아라 훔 (3번)

금강심진언
金剛心眞言

옴 오륜이 사바하 (3번)

192 불교상용의례집

진언가지 : 진언으로 가지된 공양

위에서 가지를 마친 향긋한 공양구를
특별히 펼쳐 올리고자 하옵니다.
향을 살라 공양하오며, 등을 켜 공양하오며,
선계의 감로다로 공양하오며, 선계의 과일로 공양하오며,
향기로운 특미로 공양하오니,

신중님이시여,
이 도량에 강림하여 자비를 버리지 마시고
저희 공양 받으옵소서.

보공양진언 : 널리 공양하는 진언

옴 아아나 삼바바 바아라 훔. (3번)

금강심진언 : 예적금강성자의 본심을 나타내는 진언

옴 오륜이 사바하. (3번)

예적대원만다라니
穢跡大圓滿多羅尼

계수예적금강부　　　　석가화현금강신
稽首穢跡金剛部　　　　釋迦化現金剛身

삼두노목아여검　　　　팔비개집항마구
三頭弩目牙如劍　　　　八臂皆執降魔具

독사영락요신비　　　　삼매화륜자수신
毒蛇瓔珞繞身臂　　　　三昧火輪自隨身

천마외도급망량　　　　문설신주개포주
天魔外道及魍魎　　　　聞說神呪皆怖走

원승가지대위력　　　　속성불사무상도
願承加持大威力　　　　速成佛事無上道

옴 빌실구리 마하바라 한내 믹집믹 혜마니 미길미 마나세 옴
자가나 오심모구리 훔훔훔 박박 박박박 사바하 (3번)

항마진언
降魔眞言

아이금강삼등방편　　　　신승금강반월풍륜
我以金剛三等方便　　　　身乘金剛半月風輪

단상구방람자광명　　　　소여무명소적지신
壇上口放喃字光明　　　　燒汝無明所積之身

예적대원만다라니 : 예적금강성자의 원만성취 다라니

석가모니 화현이신 예적금강님께 절하옵니다.
세 머리에 부릅뜬 눈, 칼 같은 송곳니,
여덟 팔엔 항마의 법구 잡고,
독사로 된 영락으로 온몸 두르고
삼매의 불바퀴가 몸을 따르니
하늘 마귀 외도들과 도깨비는
신비한 주문 듣고 두려워 달아나네.
가지의 크나큰 위신력 입어서
불사와 무상도를 속히 이뤄주소서.

옴 빌실구리 마하바라 한내 믹집믹 혜마니 미길미 마나세 옴
자가나 오심모구리 훔훔훔 박박 박박박 사바하. (3번)

항마진언 : 마귀를 항복받는 8금강의 진언

내 이제 금강의 세 가지 방편으로,
금강 같고 반월 같은 풍륜을 타고
단에 올라 '람' 자 광명 토해내어,
무명 쌓여 이루어진 너의 몸을 태우리라.

| 역칙천상공중지하 | 소유일체작제장난 |
| 亦勅天上空中地下 | 所有一切作諸障難 |

| 불선심자개래호궤 | 청아소설가지법음 |
| 不善心者皆來胡跪 | 聽我所說加持法音 |

| 사제포악패역지심 | 어불법중함기신심 |
| 捨除暴惡悖逆之心 | 於佛法中咸起信心 |

| 옹호도량역호시주 | 강복소재 |
| 擁護道場亦護施主 | 降福消災 |

옴 소마니 소마니 훔 하리한나 하리한나 훔 하리한나 바나야 훔
아나야 혹 바아밤 바아라 훔 바탁 (3번)

제석천왕제구예진언
帝釋天王除垢穢眞言

아지부 제리나 아지부 제리나 미아제리나 오소제리나
아부다 제리나 구소제리나 사바하 (3번)

십대명왕본존진언
十大明王本尊眞言

옴 호로호로 지따지따 반다반다 하나하나 아미리제 옴 박 (3번)

지상 지하 모든 세계 명령 내려,

일체의 지은 장애와 어려움을 없애리니

악한 자는 모두 와서 무릎 꿇고,

내가 설한 가지 법음 들을지니

어리석고 악한 마음 버리고,

부처님법 가운데서 신심 내어

이 도량과 시주들 옹호하며,

재앙을 없애고서 큰 복을 내릴지라.

옴 소마니 소마니 훔 하리한나 하리한나 훔 하리한나 바나야 훔

아나야 혹 바아밤 바아라 훔 바탁. (3번)

제석천왕제구예진언 : 더러움을 없애는 제석천왕의 진언

아지부 제리나 아지부 제리나 미아제리나 오소제리나

아부다 제리나 구소제리나 사바하. (3번)

십대명왕본존진언 : 십대명왕의 본심진언

옴 호로호로 지따지따 반다반다 하나하나 아미리제 옴 박. (3번)

소청팔부진언
召請八部眞言

옴 살바 디바나 가아나리 사바하 (3번)

화엄경 약찬게
華嚴經 略纂偈

대방광불화엄경
大方廣佛華嚴經

용수보살약찬게
龍樹菩薩略纂偈

나무화장세계해
南無華藏世界海

비로자나진법신
毘盧遮那眞法身

현재설법노사나
現在說法盧舍那

석가모니제여래
釋迦牟尼諸如來

과거현재미래세
過去現在未來世

시방일체제대성
十方一切諸大聖

근본화엄전법륜
根本華嚴轉法輪

해인삼매세력고
海印三昧勢力故

보현보살제대중
普賢菩薩諸大衆

집금강신신중신
執金剛神身衆神

족행신중도량신
足行神衆道場神

주성신중주지신
主城神衆主地神

주산신중주림신
主山神衆主林神

주약신중주가신
主藥神衆主稼神

소청팔부진언 : 팔부천룡을 청하는 진언

옴 살바 디바나 가아나리 사바하. (3번)

화엄경 약찬게 : 화엄경의 모든 신중을 간략히 찬탄하는 게송

크고 넓고 방정하온 부처님의 화엄경을
용수보살 게송으로 간략하게 엮으셨네.
아름다운 연꽃으로 가꾸어진 화장세계
비로자나 부처님의 진실하온 법신불과
현재에도 설법하는 노사나불 보신불과
사바세계 교주이신 석가모니 화신불과
과거 현재 미래 세상 모든 여래 모든 성자
두 손 모아마음 모아 지성으로 귀의하니
근본적인 화엄교설 법의 바퀴 굴리심은
해인삼매 평화롭고 드넓으신 힘이어라.
보현보살 모든 대중 하나하나 열거하면
금강저를 손에 드신 집금강신 신중신과
만족하고 실천하는 족행신과 도량신과
성과 땅을 주관하는 주성신과 주지신과
산과 숲을 주관하는 주산신과 주림신과
약과 곡식 주관하는 주약신과 주가신과

주하신중주해신 　　 주수신중주화신
主河神衆主海神 　　 主水神衆主火神

주풍신중주공신 　　 주방신중주야신
主風神衆主空神 　　 主方神衆主夜神

주주신중아수라 　　 가루라왕긴나라
主晝神衆阿修羅 　　 迦樓羅王緊那羅

마후라가야차왕 　　 제대용왕구반다
摩睺羅伽夜叉王 　　 諸大龍王鳩槃茶

건달바왕월천자 　　 일천자중도리천
乾闥婆王月天子 　　 日天子衆忉利天

야마천왕도솔천 　　 화락천왕타화천
夜摩天王兜率天 　　 化樂天王他化天

대범천왕광음천 　　 변정천왕광과천
大梵天王光音天 　　 遍淨天王廣果天

대자재왕불가설 　　 보현문수대보살
大自在王不可說 　　 普賢文殊大菩薩

법혜공덕금강당 　　 금강장급금강혜
法慧功德金剛幢 　　 金剛藏及金剛慧

광염당급수미당 　　 대덕성문사리자
光焰幢及須彌幢 　　 大德聲聞舍利子

급여비구해각등 　　 우바새장우바이
及與比丘海覺等 　　 優婆塞長優婆夷

선재동자동남녀 　　 기수무량불가설
善財童子童男女 　　 其數無量不可說

하천 바다 주관하는 주하신과 주해신과

물과 불을 주관하는 주수신과 주화신과

바람 허공 주관하는 주풍신과 주공신과

밤과 방향 주관하는 주방신과 주야신과

낮을 맡은 주주신과 다툼의 신 아수라와

용의 천적 가루라왕 노래의 신 긴나라와

음악의 신 마후라가 흡혈귀인 야차왕과

여러 모든 용왕들과 정기 먹는 구반다와

가무의 신 건달바왕 밤 밝히는 달의 천자

낮 밝히는 해의 천자 도리천왕 함께 하고

야마천왕 도솔천왕 화락천왕 타화천왕

대범천왕 광음천왕 변정천왕 광과천왕

색계천의 대자재왕 헤아릴 수 없으시네.

보현문수 법혜보살 공덕보살 금강당과

금강장과 금강혜와 광염당과 수미당과

대덕성문 사리자와 해각비구 함께 하고

우바새와 우바이와 선재동자 동남동녀

그 숫자가 한량없어 말로 할 수 없음이라.

선재동자선지식   문수사리최제일
善財童子善知識   文殊舍利最第一

덕운해운선주승   미가해탈여해당
德雲海雲善住僧   彌伽解脫與海幢

휴사비목구사선   승열바라자행녀
休舍毘目瞿沙仙   勝熱婆羅慈行女

선견자재주동자   구족우바명지사
善見自在主童子   具足優婆明智士

법보계장여보안   무염족왕대광왕
法寶髻長與普眼   無厭足王大光王

부동우바변행외   우바라화장자인
不動優婆遍行外   優婆羅華長者人

바시라선무상승   사자빈신바수밀
婆施羅船無上勝   獅子嚬伸婆須蜜

비슬지라거사인   관자재존여정취
毘瑟祇羅居士人   觀自在尊與正趣

대천안주주지신   바산바연주야신
大天安住主地神   婆珊婆演主夜神

보덕정광주야신   희목관찰중생신
普德淨光主夜神   喜目觀察衆生神

보구중생묘덕신   적정음해주야신
普救衆生妙德神   寂靜音海主夜神

수호일체주야신   개부수화주야신
守護一切主夜神   開敷樹華主夜神

선재동자 남순할제 선지식이 쉰셋이라

처음으로 찾아뵌분 문수사리 보살이요

덕운비구 해운비구 선주비구 미가장자

해탈장자 해당비구 휴사우바 비목구사

승열바라 자행동녀 선견비구 자재동자

구족우바 명지거사 법보계장 보안장자

무염족왕 대광왕자 부동우바 변행외도

우바라화 장자인과 바시라선 무상승자

사자빈신 비구니와 바수밀과 비슬지라

관자재존 정취보살 대천신과 안주지신

바산바연 주야신과 보덕정광 주야신과

희목관찰 중생야신 보구중생 묘덕야신

적정음해 주야신과 수호일체 주야신과

개부수화 주야신과 대원정진 역구호신

대원정진력구호
大願精進力救護

묘덕원만구바녀
妙德圓滿瞿婆女

마야부인천주광
摩耶夫人天主光

변우동자중예각
遍友童子衆藝覺

현승견고해탈장
賢勝堅固解脫長

묘월장자무승군
妙月長者無勝軍

최적정바라문자
最寂靜婆羅門者

덕생동자유덕녀
德生童子有德女

미륵보살문수등
彌勒菩薩文殊等

보현보살미진중
普賢菩薩微塵衆

어차법회운집래
於此法會雲集來

상수비로자나불
常隨毘盧遮那佛

어련화장세계해
於蓮華藏世界海

조화장엄대법륜
造化莊嚴大法輪

시방허공제세계
十方虛空諸世界

역부여시상설법
亦復如是常說法

육육육사급여삼
六六六四及與三

일십일일역부일
一十一一亦復一

세주묘엄여래상
世主妙嚴如來相

보현삼매세계성
普賢三昧世界成

화장세계노사나
華藏世界盧舍那

여래명호사성제
如來名號四聖諦

광명각품문명품
光明覺品問明品

정행현수수미정
淨行賢首須彌頂

묘덕원만 주야신과 구바여인 마야부인

천주광녀 변우동자 중예각자 현승우바

현승견고 해탈자와 묘월장자 무승군자

최적정의 바라문과 덕생동자 유덕동녀

미륵보살 문수보살 보현보살 티끌처럼

많은대중 화엄법회 구름처럼 모여 와서

비로자나 부처님을 언제든지 모시면서

연꽃으로 가꾸어진 연화장의 세계 바다

대법륜을 굴리면서 조화롭게 장엄하고

시방세계 허공세계 한량없는 모든 세계

또한다시 이와 같이 영원토록 설법하니

여섯여섯 여섯품과 네품다시 세개품과

한품열품 한품과   한품또한 한품이라.

세주묘엄 여래현상 보현삼매 세계성취

화장세계 비로자나 여래명호 사성제품

광명각품 보살문명 정행품과 현수품과

수미정상게찬품　　　　　보살십주범행품
須彌頂上偈讚品　　　　　菩薩十住梵行品

발심공덕명법품　　　　　불승야마천궁품
發心功德明法品　　　　　佛昇夜摩天宮品

야마천궁게찬품　　　　　십행품여무진장
夜摩天宮偈讚品　　　　　十行品與無盡藏

불승도솔천궁품　　　　　도솔천궁게찬품
佛昇兜率天宮品　　　　　兜率天宮偈讚品

십회향급십지품　　　　　십정십통십인품
十廻向及十地品　　　　　十定十通十忍品

아승기품여수량　　　　　보살주처불부사
阿僧祇品與壽量　　　　　菩薩住處佛不思

여래십신상해품　　　　　여래수호공덕품
如來十身相海品　　　　　如來隨好功德品

보현행급여래출　　　　　이세간품입법계
普賢行及如來出　　　　　離世間品入法界

시위십만게송경　　　　　삼십구품원만교
是爲十萬偈頌經　　　　　三十九品圓滿敎

풍송차경신수지　　　　　초발심시변정각
諷誦此經信受持　　　　　初發心時便正覺

안좌여시국토해　　　　　시명비로자나불
安坐如是國土海　　　　　是名毘盧遮那佛

불승수미 산정품과 수미정상 게찬품과

보살십주 범행품과 발심공덕 명법품과

불승야마 천궁품과 야마천궁 게찬품과

십행품과 무진장품 불승도솔 천궁품과

도솔천궁 게찬품과 십회향품 십지품과

십정십통 십인품과 아승지품 여래수량

보살주처 부사의법 여래십신 상해품과

여래수호 공덕품과 보현행품 여래출현

이세간품 입법계품 칠처구회 설해지니

이것 바로 십만 게송 화엄경의 내용이요

삼십구품 원만하니 일승원교 교설이라

외우고서 경전 말씀 믿으면서 수지하면

처음으로 발심할 때 그대로가 정각이니

이와 같은 화엄바다 연화세계 안좌하면

그 이름이 다름 아닌 비로자나 부처로다.

반야심경 (참조_46쪽)
般 若 心 經

불설소재길상다라니
佛 說 消 災 吉 祥 陀 羅 尼

나모 사만다 못다남 아바라지 하다사 사나남 다냐타 옴 카카 카혜

카혜 훔 훔 아바라 아바라 바라 아바라 바라 아바라 지따지따

지리지리 빠다빠다 선지가 시리예 사바하 (3번)

원성취진언
願 成 就 眞 言

옴 아모카 살바다라 사다야 시베 훔 (3번)

보궐진언
補 闕 眞 言

옴 호로호로 사야모케 사바하 (3번)

보회향진언
普 廻 向 眞 言

옴 사마라 사마라 미마나 사라마하 자거라바 훔 (3번)

208 불교상용의례집

반야심경 (참조_ 47쪽)

불설소재길상다라니 : 재앙을 없애고 상서로움을 얻게 하는 부처님이 설한 다라니

나무 사만다 못다남 아바라지 하다사 사나남 다냐타 옴 카카 카혜
카혜 훔 훔 아바라 아바라 바라 아바라 바라 아바라 지따지따
지리지리 빠다빠다 선지가 시리예 사바하. (3번)

원성취진언 : 대원성취를 발원하는 진언

옴 아모카 살바다라 사다야 시베 훔. (3번)

보궐진언 : 빠진 것을 보완하는 진언

옴 호로호로 사야모케 사바하. (3번)

보회향진언 : 널리 회향하는 진언

옴 사마라 사마라 미마나 사라마하 자거라바 훔. (3번)

화엄성중 정근

華嚴聖衆 精勤

나무 화엄회상 정법옹호「화엄성중」…….

南無 華嚴會上 正法擁護 華嚴聖衆

화엄성중혜감명　　　　사주인사일념지

華嚴聖衆慧鑑明　　　　四洲人事一念知

애민중생여적자　　　　시고아금공경례

哀愍衆生如赤子　　　　是故我今恭敬禮

신중 축원

神衆 祝願

절이 화엄회상 제대현성 첨수연민지정 각방신통지성력

切以 華嚴會上 諸大賢聖 僉垂憐愍之情 各放神通之聖力

시이 사바세계 차사천하 남섬부주 동양 대한민국 모처 모산 모사

是以 娑婆世界 此四天下 南贍部洲 東洋 大韓民國 某處 某山 某寺

청정 (수월) 도량

清淨 (水月) 道場

원아금차 지극정성 헌공발원재자 모처거주 모인 각각등보체

願我今此 至極精誠 獻供發願齋者 某處居住 某人 各各等保體

화엄성중 정근

나무 화엄회상 정법옹호「화엄성중」…….

화엄 성중 큰 지혜로 밝게 살펴
온 세계 모든 일을 한순간에 다 아시고
모든 중생 자식처럼 어여삐 여기시니,
저희 이제 공경히 절하옵니다.

신중 축원

절이(간절히 생각하옵건대)
화엄회상의 모든 성현들이시여,
저희를 불쌍히 여기시는 지극한 마음을 드리우사
모두에게 신통력을 발현해 주옵소서.

사바세계 차사천하 남섬부주 대한민국 ○○처
청정(수월)도량에서,
오늘 지극한 정성으로 공양 올리며 발원하는
재자 ○○처 거주 ○○○ 등이

이차인연공덕 앙몽화엄성중 가호지성력 신무일체 병고액난

以此因緣功德 仰蒙華嚴聖衆 加護之聖力 身無一切 病苦厄難

심무일체 탐연미혹 영위소멸 각기 사대강건 육근청정 악인원리

心無一切 貪戀迷惑 永爲消滅 各其 四大強健 六根淸淨 惡人遠離

귀인상봉 자손창성 부귀영화 만사일일 여의원만성취지대원

貴人相逢 子孫昌盛 富貴榮華 萬事一一 如意圓滿成就之大願

재고축 원아금차 지극정성 헌공발원재자 각각등보체

再告祝 願我今此 至極精誠 獻供發願齋者 各各等保體

병고자 즉득쾌차 직무자 수분성취지대원

病苦者 卽得快差 職務者 隨分成就之大願

억원 동서사방 출입제처 상봉길경 불봉재해 관재구설 삼재팔난

抑願 東西四方 出入諸處 常逢吉慶 不逢災害 官災口舌 三災八難

사백사병 일시소멸 재수대통 부귀영화 만사여의원만 형통지대원

四百四病 一時消滅 財數大通 富貴榮華 萬事如意圓滿 亨通之大願

연후원 처세간여허공 여련화불착수 심청정초어피 계수례무상존

然後願 處世間如虛空 如蓮花不着水 心淸淨超於彼 稽首禮無上尊

구호길상 마하반야바라밀

俱護吉祥 摩訶般若波羅蜜

이 인연공덕으로 화엄성중님의 가호하는 힘을 입어
몸에는 일체의 병고와 액난이 없어지고,
마음은 일체의 탐함과 어리석음이 영원히 사라지고,
사대가 건강하고 육근이 청정해지고 악인은 멀어지고
귀인을 만나고, 자손은 창성해지고 부귀와 영화 누리는 등
만사가 뜻대로 원만히 성취되게 하옵소서.

거듭 아뢰옵나니,
지병고통 쾌차하고, 직무를 행하면 분수대로 성취하게 하옵소서.

거듭 원하옵건대,
동서사방 다니는 곳마다 경사를 만나고 재앙을 겪지 않으며,
관재구설과 삼재팔난과 사백사병이 일시에 소멸되고,
재수는 대통하고 부귀는 영화롭고
만사가 뜻대로 원만히 이루어지이다.

그런 뒤에, 세상 살기를 허공같이 하고 더러움에 물들지 않는
연꽃같이 마음이 청정하여 정토에 태어나게 하옵소서.
길상 모두 갖추신 위없이 존귀한 분께 절하옵니다.

마하반야바라밀.

4) 약사헌공
藥 師 獻 供

천수경 (참조_ 78쪽)
千 手 經

거불
擧 佛

나무 동방 약사유리광불
南無 東方 藥師琉璃光佛

나무 좌보처 일광변조보살
南無 左補處 日光遍照菩薩

나무 우보처 월광변조보살
南無 右補處 月光遍照菩薩

4) 약사헌공

천수경 (참조_ 79쪽)

거불 : 불명을 칭하여 가피를 구함

나무 동방 약사유리광불

나무 좌보처 일광변조보살

나무 우보처 월광변조보살

보소청진언
普召請眞言

나무 보보제리 가리다리 다타아다야 (3번)

유치
由致

절문 월조장공 영락천강지수 능인출세 지투만휘지기 여래진실지
切聞 月照長空 影落千江之水 能仁出世 智投萬彙之機 如來眞實智

비민제중생 원지건성례 수애작증명
悲愍諸衆生 願知虔誠禮 垂哀作證明

시이 사바세계 차사천하 남섬부주 동양 대한민국 모도 모군 모산
是以 娑婆世界 此四天下 南贍部洲 東洋 大韓民國 某道 某郡 某山

모사 청정 (수월) 도량
某寺 淸淨 (水月) 道場

금차 지극정성 헌공발원재자 모처거주 모인보체
今此 至極精誠 獻供發願齋者 某處居住 某人保體

이 금월금일 건설정찬공양 십이원성 약사유리광불 훈근작법 앙기
以 今月今日 虔設淨饌供養 十二願成 藥師琉璃光佛 薰懃作法 仰祈

묘원자 우복이 설우두지명향 정천주지묘공 재체수미 건성가민
妙援者 右伏以 蒸牛頭之茗香 呈天廚之妙供 齋體雖微 虔誠可愍

잠사보계 강부향연 앙표일심 선진삼청
暫辭寶界 降赴香筵 仰表一心 先陳三請

보소청진언 : 널리 청하는 진언

나무 보보제리 가리다리 다타아다야. (3번)

유치 : 법회가 이루어지는 연유를 아룀

절문(간절히 듣자옵건대)
달빛이 가없는 하늘 비추면 그림자 온 강물에 어리듯,
부처님 세상에 나투시면 그 지혜가 뭇 중생 근기에 드리우네.
여래의 진실한 지혜는 온 중생을 가여이 여기신다 하였으니,
삼가 정성으로 예를 올리오니 불쌍히 여겨 증명하여 주옵소서.

그러하옵기에 사바세계 차사천하 남섬부주 대한민국
【 사찰 주소 ○○산 ○○사 】청정(수월)도량에서
지극한 정성으로【 축원할 제목 】발원하는 재자
【 재자의 주소 】에 거주하는
【 축원 대상자나 가족 이름, 동참 재자 】등이

금월 금일 법연을 열어 12대원을 성취하신 약사유리광 부처님께
조촐한 공양구로 공양드리옵니다. 정성을 다하여 법요를 거행하며
신기한 가피를 바라옵는 재자들은 우두산의 명향을 살라
하늘 부엌의 조촐한 공양을 올리옵니다. 공양물은 비록 미미하오
나 정성은 간절하오니 잠시 보계를 떠나 이 향연에 내려오소서.
삼가 일심으로 삼청을 펼치옵니다.

청사
請詞

나무 일심봉청
南無 一心奉請

단거만월 광화군미 상행이륙지홍자 증접사생이해탈
端居滿月 廣化群迷 常行二六之洪慈 拯接四生而解脫

십이원성 약사유리광불
十二願成 藥師琉璃光佛

유원 자비 강림도량 수차공양
唯願 慈悲 降臨道場 受此供養

향화청
香花請

향화청 (3번)

가영
歌詠

동방세계명만월	불호유리광교결
東方世界名滿月	佛號琉璃光皎潔
두상선라청사산	미간호상백여설
頭上旋螺靑似山	眉間毫相白如雪

고아일심귀명정례
故我一心歸命頂禮

청사 : 청하는 글

나무 일심봉청

동방만월세계에 머무시며 중생을 널리 교화하시고,

12가지 큰 자비를 행하여

사생의 중생을 건져 해탈하게 하시며

12대원을 성취하신 약사유리광 부처님이시여,

'자비로써' 이 도량에 강림하여 공양을 받으소서.

향화청 : 향과 꽃으로 청함

향과 꽃으로 청하옵니다. (3번)

가영 : 찬탄하는 노래

동방 만월세계 희고 깨끗한 유리광 부처님,

머리에 감도는 나계는 산처럼 푸르고

눈썹 사이 백호상은 눈처럼 하얗네.

저희 이제 일심으로 절하옵니다.

헌좌진언
獻座眞言

묘보리좌승장엄	제불좌이성정각
妙菩提座勝莊嚴	諸佛坐已成正覺
아금헌좌역여시	자타일시성불도
我今獻座亦如是	自他一時成佛道

옴 바아라 미나야 사바하 (3번)

정법계진언
淨法界眞言

옴 람 (7 · 21번)

다게
茶偈

금장감로다 봉헌약사전 감찰건간심
今將甘露茶 奉獻藥師前 鑑察虔懇心

원수애납수
願垂哀納受

원수애납수
願垂哀納受

원수자비애납수
願垂慈悲哀納受

헌좌진언 : 자리를 바치는 진언

훌륭하게 장엄된 보리좌여!
삼세제불 깨달음을 이룬 자리
지금 드린 이 자리도 그와 같으니
우리 함께 불도를 이루오리다.

옴 바아라 미나야 사바하. (3번)

정법계진언 : 법계를 맑게 하는 진언

옴 람. (7·21번)

다게 : 차 올리는 게송

저희 이제 감로다를 약사부처님께 올리오니
간절한 마음 살피시어

자비로 받으소서,

자비로 받으소서,

대자비로 받으옵소서.

진언권공
眞言勸供

향수나열 재자건성 욕구공양지주원 수장가지지변화
香羞羅列 齋者虔誠 欲求供養之周圓 須仗加持之變化

앙유삼보 특사가지
仰惟三寶 特賜加持

나무시방불
南無十方佛

나무시방법
南無十方法

나무시방승 (3번)
南無十方僧

무량위덕 자재광명승묘력 변식진언
無量威德 自在光明勝妙力 變食眞言

나막 살바다타 아다 바로기제 옴 삼바라 삼바라 훔 (3번)

시감로수진언
施甘露水眞言

나무 소로바야 다타아다야 다냐타 옴 소로소로
바라소로 바라소로 사바하 (3번)

진언권공 : 진언으로 공양의 변화를 청함

향기로운 공양물은
재자들의 정성이오니
원만한 공양 이뤄지려면
가지력에 의지해야 변화되오니
삼보시여, 특별 가지를 내리옵소서.

「나무 시방불
나무 시방법
나무 시방승」. (3번)

무량위덕 자재광명승묘력 변식진언 : 부처님의 가지로써 공양한 음식을
질적·양적으로 변화시키는 진언

나막 살바다타 아다 바로기제 옴 삼바라 삼바라 훔. (3번)

시감로수진언 : 감로수가 흘러나오는 진언

나무 소로바야 다타아다야 다냐타 옴 소로소로
바라소로 바라소로 사바하. (3번)

일자수륜관진언
一字水輪觀眞言

옴 밤 밤 밤밤 (3번)

유해진언
乳海眞言

나무 사만다 못다남 옴 밤 (3번)

예공
禮供

지심정례공양 동방만월세계 십이상원 약사유리광 여래불
至心頂禮供養 東方滿月世界 十二上願 藥師琉璃光 如來佛

지심정례공양 좌보처 일광변조 소재보살
至心頂禮供養 左補處 日光遍照 消災菩薩

지심정례공양 우보처 월광변조 식재보살
至心頂禮供養 右補處 月光遍照 息災菩薩

유원 약사유리광불 수차공양
唯願 藥師琉璃光佛 受此供養

명훈가피력 원공법계제중생 자타일시성불도
冥熏加被力 願共法界諸衆生 自他一時成佛道

일자수륜관진언 : '밤' 자에서 우유가 한량없이 나오는 진언

옴 밤 밤 밤밤. (3번)

유해진언 : 우유가 바다같이 많아져 베풀어지는 진언

나무 사만다 못다남 옴 밤. (3번)

예공 : 공양 올림

지극한 마음으로,
동방 만월세계 12대원을 성취하신
약사유리광여래 부처님께 공양 올리옵니다.

지극한 마음으로,
좌보처 일광변조 소재보살님께 공양 올리옵니다.

지극한 마음으로,
우보처 월광변조 식재보살님께 공양 올리옵니다.

약사유리광부처님이시여,
저희 공양 받으시고 가피력을 내리시어
법계 중생 모두 함께 성불하여지이다.

보공양진언

普供養眞言

옴 아아나 삼바바 바아라 훔 (3번)

보회향진언

普廻向眞言

옴 사마라 사마라 미마나 사라마하 자거라바 훔 (3번)

원성취진언

願成就眞言

옴 아모카 살바다라 사다야 시베 훔 (3번)

보궐진언

補闕眞言

옴 호로호로 사야모케 사바하 (3번)

약사여래 정근

藥師如來 精勤

나무 동방만월세계 십이상원 「약사여래불」…….
南無 東方滿月世界 十二上願 藥師如來佛

보공양진언 : 널리 공양하는 진언

옴 아아나 삼바바 바아라 훔. (3번)

보회향진언 : 널리 회향하는 진언

옴 사마라 사마라 미마나 사라마하 자거라바 훔. (3번)

원성취진언 : 대원성취를 발원하는 진언

옴 아모카 살바다라 사다야 시베 훔. (3번)

보궐진언 : 빠진 것을 보완하는 진언

옴 호로호로 사야모케 사바하. (3번)

약사여래 정근

나무 동방만월세계 십이상원 「약사여래불」…….

탄백
嘆白

십이대원접군기　일편비심무공결
十二大願接群機　一片悲心無空缺

범부전도병근심　불우약사죄난멸
凡夫顚倒病根深　不遇藥師罪難滅

약사 축원
藥師 祝願

앙고 동방만월세계 십이상원 약사유리광여래자존전 불사자비
仰告 東方滿月世界 十二上願 藥師琉璃光如來慈尊前 不捨慈悲

허수낭감
許垂朗鑑

상래소수공덕해 회향삼처실원만
上來所修功德海 廻向三處悉圓滿

시이 사바세계 차사천하 남섬부주 동양 대한민국 모처 모산 모사
是以 娑婆世界 此四天下 南贍部洲 東洋 大韓民國 某處 某山 某寺

청정 (수월) 도량
淸淨 (水月) 道場

원아금차 지극정성 헌공발원재자 모처거주 모인 보체
願我今此 至極精誠 獻供發願齋者 某處居住 某人 保體

탄백 : 부처님의 공덕을 찬탄하고 아룀

십이대원으로 중생을 건지시니
한결같은 자비심에 한 치의 빈틈없네.
뿌리 깊고 뒤집힌 범부의 번뇌 병은
약사여래 못 만나면 죄업 소멸 어렵도다.

약사 축원

앙고(우러러 고하옵건대)
동방만월세계 열두 가지 서원을 세우신
약사유리광여래 자비의 존자님이시여,
자비를 버리지 마시고 밝은 거울을 드리우소서.
지금까지 닦은 한량없는 공덕을 중생계에 회향하오니,
모두 원만하여지이다.

그러하옵기에 사바세계 차사천하 남섬부주 대한민국
【 사찰 주소 ○○산 ○○사 】청정(수월)도량에서
지극한 정성으로【 축원할 제목 】발원하는 재자
【 재자의 주소 】에 거주하는
【 축원 대상자나 가족 이름, 동참 재자 】보체 등이

이차 인연공덕 일체고난 영위소멸 사대강건 육근청정
以此 因緣功德 一切苦難 永爲消滅 四大强健 六根淸淨

안과태평 수명장수 자손창성 부귀영화 만사여의원만형통지대원
安過太平 壽命長壽 子孫昌盛 富貴榮華 萬事如意圓滿亨通之大願

연후원 항사법계 무량불자등 동유화장장엄해 동입보리대도량
然後願 恒沙法界 無量佛子等 同遊華藏莊嚴海 同入菩提大道場

상봉화엄불보살 항몽제불대광명 소멸무량중죄장 획득무량대지혜
常逢華嚴佛菩薩 恒蒙諸佛大光明 消滅無量衆罪障 獲得無量大智慧

돈성무상최정각 광도법계제중생 이보제불막대은 세세상행보살도
頓成無上最正覺 廣度法界諸衆生 以報諸佛莫大恩 世世常行菩薩道

구경원성살바야
究竟圓成薩婆若

마하반야바라밀
摩訶般若波羅蜜

이 인연공덕으로 일체의 고통과 액난이 영원히 소멸되고,

사대는 건강하고 육근은 청정해져

언제나 평안하고 행복하게 장수를 누리며,

자손은 번창하고 부귀영화 성취되며 마음속 소원이

뜻대로 원만히 이루어지기를 축원하나이다.

그런 뒤에 항하의 모래알처럼 많은 법계의 한량없는 불자들이,

꽃으로 장엄된 화장세계에 노닐며 깨달음의 도량에 함께 들어가,

항상 화엄세계의 불보살님들을 만나 뵙고,

모든 부처님의 크신 광명을 입어,

무량한 죄업 소멸되고 한량없는 큰 지혜를 얻어,

위없는 바른 깨달음을 단박에 이루어,

널리 법계의 모든 중생을 제도하여,

부처님의 크신 은혜 갚기 원하오며,

세상에 날 때마다 보살도를 행하여

마침내 일체지가 원만히 이루어지이다.

마하반야바라밀.

5) 미륵헌공
彌勒獻供

천수경 (참조_78쪽)
千手經

거불
擧佛

나무 현거도솔 미륵존불
南無 現居兜率 彌勒尊佛

나무 당래교주 미륵존불
南無 當來敎主 彌勒尊佛

나무 삼회도인 미륵존불
南無 三會度人 彌勒尊佛

5) 미륵헌공

천수경 (참조_ 79쪽)

거불 : 불명을 칭하여 가피를 구함

나무 현거도솔 미륵존불

나무 당래교주 미륵존불

나무 삼회도인 미륵존불.

보소청진언
普召請眞言

나무 보보제리 가리다리 다타아다야 (3번)

유치
由致

앙유 미륵대성자 현거도솔 당강용화 굉시칠변지언음
仰惟 彌勒大聖者 現居兜率 當降龍華 宏施七辯之言音

보화오승지성중 당절귀의 해지감응
普化五乘之聖衆 倘切歸依 奚遲感應

시이 사바세계 차사천하 남섬부주 동양 대한민국 모도 모군 모산
是以 娑婆世界 此四天下 南贍部洲 東洋 大韓民國 某道 某郡 某山

모사 청정 (수월) 도량
某寺 淸淨 (水月) 道場

금차 지극정성 헌공발원재자 모처거주 모인보체
今此 至極精誠 獻供發願齋者 某處居住 某人保體

이 금월금일 건설정찬 공양자씨대성
以 今月今日 虔設淨饌 供養慈氏大聖

잠사천궁 약강향연 근병일심 선진삼청
暫辭天宮 略降香筵 謹秉一心 先陳三請

보소청진언 : 널리 청하는 진언

나무 보보제리 가리다리 다타아다야. (3번)

유치 : 법회가 이루어지는 연유를 아룀

앙유(우러러 생각하옵건대)

미륵부처님께서는 현재 도솔천에 계시다가 용화세계에 내려오셔서

일곱 가지 변재를 두루 베푸시고, 다섯 수레에 탄 성중을

널리 교화한다 하셨으니 간절히 귀의하면

감응이 어찌 더디게 오겠습니까.

　　　그러하옵기에 사바세계 차사천하 남섬부주 대한민국

　　　【 사찰 주소 ○○산 ○○사 】청정(수월)도량에서

　　　지극한 정성으로【 축원할 제목 】발원하는 재자

　　　【 재자의 주소 】에 거주하는

　　　【 축원 대상자나 가족 이름, 동참 재자 】등이

금월 금일 법연을 열어 미륵부처님께 조출한 공양구로 공양드리오니,

잠시 하늘나라 궁전을 떠나 이 향연에 강림하소서.

삼가 일심으로 먼저 삼청을 펼치옵니다.

청사
請詞

나무 일심봉청 복연증승 수량무궁
南無 一心奉請 福緣增勝 壽量無窮

원력장엄 자비광대 사천년중 위거보처
願力莊嚴 慈悲廣大 四千年中 位居補處

팔만세시 신강용화 당래하생 미륵존불
八萬歲時 身降龍華 當來下生 彌勒尊佛

유원 자비 강림도량 수차공양
唯願 慈悲 降臨道場 受此供養

향화청
香花請

향화청 (3번)

가영
歌詠

육시설법무휴식	삼회도인비등한
六時說法無休息	三會度人非等閑
절념노생침오탁	금소약잠도인간
切念勞生沈五濁	今宵略暫到人間
고아일심귀명정례	
故我一心歸命頂禮	

청사 : 청하는 글

나무 일심봉청
복연이 날로 뛰어나고 수명이 무궁하며,
원력이 장엄하고 자비가 광대하시어,
사천 년 동안 보처의 지위에 머무시다가
인간 수명 팔만 세 때 용화세계로 내려오실
미륵부처님이시여,
'자비로써' 이 도량에 강림하여 공양을 받으소서.

향화청 : 향과 꽃으로 청함

향과 꽃으로 청하옵니다. (3번)

가영 : 찬탄하는 노래

밤낮없이 쉬지 않고 법을 설하여
세 번 법회로 제도한 중생 무수하건만
오탁에 빠진 중생을 간절히 생각하시어
오늘 밤 잠깐 사이 인간 세상에 이르셨네.
저희 이제 일심으로 절하옵니다.

헌좌진언
獻座眞言

묘보리좌승장엄　　　제불좌이성정각
妙菩提座勝莊嚴　　　諸佛坐已成正覺

아금헌좌역여시　　　자타일시성불도
我今獻座亦如是　　　自他一時成佛道

옴 바아라 미나야 사바하 (3번)

정법계진언
淨法界眞言

옴 람 (7 · 21번)

다게
茶偈

금장감로다 봉헌미륵전 감찰건간심
今將甘露茶　奉獻彌勒前　鑑察虔懇心

원수애납수
願垂哀納受

원수애납수
願垂哀納受

원수자비애납수
願垂慈悲哀納受

헌좌진언 : 자리를 바치는 진언

훌륭하게 장엄된 보리좌여!
삼세제불 깨달음을 이룬 자리
지금 드린 이 자리도 그와 같으니
우리 함께 불도를 이루오리다.

옴 바아라 미나야 사바하. (3번)

정법계진언 : 법계를 맑게 하는 진언

옴 람. (7 · 21번)

다게 : 차 올리는 게송

저희 이제 감로다를 미륵부처님께 올리오니
간절한 마음 살피시어
자비로 받으소서,
자비로 받으소서,
대자비로 받으옵소서.

진언권공
眞言勸供

향수나열 재자건성 욕구공양지주원 수장가지지변화
香羞羅列 齋者虔誠 欲求供養之周圓 須仗加持之變化

앙유삼보 특사가지
仰惟三寶 特賜加持

나무시방불
南無十方佛

나무시방법
南無十方法

나무시방승 (3번)
南無十方僧

무량위덕 자재광명승묘력 변식진언
無量威德 自在光明勝妙力 變食眞言

나막 살바다타 아다 바로기제 옴 삼바라 삼바라 훔 (3번)

시감로수진언
施甘露水眞言

나무 소로바야 다타아다야 다냐타 옴 소로소로

바라소로 바라소로 사바하 (3번)

진언권공 : 진언으로 공양의 변화를 청함

향기로운 공양물은
재자들의 정성이오니
원만한 공양 이뤄지려면
가지력에 의지해야 변화되오니
삼보시여, 특별 가지를 내리옵소서.

「나무 시방불
 나무 시방법
 나무 시방승」. (3번)

무량위덕 자재광명승묘력 변식진언 : 부처님의 가지로써 공양한 음식을
질적 · 양적으로 변화시키는 진언

나막 살바다타 아다 바로기제 옴 삼바라 삼바라 훔. (3번)

시감로수진언 : 감로수가 흘러나오는 진언

나무 소로바야 다타아다야 다냐타 옴 소로소로
바라소로 바라소로 사바하. (3번)

일자수륜관진언
一字水輪觀眞言

옴 밤 밤 밤밤 (3번)

유해진언
乳海眞言

나무 사만다 못다남 옴 밤 (3번)

예공
禮供

지심정례공양 현거도솔 당강용화 자씨미륵존여래불
至心頂禮供養 現居兜率 當降龍華 慈氏彌勒尊如來佛

지심정례공양 복연증승 수량무궁 자씨미륵존여래불
至心頂禮供養 福緣增勝 壽量無窮 慈氏彌勒尊如來佛

지심정례공양 원력장엄 자비광대 자씨미륵존여래불
至心頂禮供養 願力莊嚴 慈悲廣大 慈氏彌勒尊如來佛

유원 자씨미륵존불 수차공양
唯願 慈氏彌勒尊佛 受此供養

명훈가피력 원공법계제중생 자타일시성불도
冥熏加被力 願共法界諸衆生 自他一時成佛道

일자수륜관진언 : '밤' 자에서 우유가 한량없이 나오는 진언

옴 밤 밤 밤밤. (3번)

유해진언 : 우유가 바다같이 많아져 베풀어지는 진언

나무 사만다 못다남 옴 밤. (3번)

예공 : 공양 올림

지극한 마음으로,
도솔천에 계시다가 용화세계 내려오실
미륵 부처님께 공양 올리옵니다.

지극한 마음으로,
복연이 날로 뛰어나고 수명이 한량없는
미륵 부처님께 공양 올리옵니다.

지극한 마음으로,
원력이 장엄하고 자비가 광대하신 미륵 부처님께 공양 올리옵니다.

자씨 미륵존여래 부처님이시여,
저희 공양 받으시고 가피력을 내리시어
법계 중생 모두 함께 성불하여지이다.

보공양진언
普 供 養 眞 言

옴 아아나 삼바바 바아라 훔 (3번)

보회향진언
普 廻 向 眞 言

옴 사마라 사마라 미마나 사라마하 자거라바 훔 (3번)

원성취진언
願 成 就 眞 言

옴 아모카 살바다라 사다야 시베 훔 (3번)

보궐진언
補 闕 眞 言

옴 호로호로 사야모케 사바하 (3번)

미륵 정근
彌 勒　精 勤

나무 현거도솔 당강용화「미륵존불」…….
南 無　現 居 兜 率　當 降 龍 華　彌 勒 尊 佛

보공양진언 : 널리 공양하는 진언

옴 아아나 삼바바 바아라 훔. (3번)

보회향진언 : 널리 회향하는 진언

옴 사마라 사마라 미마나 사라마하 자거라바 훔. (3번)

원성취진언 : 대원성취를 발원하는 진언

옴 아모카 살바다라 사다야 시베 훔. (3번)

보궐진언 : 빠진 것을 보완하는 진언

옴 호로호로 사야모케 사바하. (3번)

미륵 정근

나무 현거도솔 당강용화 「미륵존불」……

탄백
嘆 白

고거도솔허제반　　　　　원사용화조우난
高居兜率許蹄攀　　　　　遠俟龍華遭遇難

백옥호휘충법계　　　　　자금광상화진환
白玉毫輝充法界　　　　　紫金光相化塵寰

미륵 축원
彌勒　祝願

앙고 현거도솔 당강용화 미륵존불 불사자비 허수낭감
仰告　現居兜率　當降龍華　彌勒尊佛　不捨慈悲　許垂朗鑑

상래소수공덕해 회향삼처실원만
上來所修功德海　廻向三處悉圓滿

시이 사바세계 차사천하 남섬부주 동양 대한민국 모처 모산 모사
是以　娑婆世界　此四天下　南贍部洲　東洋　大韓民國　某處　某山　某寺

청정 (수월) 도량
清淨　(水月) 道場

원아금차 지극정성 헌공발원재자 모처거주 모인보체
願我今此　至極精誠　獻供發願齋者　某處居住　某人保體

탄백 : 부처님의 공덕을 찬탄하고 아룀

높디높은 도솔천서 중생교화 하옵시고
멀고멀어 만나기 힘든 용화세계 기다리네.
백호에서 나온 광명 온 법계에 가득하여
자마금상 모습으로 온 세상을 교화하네.

미륵 축원

앙고(우러러 고하옵건대)
현재 도솔천에 계시다가 용화세계에 내려오실 미륵존 부처님이시여,
자비를 버리지 마시고 밝은 거울을 드리우소서.
지금까지 닦은 한량없는 공덕을 중생계에 회향하여
모두 원만하여지이다.

그러하옵기에 사바세계 차사천하 남섬부주 대한민국
【사찰 주소 ○○산 ○○사】청정(수월)도량에서
지극한 정성으로 【축원할 제목】발원하는 재자
【재자의 주소】에 거주하는
【축원 대상자나 가족 이름, 동참 재자】보체 등이

이차 인연공덕 일체고난 영위소멸 사대강건 육근청정
以此 因緣功德 一切苦難 永爲消滅 四大強健 六根淸淨

심중소구소원 만사여의원만 형통지대원
心中所求所願 萬事如意圓滿 亨通之大願

연후원 항사법계 무량불자등 동유화장장엄해 동입보리대도량
然後願 恒沙法界 無量佛子等 同遊華藏莊嚴海 同入菩提大道場

상봉화엄불보살 항몽제불대광명 소멸무량중죄장 획득무량대지혜
常逢華嚴佛菩薩 恒蒙諸佛大光明 消滅無量衆罪障 獲得無量大智慧

돈성무상최정각 광도법계제중생 이보제불막대은 세세상행보살도
頓成無上最正覺 廣度法界諸衆生 以報諸佛莫大恩 世世常行菩薩道

구경원성살바야
究竟圓成薩婆若

마하반야바라밀
摩訶般若波羅蜜

이 인연공덕으로 일체의 고통과 액난이 영원히 소멸되고,

사대는 강건하고 육근은 청정해져 마음속 소원과 만사가

뜻대로 원만히 형통해지기를 축원하나이다.

그런 뒤에 원하옵나니,

항하의 모래알처럼 많은 법계의 한량없는 불자들이,

꽃으로 장엄된 화장세계에 노닐며

함께 깨달음의 도량에 들어가,

항상 화엄세계의 불보살님들을 만나 뵙고,

모든 부처님의 크신 광명을 입어,

무량한 죄업 소멸되고 한량없는 큰 지혜를 얻어,

위없는 바른 깨달음을 단박에 이루어,

널리 법계의 모든 중생을 제도하여,

부처님의 크신 은혜 갚기 원하오며,

세상에 날 때마다 보살도를 행하여

마침내 일체지가 원만히 이루어지이다.

마하반야바라밀.

6) 나한헌공
羅 漢 獻 供

천수경 (참조_ 78쪽)
千 手 經

거불
擧 佛

나무 일대교주 석가모니불
南無 一代敎主 釋迦牟尼佛

나무 좌우보처 양대보살
南無 左右補處 兩大菩薩

나무 십육대아라한성중
南無 十六大阿羅漢聖衆

보소청진언
普召請眞言

나무 보보제리 가리다리 다타아다야 (3번)

6) 나한헌공

천수경 (참조_ 79쪽)

거불 : 불명을 칭하여 가피를 구함

나무 일대교주 석가모니불

나무 좌우보처 양대보살

나무 십육대아라한성중.

보소청진언 : 널리 청하는 진언

나무 보보제리 가리다리 다타아다야. (3번)

유치
由致

앙유 십육성중자 모니멸후 자씨생전 불취이원 장거말세 화변삼천지
仰惟 十六聖衆者 牟尼滅後 慈氏生前 不就泥洹 長居末世 化遍三千之

세계 신분백억지진구 혹재어녹수청산 관공요도 혹재어천방만국
世界 身分百億之塵區 或在於綠水靑山 觀空樂道 或在於千邦萬國

제물이생 약신공양지의 필차감통지념 유구개수 무원부종
濟物利生 若伸供養之儀 必借感通之念 有求皆遂 無願不從

시이 사바세계 차사천하 남섬부주 동양 대한민국 모도 모군 모산
是以 娑婆世界 此四天下 南贍部洲 東洋 大韓民國 某道 某郡 某山

모사 청정 (수월) 도량
某寺 淸淨 (水月) 道場

금차 지극정성 헌공발원재자 모처거주 모인보체
今此 至極精誠 獻供發願齋者 某處居住 某人保體

이 금월금일 수설법연 정찬공양 영산교주 석가여래 위수 좌우보처
以 今月今日 修設法筵 淨饌供養 靈山敎主 釋迦如來 爲首 左右補處

양대보살 여 십육대아라한 감재사자 직부사자 훈근작법 앙기
兩大菩薩 與 十六大阿羅漢 監齋使者 直符使者 薰懃作法 仰祈

묘원자 우복이 특향영원 설명향이례청 심취축령 정단간이귀의
妙援者 右伏以 特向靈源 爇茗香而禮請 心趣鷲嶺 整丹懇以歸依

유치 : 법회가 이루어지는 연유를 아룀

앙유(우러러 생각하옵건대)

십육성중님께서는 석가세존 입멸부터 미륵부처님 오시기 전까지 열반
에 들지 않고 오래도록 말법세상에 머무시며,

덕화는 삼천세계에 두루 하고 몸은 백억 국토에 나투시어,

푸른 물 푸른 산에서 공을 관하며 도를 즐기시기도 하고,

곳곳을 다니며 중생을 건져 이롭게 하시므로, 공양을 드리면

반드시 감응하셔서, 구하면 얻게 하고 원하면 이루어 주시옵니다.

　　그러하옵기에 사바세계 차사천하 남섬부주 대한민국

　　【 사찰 주소 ○○산 ○○사 】청정(수월)도량에서

　　지극한 정성으로【 축원할 제목 】발원하는 재자

　　【 재자의 주소 】에 거주하는

　　【 축원 대상자나 가족 이름, 동참 재자 】등이

금월 금일 법연을 열어 영산교주 석가여래를 주로 하여

좌우보처 양대보살과 십육대아라한 감재사자 직부사자께

조촐한 공양구로 공양드리옵니다.

정성을 다하여 법요를 거행하며 신기한 가피를 바라옵는 재자들은 특별
히 신령의 근원을 향해 명향을 살라 예로 청하옵고,

마음은 영취산으로 나아가 간절한 정성으로 귀의하오니,

잠사어옥동영원 청부어청재묘회 불위낭원 부감단성 앙표일심
暫辭於玉洞靈源 請赴於淸齋妙會 不違曩願 俯鑑丹誠 仰表一心

선진삼청
先陳三請

청사, 증명청
請詞 證明請

나무 일심봉청
南無 一心奉請

상생도솔 하강염부 방대광명 조제유암 시팔상성도
上生兜率 下降閻浮 放大光明 照諸幽暗 示八相成道

호천중천 현십력항마 칭성중성 광겁난우 여우담바라화 천백억화신
號天中天 現十力降魔 稱聖中聖 曠劫難遇 如優曇鉢羅華 千百億化身

석가모니불 좌보처 자씨미륵보살 우보처 제화가라보살 마하살
釋迦牟尼佛 左補處 慈氏彌勒菩薩 右補處 提華竭羅菩薩 摩訶薩

유원 자비 강림도량 증명공덕 수차공양
唯願 慈悲 降臨道場 證明功德 受此供養

향화청
香花請

향화청 (3번)

잠시 옥동의 신령한 근원에서 나오시어 깨끗하고 바른 법회에
내려오셔서 지난날 서원을 잊지 마시고 정성을 굽어 살피소서.
삼가 일심으로 먼저 삼청을 펼치옵니다.

증명청 : 증명해 주길 청하는 글

나무 일심봉청

도솔천에 계시다가 염부주에 내려와서 대광명으로
아득히 어두운 곳 비추시고, 여덟 가지의 불도를 이룬 모습
보이시니 하늘 중에 하늘이요, 십력으로 마군의 항복을 받으시니 성인
중의 성인이라. 우담바라 꽃처럼 여러 겁을 지내어도
만나기 어려운 천백억화신 석가모니 부처님과 그 좌보처인
미륵보살님과 우보처이신 제화가라보살 마하살이시여,
'자비로써' 이 도량에 강림하여 공덕을 증명하여 주시고
저희 공양 받으옵소서.

향화청 : 향과 꽃으로 청함

향과 꽃으로 청하옵니다. (3번)

가영
歌詠

진묵겁전조성불   위도중생현세간
塵墨劫前早成佛   爲度衆生現世間

외외덕상월륜만   어삼계중작도사
巍巍德相月輪滿   於三界中作導師

고아일심귀명정례
故我一心歸命頂禮

헌좌진언
獻座眞言

묘보리좌승장엄   제불좌이성정각
妙菩提座勝莊嚴   諸佛坐已成正覺

아금헌좌역여시   자타일시성불도
我今獻座亦如是   自他一時成佛道

옴 바아라 미나야 사바하 (3번)

정법계진언
淨法界眞言

옴 람 (7 · 21번)

가영 : 찬탄하는 노래

진묵 겁 전 일찍이 불도를 이루시고
중생을 건지고자 세간에 나오셨네.
높은 덕과 좋은 상호 만월의 빛과 같아
삼계 중생 이끄시는 우리 스승 되시었네.
저희 이제 일심으로 절하옵니다.

헌좌진언 : 자리를 바치는 진언

훌륭하게 장엄된 보리좌여!
삼세제불 깨달음을 이룬 자리
지금 드린 이 자리도 그와 같으니
우리 함께 불도를 이루오리다.

옴 바아라 미나야 사바하. (3번)

정법계진언 : 법계를 맑게 하는 진언

옴 람. (7 · 21번)

다게
茶偈

금장감로다 봉헌증명전 감찰건간심
今將甘露茶 奉獻證明前 鑑察虔懇心

원수애납수
願垂哀納受

원수애납수
願垂哀納受

원수자비애납수
願垂慈悲哀納受

청사, 십육나한청
請詞 十六羅漢請

나무 일심봉청
南無 一心奉請

영산당시 수불부촉 불입열반 현서선정 천상인간 응공 복전
靈山當時 受佛咐囑 不入涅槃 現捿禪定 天上人間 應供 福田

서구다니주 제일빈두로발라타사존자
西瞿陀尼洲 第一賓頭盧跋羅墮闍尊者

가습미라국 제이가락가 벌차존자 동승신주 제삼가락가 발리타사존자
伽濕彌羅國 第二伽洛伽 伐蹉尊者 東勝身洲 第三伽洛伽 跋釐墮闍尊者

북구로주 제사소빈타존자 남섬부주 제오낙구라존자
北俱盧洲 第四蘇頻陀尊者 南贍部洲 第五諾矩羅尊者

다게 : 차 올리는 게송

저희 이제 감로다를 증명전에 올리오니
간절한 마음 살피시어
자비로 받으소서,
자비로 받으소서,
대자비로 받으옵소서.

십육나한청사 : 청하는 글

나무 일심봉청
영산회상에서 '열반에 들지 말고 선정에 머물면서
현세 사람들의 복전이 되라'고 부촉을 받으신
서구다니주의 제일 빈두로 발라타사 존자님,
가습미라국의 제이 가락가 벌차 존자님,
동승신주의 제삼 가락가 발리타사 존자님,
북구로주의 제사 소빈타 존자님,
남섬부주의 제오 낙구라 존자님,

탐몰라주 제육발타라존자 승가다주 제칠가리가존자
耽沒羅洲 第六跋陀羅尊者 僧伽茶洲 第七伽里伽尊者

발랄라주 제팔벌사라불다라존자 향취산중 제구수박가존자
鉢刺挐洲 第八伐闍羅弗多羅尊者 香醉山中 第九戍博伽尊者

삼십삼천중 제십반탁가존자 필리양구주 제십일나후라존자
三十三天中 第十半託伽尊者 畢利颺瞿洲 第十一羅睺羅尊者

반도파산중 제십이나가서나존자 광협산중 제십삼인게라존자
半度波山中 第十二那伽犀那尊者 廣協山中 第十三因揭羅尊者

가주산중 제십사벌나바사존자 취봉산중 제십오아시다존자
可住山中 第十四伐那婆斯尊者 鷲峰山中 第十五阿氏多尊者

지축산중 제십육주다반탁가존자 영산당시 여제성중 동공발심
持軸山中 第十六注茶半託伽尊者 靈山當時 與諸聖衆 同共發心

감재사자 직부사자 일체현성 병종권속
監齋使者 直符使者 一切賢聖 竝從眷屬

유원 승삼보력 강림도량 수차공양
唯願 承三寶力 降臨道場 受此供養

향화청
香花請

향화청 (3번)

탐몰라주의 제육 발타라 존자님,

승가다주의 제칠 가리가 존자님,

발랄라주의 제팔 벌사라불다라 존자님,

향취산중의 제구 수박가 존자님,

삼십삼천중의 제십 반탁가 존자님,

필리양구주의 제십일 나후라 존자님,

반도파산중의 제십이 나가서나 존자님,

광협산중의 제십삼 인게라 존자님,

가주산중의 제십사 벌나바사 존자님,

취봉산중의 제십오 아시다 존자님,

지축산중의 제십육 주다반탁가 존자님과

영산회상 당시 성중들과 함께 발심한 감재사자님,

직부사자님의 모든 현성과 권속님들이시여,

삼보님의 가지력을 받으시어 이 도량에 강림하여

저희 공양 받으옵소서.

향화청 : 향과 꽃으로 청함

향과 꽃으로 청하옵니다. (3번)

가영
歌詠

사향사과조원성 삼명육통실구족
四向四果早圓成 三明六通悉具足

밀승아불정령촉 주세항위진복전
密承我佛叮嚀囑 住世恒爲眞福田

고아일심귀명정례
故我一心歸命頂禮

헌좌진언
獻座眞言

아금경설보엄좌 봉헌십육나한전
我今敬設寶嚴座 奉獻十六羅漢前

원멸진로망상심 속원해탈보리과
願滅塵勞妄想心 速圓解脫菩提果

옴 가마라 승하 사바하 (3번)

정법계진언
淨法界眞言

옴 람 (7 · 21번)

가영 : 찬탄하는 노래

사향사과 일찍이 원만히 이루시고
삼명과 육신통을 두루두루 갖추셨네.
비밀스레 부처님께 법의 부촉 받으시고
사바세계 늘 머물며 참 복전을 주시옵네.
저희 이제 일심으로 절하옵니다.

헌좌진언 : 자리를 바치는 진언

저희 지금 경건하게 보배자리 마련하여
십육나한님께 바치오니
번뇌 망상 소멸하고
속히 보리과를 원만하게 하소서.

옴 가마라 승하 사바하. (3번)

정법계진언 : 법계를 맑게 하는 진언

옴 람. (7 · 21번)

다게
茶偈

금장감로다 봉헌나한전 감찰건간심
今將甘露茶 奉獻羅漢前 鑑察虔懇心

원수애납수
願垂哀納受

원수애납수
願垂哀納受

원수자비애납수
願垂慈悲哀納受

진언권공
眞言勸供

향수나열 재자건성 욕구공양지주원 수장가지지변화
香羞羅列 齋者虔誠 欲求供養之周圓 須仗加持之變化

앙유삼보 특사가지
仰惟三寶 特賜加持

나무시방불
南無十方佛

나무시방법
南無十方法

나무시방승 (3번)
南無十方僧

다게 : 차 올리는 게송

저희 이제 감로다를 나한님께 올리오니

간절한 마음 살피시어

자비로 받으소서,

자비로 받으소서,

대자비로 받으옵소서.

진언권공 : 진언으로 공양의 변화를 청함

향기로운 공양물은 재자들의 정성이오니
원만한 공양 이뤄지려면
가지력에 의지해야 변화되오니
삼보시여, 특별 가지를 내리옵소서.

「나무 시방불
 나무 시방법
 나무 시방승」. (3번)

무량위덕 자재광명승묘력 변식진언
無量威德 自在光明勝妙力 變食眞言

나막 살바다타 아다 바로기제 옴 삼바라 삼바라 훔 (3번)

시감로수진언
施甘露水眞言

나무 소로바야 다타아다야 다냐타 옴 소로소로

바라소로 바라소로 사바하 (3번)

일자수륜관진언
一字水輪觀眞言

옴 밤 밤 밤밤 (3번)

유해진언
乳海眞言

나무 사만다 못다남 옴 밤 (3번)

무량위덕 자재광명승묘력 변식진언 : 부처님의 가지로써 공양한 음식을
질적·양적으로 변화시키는 진언

나막 살바다타 아다 바로기제 옴 삼바라 삼바라 훔. (3번)

시감로수진언 : 감로수가 흘러나오는 진언

나무 소로바야 다타아다야 다냐타 옴 소로소로
바라소로 바라소로 사바하. (3번)

일자수륜관진언 : '밤' 자에서 우유가 한량없이 나오는 진언

옴 밤 밤 밤밤. (3번)

유해진언 : 우유가 바다같이 많아져 베풀어지는 진언

나무 사만다 못다남 옴 밤. (3번)

예공
禮供

지심정례공양 영산교주 시아본사 석가모니불
至心頂禮供養 靈山教主 是我本師 釋迦牟尼佛

지심정례공양 좌우보처 양대보살
至心頂禮供養 左右補處 兩大菩薩

지심정례공양 십육대아라한 감재직부 제위사자 등중
至心頂禮供養 十六大阿羅漢 監齋直符 諸位使者 等衆

유원 나한(제대성중) 애강도량 불사자비 수차공양
唯願 羅漢(諸大聖衆) 哀降道場 不捨慈悲 受此供養

보공양진언
普供養眞言

옴 아아나 삼바바 바아라 훔 (3번)

보회향진언
普廻向眞言

옴 사마라 사마라 미마나 사라마하 자거라바 훔 (3번)

예공 : 공양 올림

지극한 마음으로,
영산 교주 우리 본사 석가모니 부처님께 공양 올리옵니다.

지극한 마음으로,
좌우보처 양대보살님께 공양 올리옵니다.

지극한 마음으로,
십육대아라한과 감재직부 모든 사자님들께 공양 올리옵니다.

나한님이시여(제대성중이시여)
이 도량에 강림하여 자비를 버리지 마시고 저희 공양 받으옵소서.

보공양진언 : 널리 공양하는 진언

옴 아아나 삼바바 바아라 훔. (3번)

보회향진언 : 널리 회향하는 진언

옴 사마라 사마라 미마나 사라마하 자거라바 훔. (3번)

원성취진언
願成就眞言

옴 아모카 살바다라 사다야 시베 훔 (3번)

보궐진언
補闕眞言

옴 호로호로 사야모케 사바하 (3번)

나한 정근
羅漢 精勤

나무 영산당시 수불부촉 제대성중「십륙성중」…….
南無 靈山當時 受佛咐囑 諸大聖衆 十六聖衆

탄백
嘆白

사향사과조원성	삼명육통실구족
四向四果早圓成	三明六通悉具足

밀승아불정령촉	주세항위진복전
密承我佛叮嚀囑	住世恒爲眞福田

원성취진언 : 대원성취를 발원하는 진언

옴 아모카 살바다라 사다야 시베 훔. (3번)

보궐진언 : 빠진 것을 보완하는 진언

옴 호로호로 사야모케 사바하. (3번)

나한 정근

나무 영산당시 수불부촉 제대성중 (「십륙성중」)…….

탄백 : 부처님의 공덕을 찬탄하고 아룀

사향사과 일찍이 원만히 이루시고
삼명과 육신통을 두루두루 갖추셨네.
비밀스레 부처님께 법의 부촉 받으시고
사바세계 늘 머물며 참 복전이 되시옵소서.

나한 축원

羅漢 祝願

앙고 영산당시 수불부촉 십육대아라한성중 불사자비 허수낭감

仰告 靈山當時 受佛咐囑 十六大阿羅漢聖衆 不捨慈悲 許垂朗鑑

상래소수공덕해 회향삼처실원만

上來所修功德海 廻向三處悉圓滿

시이 사바세계 차사천하 남섬부주 동양 대한민국 모처 모산 모사

是以 娑婆世界 此四天下 南贍部洲 東洋 大韓民國 某處 某山 某寺

청정 (수월) 도량

淸淨 (水月) 道場

원아금차 지극지성 헌공발원재자 모처거주 모인보체

願我今此 至極至誠 獻供發願齋者 某處居住 某人保體

이차 인연공덕 일체병고재난 영위소멸 사대강건 육근청정 안과태평

以此 因緣功德 一切病苦災難 永爲消滅 四大强健 六根淸淨 安過太平

수명장원 자손창성 부귀영화 심중소구소원 만사여의원만성취지대원

壽命長遠 子孫昌盛 富貴榮華 心中所求所願 萬事如意圓滿成就之大願

연후원 장차승연공덕 구성정각

然後願 將次勝緣功德 俱成正覺

마하반야바라밀

摩訶般若波羅蜜

나한 축원

앙고(우러러 고하옵건대)
영산회상에서 부처님께 부촉을 받으신 십육대아라한 성중님이시여,
자비를 버리지 마시고 밝은 거울을 드리우소서.

　　그러하옵기에 사바세계 차사천하 남섬부주 대한민국
　　【 사찰 주소 ○○산 ○○사 】청정(수월)도량에서
　　지극한 정성으로【 축원할 제목 】발원하는 재자
　　【 재자의 주소 】에 거주하는
　　【 축원 대상자나 가족 이름, 동참 재자 】보체 등이

이 인연공덕으로 모든 병고와 재난이 영원히 소멸되고,
사대는 강건하고 육근은 청정해져
언제나 평안하고 행복하게 장수를 누리며,
자손은 번창하고 부귀영화 성취되며 마음속 소원이
뜻대로 원만히 성취되기를 축원하나이다.
그런 뒤에는 이 수승한 인연공덕으로
모두 함께 정각을 성취하기를 바라옵니다.

마하반야바라밀.

7) 칠성헌공
七 星 獻 供

천수경 (참조_ 78쪽)
千 手 經

거불
擧 佛

나무 금륜보계 치성광여래불
南無 金輪寶界 熾盛光如來佛

나무 좌우보처 일광월광 양대보살
南無 左右補處 日光月光 兩大菩薩

나무 북두대성 칠원성군
南無 北斗大聖 七元星君

7) 칠성헌공

천수경 (참조_ 79쪽)

거불 : 불명을 칭하여 가피를 구함

나무 금륜보계 치성광여래불

나무 좌우보처 일광월광 양대보살

나무 북두대성 칠원성군.

보소청진언
普召請眞言

나무 보보제리 가리다리 다타아다야 (3번)

유치
由致

앙유
仰惟

치성광여래 여 북두칠성존 지혜신통부사의 실지일체중생심
熾盛光如來　與　北斗七星尊　智慧神通不思議　悉知一切衆生心

능이종종방편력 멸피군생무량고 조장시우천상 응수복어인간
能以種種方便力　滅彼群生無量苦　照長時于天上　應壽福於人間

시이 사바세계 차사천하 남섬부주 동양 대한민국 모도 모군 모산
是以　娑婆世界　此四天下　南贍部洲　東洋　大韓民國　某道　某郡　某山

모사 청정 (수월) 도량
某寺　清淨（水月）道場

원아금차 지극정성 헌공발원재자 모처거주 모인보체
願我今此　至極精誠　獻供發願齋者　某處居住　某人保體

이 금월금일 근비진수 건성예청 치성광여래 여 좌우보처 양대보살
以　今月今日　謹備珍羞　虔誠禮請　熾盛光如來　與　左右補處　兩大菩薩

보소청진언 : 널리 청하는 진언

나무 보보제리 가리다리 다타아다야. (3번)

유치 : 법회가 이루어지는 연유를 아룀

앙유(우러러 생각하옵건대)

치성광여래님과 북두칠성님께서는 지혜와 신통력이

불가사의하여 모든 중생의 마음을 두루 아시고,

갖가지 방편의 힘으로 모든 생명들의 가없는 고통을 소멸해 주시며,

오래도록 하늘에서 빛을 비추시고,

인간에게 수명과 복덕을 내리시옵니다.

　그러하옵기에 사바세계 차사천하 남섬부주 대한민국

　【 사찰 주소 ○○산 ○○사 】청정(수월)도량에서

　지극한 정성으로【 축원할 제목 】발원하는 재자

　【 재자의 주소 】에 거주하는

　【 축원 대상자나 가족 이름, 동참 재자 】등이

금월 금일 삼가 진수를 마련하고 경건하게

치성광여래님과 좌우보처 양대보살님

위수 북두칠성 이십팔수 제성군중 훈근작법 앙기 묘원자 우복이

爲首 北斗七星 二十八宿 諸星君衆 薰勲作法 仰祈 妙援者 右伏以

설명향이예청 정옥립이수재 재체수미 건성가민 잠사천궁

爇茗香以禮請 呈玉粒而修齋 齋體雖微 虔誠可愍 暫辭天宮

원강향연 근운일심 공진삼청

願降香筵 謹運一心 恭陳三請

청사, 증명청

請詞 證明請

나무 일심봉청 금륜보계 치성광여래불 좌보처 일광변조 소재보살

南無 一心奉請 金輪寶界 熾盛光如來佛 左補處 日光遍照 消災菩薩

우보처 월광변조 식재보살 최승세계 운의통증여래불

右補處 月光遍照 息災菩薩 最勝世界 運意通證如來佛

묘보세계 광음자재여래불 원만세계 금색성취여래불

妙寶世界 光音自在如來佛 圓滿世界 金色成就如來佛

무우세계 최승길상여래불 정주세계 광달지변여래불

無憂世界 最勝吉祥如來佛 淨住世界 廣達智辯如來佛

법의세계 법해유희여래불 유리세계 약사유리광여래불

法意世界 法海遊戲如來佛 琉璃世界 藥師琉璃光如來佛

유원 자비 강림도량 증명공덕

唯願 慈悲 降臨道場 證明功德

북두칠성님을 비롯하여 이십팔수의 여러 성군 전에 공양하나이다.

정성을 다해 법다운 의례를 거행하여 신묘한 구원을 바라는

저희들은 싱그러운 향을 살라 예로써 청하고, 백옥 같은 흰쌀을

바쳐 재를 올리오니, 공양물은 미미하오나 정성은 간절하오니,

잠시 하늘궁전을 떠나 이 향연에 내려와 주시옵소서.

삼가 일심으로 공경히 삼청을 펼치옵니다.

증명청 : 증명해 주길 청하는 글

나무 일심봉청

금륜의 보배세계 치성광부처님 왼쪽에 계시면서

햇빛을 두루 펴서 재앙을 없애시는 소재보살님,

오른쪽에서 달빛을 두루 펴서 재앙을 쉬게 하시는 식재보살님,

가장 뛰어난 세계 운의통증 부처님,

묘한 보배세계 광음자재 부처님,

원만세계 금색성취 부처님,

근심 없는 세계 최승길상 부처님,

청정함에 머무시는 광달지변 부처님,

진리의 마음 세계 법해유희 부처님,

유리세계 약사유리광 부처님이시여,

'자비로써' 이 도량에 내려오셔서 공덕을 증명하옵소서.

향화청
香花請

향화청 (3번)

가영
歌詠

위광변조시방중　　　월인천강일체동
威光遍照十方中　　　月印千江一切同

사지원명제성사　　　분림법회이군생
四智圓明諸聖士　　　賁臨法會利群生

고아일심귀명정례
故我一心歸命頂禮

헌좌진언
獻座眞言

묘보리좌승장엄　　　제불좌이성정각
妙菩提座勝莊嚴　　　諸佛坐已成正覺

아금헌좌역여시　　　자타일시성불도
我今獻座亦如是　　　自他一時成佛道

옴 바아라 미나야 사바하 (3번)

향화청 : 향과 꽃으로 청함

향과 꽃으로 청하옵니다. (3번)

가영 : 찬탄하는 노래

위엄광명 두루 퍼져 시방세계 비추시니
모든 강에 달그림자 한 가지로 동일하네.
네 가지의 지혜 모두 두루 밝은 성현님은
이 법회에 내려오셔 중생들을 도우시니
저희 이제 일심으로 절하옵니다.

헌좌진언 : 자리를 바치는 진언

훌륭하게 장엄된 보리좌여!
삼세 제불 깨달음을 이룬 자리
지금 드린 이 자리도 그와 같으니
우리 함께 불도를 이루오리다.

옴 바아라 미나야 사바하. (3번)

정법계진언
淨法界眞言

옴 람 (7·21번)

증명다게
證明茶偈

금장감로다 봉헌증명전 감찰건간심
今將甘露茶 奉獻證明前 鑑察虔懇心

원수애납수
願垂哀納受

원수애납수
願垂哀納受

원수자비애납수
願垂慈悲哀納受

청사, 칠성청
請詞 七星請

나무 일심봉청 북두제일 자손만덕 탐랑성군
南無 一心奉請 北斗第一 子孫萬德 貪狼星君

북두제이 장난원리 거문성군 북두제삼 업장소제 녹존성군
北斗第二 障難遠離 巨門星君 北斗第三 業障消除 祿存星君

법계진언 : 법계를 맑게 하는 진언

옴 람. (7·21번)

증명다게 : 차 올리는 게송

저희 이제 감로다를
증명전에 올리오니
간절한 마음 살피시어
자비로 받으소서,
자비로 받으소서,
대자비로 받으옵소서.

칠성청 : 칠성을 청함

나무 일심봉청
북두 제일 자손만덕 관장하는 탐랑성군님,
북두 제이 장애와 어려움을 멀리 여의시는 거문성군님,
북두 제삼 업장을 없애주는 녹존성군님,

북두제사 소구개득 문곡성군 북두제오 백장진멸 염정성군
北斗第四 所求皆得 文曲星君 北斗第五 百障殄滅 廉貞星君

북두제륙 복덕구족 무곡성군 북두제칠 수명장원 파군성군
北斗第六 福德具足 武曲星君 北斗第七 壽命長遠 破軍星君

좌보필성 우보필성 삼태육성 이십팔수 주천열요 제성군중
左補弼星 右補弼星 三台六星 二十八宿 周天列曜 諸星君衆

유원 승삼보력 강림도량 수차공양
唯願 承三寶力 降臨道場 受此供養

향화청
香花請

향화청 (3번)

가영
歌詠

영통광대혜감명　　　　주재공중영무방
靈通廣大慧鑑明　　　　住在空中映無方

나열벽천임찰토　　　　주천인세수산장
羅列碧天臨刹土　　　　周天人世壽算長

고아일심귀명정례
故我一心歸命頂禮

북두 제사 구하는 모든 것을 얻게 하는 문곡성군님,

북두 제오 온갖 손해 없애주는 염정성군님,

북두 제육 복과 덕을 갖게 하는 무곡성군님,

북두 제칠 수명을 늘려주는 파군성군님,

좌우에서 보필하는 성군님, 삼태육성님과 이십팔수로

하늘에 두루 펴서 빛나시는 셀 수 없이 많은 모든 성군님들이시여,

삼보님의 가지력을 받으시어 이 도량에 강림하여

저희 공양 받으옵소서.

향화청 : 향과 꽃으로 청함

향과 꽃으로 청하옵니다. (3번)

가영 : 찬탄하는 노래

신령스런 신통력과 너른 지혜 밝게 살펴

허공중에 머물면서 아니 비춤 전혀 없네.

푸른 하늘 자리하다 이 국토에 내려오셔

천상계와 인간계에 수명복덕 증장하니

저희 이제 일심으로 절하옵니다.

헌좌진언
獻座眞言

아금경설보엄좌   봉헌칠원성군전
我今敬設寶嚴座   奉獻七元星君前

원멸진로망상심   속원해탈보리과
願滅塵勞妄想心   速圓解脫菩提果

옴 가마라 승하 사바하 (3번)

정법계진언
淨法界眞言

옴 람 (7 · 21번)

다게
茶偈

금장감로다 봉헌칠성전 감찰건간심
今將甘露茶 奉獻七星前 鑑察虔懇心

원수애납수
願垂哀納受

원수애납수
願垂哀納受

원수자비애납수
願垂慈悲哀納受

헌좌진언 : 자리를 바치는 진언

저희 지금 경건하게 보배자리 마련하여
칠성님께 바치오니
번뇌 망상 소멸하고
속히 보리과를 원만하게 하소서.

옴 가마라 승하 사바하. (3번)

정법계진언 : 법계를 맑게 하는 진언

옴 람. (7 · 21번)

다게 : 차 올리는 게송

제가 이제 감로다를

칠성님께 올리오니

간절한 마음 살피시어

자비로 받으소서,

자비로 받으소서,

대자비로 받으옵소서.

진언권공
眞言勸供

향수나열 재자건성 욕구공양지주원 수장가지지변화
香羞羅列 齋者虔誠 欲求供養之周圓 須仗加持之變化

앙유삼보 특사가지
仰惟三寶 特賜加持

나무시방불
南無十方佛

나무시방법
南無十方法

나무시방승 (3번)
南無十方僧

무량위덕 자재광명승묘력 변식진언
無量威德 自在光明勝妙力 變食眞言

나막 살바다타 아다 바로기제 옴 삼바라 삼바라 훔 (3번)

시감로수진언
施甘露水眞言

나무 소로바야 다타아다야 다냐타 옴 소로소로

바라소로 바라소로 사바하 (3번)

진언권공 : 진언으로 공양의 변화를 청함

향기로운 공양물은

재자들의 정성이오니

원만한 공양 이뤄지려면

가지력에 의지해야 변화되오니

삼보시여, 특별 가지를 내리옵소서.

「나무 시방불

　나무 시방법

　나무 시방승」. (3번)

무량위덕 자재광명승묘력 변식진언 : 부처님의 가지로써 공양한 음식을
질적·양적으로 변화시키는 진언

나막 살바다타 아다 바로기제 옴 삼바라 삼바라 훔. (3번)

시감로수진언 : 감로수가 흘러나오는 진언

나무 소로바야 다타아다야 다냐타 옴 소로소로

바라소로 바라소로 사바하. (3번)

일자수륜관진언
一字水輪觀眞言

옴 밤 밤 밤밤 (3번)

유해진언
乳海眞言

나무 사만다 못다남 옴 밤 (3번)

예공
禮供

지심정례공양 능멸천재 성취만덕 금륜보계 치성광여래불
至心頂禮供養 能滅千災 成就萬德 金輪寶界 熾盛光如來佛

지심정례공양 좌우보처 일광월광 양대보살
至心頂禮供養 左右補處 日光月光 兩大菩薩

지심정례공양 북두대성 칠원성군 주천열요 제성군중
至心頂禮供養 北斗大星 七元星君 周天列曜 諸星君衆

유원 칠성 애강도량 불사자비 수차공양
唯願 七星 哀降道場 不捨慈悲 受此供養

일자수륜관진언 : '밤' 자에서 우유가 한량없이 나오는 진언

옴 밤 밤 밤밤. (3번)

유해진언 : 우유가 바다같이 많아져 베풀어지는 진언

나무 사만다 못다남 옴 밤. (3번)

예공 : 공양 올림

지극한 마음으로,
천 가지 재앙을 없애시고 만 가지 복덕을 이루어 주시는
치성광여래 부처님께 공양 올리옵니다.

지극한 마음으로,
좌우에서 보좌하는 일광 월광 양대 보살님께 공양 올리옵니다.

지극한 마음으로,
북두대성 칠원성군님과 하늘에 두루 자리하는
일체의 성군님께 공양 올리옵니다.

칠성님이시여,
이 도량에 강림하여 자비를 버리지 마시고 저희 공양 받으옵소서.

보공양진언
普供養眞言

옴 아아나 삼바바 바아라 훔 (3번)

보회향진언
普廻向眞言

옴 사마라 사마라 미마나 사라마하 자거라바 훔 (3번)

반야심경 (참조_ 46쪽)
般若心經

북두주
北斗呪

북두구진중천대신 상조금궐하부곤륜 조리강기통제건곤
北斗九辰中天大神 上朝金闕下覆崑崙 調理綱紀統制乾坤

대괴탐낭거문녹존 문곡염정무곡파군 고상옥황자미제군
大魁貪狼巨門祿存 文曲廉貞武曲破軍 高上玉皇紫微帝君

대주천계세입미진 하재불멸하복부진 원황정기내합아신
大周天界細入微塵 何災不滅何福不臻 元皇正氣來合我身

천강소지주야상륜 속거소인호도구령 원견존의영보장생
天罡正所指晝夜常輪 俗居小人好道求靈 願見尊儀永保長生

보공양진언 : 널리 공양하는 진언

옴 아아나 삼바바 바아라 훔. (3번)

보회향진언 : 널리 회향하는 진언

옴 사마라 사마라 미마나 사라마하 자거라바 훔. (3번)

반야심경 (참조_ 47쪽)

북두주 : 북두칠성여래의 주문

북두구진중천 대신님,
위로는 금륜 궁궐에서 아래로는 곤륜산에 이르도록
이치를 조절하고 기강을 세워 하늘과 땅 다스리시네.
탐낭 거문 녹존 문곡 염정 무곡 파군 성군들과 제일 높은 옥황상제 자미
성의 임금께서 크게는 천계를 두루 돌고 작게는 티끌에도
들어가시니 어떤 재난을 없애지 않고 어떤 복인들 미치지 않을까.
황제의 바른 정기 나의 몸과 부합하고 북두대성님
가리키시는 대로 낮으로 항상 돌아 속세에 사는 이나 도를
구하려는 신령들이 높이 받들어 영원히 보호하여 길이 살게 하네.

삼태허정육순곡생 생아양아호아신형
三台虛精六淳曲生 生我養我護我身形

괴작관행 필보표 존제 급급여율령 사바하 (3번)
魁勺魋魁 魓魒魒 尊帝 急急如律令 娑婆訶

원성취진언
願成就眞言

옴 아모카 살바다라 사다야 시베 훔 (3번)

보궐진언
補闕眞言

옴 호로호로 사야모케 사바하 (3번)

칠성 정근
七星 精勤

나무 북두대성 「칠원성군」…….
南無 北斗大星 七元星君

삼태 허정 육순 곡생은

나를 낳고 나를 길러 내 몸 형상 보호하시네.

괴작관행 필보표 존제 급급여율령 사바하. (3번)

원성취진언 : 대원성취를 발원하는 진언

옴 아모카 살바다라 사다야 시베 훔. (3번)

보궐진언 : 빠진 것을 보완하는 진언

옴 호로호로 사야모케 사바하. (3번)

칠성 정근

나무 북두대성 「칠원성군」…….

탄백
嘆白

영통광대혜감명	주재공중영무방
靈通廣大慧鑑明	住在空中映無方

나열벽천임찰토	주천인세수산장
羅列碧天臨刹土	周天人世壽算長

칠성 축원
七星 祝願

앙고
仰告

북두대성 칠원성군 첨수연민지지정 각방신통지성력
北斗大聖 七元星君 僉垂憐愍之至情 各放神通之聖力

시이 사바세계 차사천하 남섬부주 동양 대한민국 모처 모산 모사
是以 娑婆世界 此四天下 南贍部洲 東洋 大韓民國 某處 某山 某寺

청정 (수월) 도량
淸淨 （水月） 道場

원아금차 지극정성 헌공발원재자 모처거주 모인보체
願我今此 至極精誠 獻供發願齋者 某處居住 某人保體

이차 인연공덕 소신정원즉 일일유천상지경 시시무백해지재
以此 因緣功德 所伸情願則 日日有千祥之慶 時時無百害之災

탄백 : 공덕을 찬탄하고 아룀

신령스런 신통력과 너른 지혜 밝게 살펴
허공중에 머물면서 아니 비춤 전혀 없네.
푸른 하늘 자리하다 이 국토에 내려오셔
천상계와 인간계에 수명복덕 증장하시네.

칠성 축원

앙고(우러러 고하옵건대)
북두대성 칠원성군님이시여,
연민의 지극한 마음을 드리우사, 각각 신통력을 놓으소서.

그러하옵기에 사바세계 차사천하 남섬부주 대한민국
【 사찰 주소 ○○산 ○○사 】청정(수월)도량에서
지극한 정성으로【 축원할 제목 】발원하는 재자
【 재자의 주소 】에 거주하는
【 축원 대상자나 가족 이름, 동참 재자 】보체 등이

이 인연공덕으로 마음속의 원을 펼치노니 매일매일 여러 가지
상서로운 경사 있고, 어느 때나 일체재앙 없어지고,

사대강건 육근청정 자손창성 부귀영화 안과태평 수명장원
四大强健 六根淸淨 子孫昌盛 富貴榮華 安過太平 壽命長遠

심중 소구소원 만사여의 원만형통지대원
心中 所求所願 萬事如意 圓滿亨通之大願

억원 삼장돈제 오복증숭 원제유정등 삼업개청정
抑願 三障頓除 五福增崇 願諸有情等 三業皆淸淨

봉지제불교 화남대성존 구호길상
奉持諸佛敎 和南大聖尊 俱護吉祥

마하반야바라밀
摩訶般若波羅蜜

사대가 강건하고 육근이 청정하여 자손은 창성하고
부귀영화 누리며 편안하고 태평하며
수명이 길어지고 마음속에 구하는 모든 소원이
뜻대로 원만하게 이루어지이다.

거듭 원하옵건대, 세 가지 장애 없어지고
오복은 더욱 늘기를 원하오며, 모든 유정들이 삼업이 청정해지고
부처님 가르침 받들어 지니기를 바라옵니다.
대성존께 절하오며, 함께 길상을 보호하여지이다.

마하반야바라밀.

8) 독성헌공
獨聖獻供

천수경 (참조_ 78쪽)
千手經

거목
擧目

나무 천태산상 독수선정 나반존자
南無 天台山上 獨修禪定 那畔尊者

나무 삼명이증 이리원성 나반존자
南無 三明已證 二利圓成 那畔尊者

나무 응공복전 대사용화 나반존자
南無 應供福田 待竢龍華 那畔尊者

보소청진언
普召請眞言

나무 보보제리 가리다리 다타아다야 (3번)

유치
由致

절이 독성자 석존기멸지후 자씨미생지전 불왕진구 은현무애
切以 獨聖者 釋尊旣滅之後 慈氏未生之前 不往塵區 隱現無碍

8) 독성헌공

천수경 (참조_ 79쪽)

거목 : 칭명하여 가피를 구함

나무 천태산상 독수선정 나반존자
나무 삼명이증 이리원성 나반존자
나무 응공복전 대사용화 나반존자.

보소청진언 : 널리 청하는 진언

나무 보보제리 가리다리 다타아다야. (3번)

유치 : 법회가 이루어지는 연유를 아룀

절이(간절히 생각하옵건대)
독성님께서는, 석가모니 부처님께서 입멸하신 뒤 미륵부처님께서 오시
기 전까지 풍진세상에 물들지 아니하였으나,
감추고 나타남에 걸림이 없으며,

혹어층 층대상 정거안선 혹어낙낙송간 왕반임의 산은은 수잔잔
或於層 層臺上 靜居安禪 或於落落松間 往返任意 山隱隱 水潺潺

일간난야 좌와소요 화작작 조남남 성색분연 경행자재
一間蘭若 坐臥逍遙 花灼灼 鳥喃喃 聲色紛然 經行自在

하납반견이낙도 설미부안 이관공 현주선나 응공무량 약신공양지의
霞衲半肩而樂道 雪眉覆眼 而觀空 現住禪那 應供無量 若伸供養之儀

필사신통지감 유구개수 무원부종
必賜神通之鑑 有求皆遂 無願不從

시이 사바세계 차사천하 남섬부주 동양 대한민국 모도 모군 모산
是以 娑婆世界 此四天下 南贍部洲 東洋 大韓民國 某道 某郡 某山

모사 청정 (수월) 도량
某寺 淸淨 (水月) 道場

원아금차 지극정성 헌공발원재자 모처거주 모인보체
願我今此 至極精誠 獻供發願齋者 某處居住 某人保體

이 금월금일 정계향단 장진묘공 재설명향 앙청천태산상 독수성중
以 今月今日 淨啓香檀 將陳妙供 再爇茗香 仰請天台山上 獨修聖衆

병종권속 앙기 묘원자 우복이 관수분향 예경어응진 서장청경
竝從眷屬 仰祈 妙援者 右伏以 盥手焚香 禮敬於應眞 庶仗淸磬

소청어현관 잠사어보굴 약강어향단 수차공양 만아원심
召請於玄關 暫辭於寶窟 略降於香壇 受此供養 滿我願心

근병일심 선진삼청
謹秉一心 先陳三請

층층 바위 끝에서 조용히 머물며 선정에 드시고, 낙락장송 사이에서 뜻
대로 오고 가시며, 산은 깊고 물이 졸졸 흐르는 한 칸 난야에서
앉거나 누운 채 소요하며, 꽃은 활짝 피고 새는 지저귀며 소리와
색깔이 아름다운 곳에서 자유로이 거니시고, 저녁놀빛 가사를
한쪽 어깨에 걸친 채 도를 즐기시며, 흰 눈썹에 가린 눈은 허공을
바라보시며, 지금 선정에 머무나 한량없는 복전이시오니,
누구나 공양을 올리면 반드시 신통을 내려 살피셔서 구하는 것
모두 얻게 하시고 원하는 것 모두 이루어 주시옵니다.

　　그러하옵기에 사바세계 차사천하 남섬부주 대한민국
　　【 사찰 주소 ○○산 ○○사 】청정(수월)도량에서
　　지극한 정성으로【 축원할 제목 】발원하는 재자
　　【 재자의 주소 】에 거주하는
　　【 축원 대상자나 가족 이름, 동참 재자 】등이

금월 금일 깨끗한 마음으로 향기로운 단을 열어 묘한 공양을 올리고 다
시 좋은 향을 살라 우러러 천태산상에 계신 독수성중님과
아울러 권속님들을 청하오니, 신묘한 가피를 바라는 재자들은,
얼굴과 손을 씻고 향을 살라 웅진께 예경하며 맑은 경쇠 소리로
그윽한 관문에 청하오니, 잠시나마 보배의 굴을 떠나 향단에
강림하여 공양을 받으시고 저희들의 소원을 이루게 하시옵소서.
삼가 일심으로 먼저 삼청을 펼치옵니다.

청사
請 詞

나무 일심봉청
南無 一心奉請

영산당시 수불부촉 항거천태산상 독수선정 불입열반
靈山當時 受佛咐囑 恒居天台山上 獨修禪定 不入涅槃

위작복전 대사용화 나반존자 병중권속
爲作福田 待竢龍華 那畔尊者 竝從眷屬

유원 승삼보력 강림도량 수차공양
唯願 承三寶力 降臨道場 受此供養

향화청
香花請

향화청 (3번)

가영
歌詠

나반신통세소희 那畔神通世所稀	**행장현화임시위** 行藏現化任施爲
송암은적경천겁 松巖隱跡經千劫	**생계잠형입사유** 生界潛形入四維
고아일심귀명정례 故我一心歸命頂禮	

청사 : 청하는 글

나무 일심봉청

영산회상에서 부처님의 비밀한 법 부촉을 받아

항상 천태산에 홀로 앉아 선정을 닦으면서

열반에 들지 않고 중생들의 복전이 되어

용화세계를 기다리는 나반존자님과 권속님들이시여,

삼보님의 가지력을 받으시어 이 도량에 강림하여

저희 공양 받으옵소서.

향화청 : 향과 꽃으로 청함

향과 꽃으로 청하옵니다.(3번)

가영 : 찬탄하는 노래

나반존자님 지닌 신통 세간에는 드물어서

감추었다 나타내길 마음대로 하신다네.

솔숲 바위 자취 묻고 일천 겁을 지내시고

중생계에 모습 감춰 사방팔방 자유롭네.

저희 이제 일심으로 절하옵니다.

헌좌진언
獻座眞言

아금경설보엄좌	봉헌천태독성전
我今敬設寶嚴座	奉獻天台獨聖前
원멸진로망상심	속원해탈보리과
願滅塵勞妄想心	速圓解脫菩提果

옴 가마라 승하 사바하 (3번)

정법계진언
淨法界眞言

옴 람 (7·21번)

다게
茶偈

금장감로다 봉헌독성전 감찰건간심
今將甘露茶 奉獻獨聖前 鑑察虔懇心

원수애납수
願垂哀納受

원수애납수
願垂哀納受

원수자비애납수
願垂慈悲哀納受

헌좌진언 : 자리를 바치는 진언

저희 지금 경건하게 보배자리 마련하여
독성님께 바치오니
번뇌 망상 소멸하고
속히 보리과를 원만하게 하소서.

옴 가마라 승하 사바하. (3번)

정법계진언 : 법계를 맑게 하는 진언

옴 람. (7 · 21번)

다게 : 차 올리는 게송

저희 이제 감로다를

독성님께 올리오니

간절한 마음 살피시어

자비로 받으소서,

자비로 받으소서,

대자비로 받으옵소서.

진언권공
眞言勸供

향수나열 재자건성 욕구공양지주원 수장가지지변화
香羞羅列 齋者虔誠 欲求供養之周圓 須仗加持之變化

앙유삼보 특사가지
仰惟三寶 特賜加持

나무시방불
南無十方佛

나무시방법
南無十方法

나무시방승 (3번)
南無十方僧

무량위덕 자재광명승묘력 변식진언
無量威德 自在光明勝妙力 變食眞言

나막 살바다타 아다 바로기제 옴 삼바라 삼바라 훔 (3번)

시감로수진언
施甘露水眞言

나무 소로바야 다타아다야 다냐타 옴 소로소로

바라소로 바라소로 사바하 (3번)

진언권공 : 진언으로 공양의 변화를 청함

향기로운 공양물은
재자들의 정성이오니
원만한 공양 이뤄지려면
가지력에 의지해야 변화되오니
삼보시여, 특별 가지를 내리옵소서.

「나무 시방불
 나무 시방법
 나무 시방승」.(3번)

무량위덕 자재광명승묘력 변식진언 : 부처님의 가지로써 공양한 음식을
질적·양적으로 변화시키는 진언

나막 살바다타 아다 바로기제 옴 삼바라 삼바라 훔. (3번)

시감로수진언 : 감로수가 흘러나오는 진언

나무 소로바야 다타아다야 다냐타 옴 소로소로
바라소로 바라소로 사바하.(3번)

일자수륜관진언
一字水輪觀眞言

옴 밤 밤 밤밤 (3번)

유해진언
乳海眞言

나무 사만다 못다남 옴 밤 (3번)

예공
禮供

지심정례공양 천태산상 독수선정 나반존자
至心頂禮供養 天台山上 獨修禪定 那般尊者

지심정례공양 삼명이증 이리원성 나반존자
至心頂禮供養 三明已證 二利圓成 那般尊者

지심정례공양 응공복전 대사용화 나반존자
至心頂禮供養 應供福田 待竢龍華 那般尊者

유원 독성 애강도량 불사자비 수차공양
唯願 獨聖 哀降道場 不捨慈悲 受此供養

일자수륜관진언 : '밤' 자에서 우유가 한량없이 나오는 진언

옴 밤 밤 밤밤. (3번)

유해진언 : 우유가 바다같이 많아져 베풀어지는 진언

나무 사만다 못다남 옴 밤. (3번)

예공 : 공양 올림

지극한 마음으로,
천태산에 홀로 앉아 선정을 닦으시는 독성님께 공양 올리옵니다.

지극한 마음으로,
삼명을 이미 증득하고 자리이타 원만하신 독성님께 공양 올리옵니다.

지극한 마음으로,
공양받는 복전이며 미륵불을 기다리는 독성님께 공양 올리옵니다.

독성님이시여,
이 도량에 강림하여 자비를 버리지 마시고 저희 공양 받으옵소서.

보공양진언
普供養眞言

옴 아아나 삼바바 바아라 훔 (3번)

보회향진언
普廻向眞言

옴 사마라 사마라 미마나 사라마하 자거라바 훔 (3번)

원성취진언
願成就眞言

옴 아모카 살바다라 사다야 시베 훔 (3번)

보궐진언
補闕眞言

옴 호로호로 사야모케 사바하 (3번)

나반존자 정근
那畔尊者 精勤

나무 천태산상 독수선정 「나반존자」…….
南無 天台山上 獨修禪定 那畔尊者

보공양진언 : 널리 공양하는 진언

옴 아아나 삼바바 바아라 훔. (3번)

보회향진언 : 널리 회향하는 진언

옴 사마라 사마라 미마나 사라마하 자거라바 훔. (3번)

원성취진언 : 대원성취를 발원하는 진언

옴 아모카 살바다라 사다야 시베 훔. (3번)

보궐진언 : 빠진 것을 보완하는 진언

옴 호로호로 사야모케 사바하. (3번)

나반존자 정근

나무 천태산상 독수선정 「나반존자」······.

탄백
嘆白

나반신통세소희
那畔神通世所稀

행장현화임시위
行藏現化任施爲

송암은적경천겁
松巖隱跡經千劫

생계잠형입사유
生界潛形入四維

독성 축원
獨聖 祝願

앙고 천태산상 신통자재 독수선정 나반존자전 불사자비 허수낭감
仰告 天台山上 神通自在 獨修禪定 那畔尊者前 不捨慈悲 許垂朗鑑

시이 사바세계 차사천하 남섬부주 동양 대한민국 모처 모산 모사
是以 娑婆世界 此四天下 南贍部洲 東洋 大韓民國 某處 某山 某寺

청정 (수월) 도량
淸淨 (水月) 道場

원아금차 지극정성 헌공발원재자 모처거주 모인보체
願我今此 至極精誠 獻供發願齋者 某處居住 某人保體

이차 인연공덕 동서사방 출입왕래지시 상봉길경 불봉재난
以此 因緣功德 東西四方 出入往來之時 常逢吉慶 不逢災難

탄백 : 부처님의 공덕을 찬탄하고 아룀

나반존자님 지닌 신통 세간에는 드물어서
감추었다 나타내길 마음대로 하신다네.
솔숲 바위 자취 묻고 일천 겁을 지내시고
중생계에 모습 감춰 사방팔방 자유롭네.

독성 축원

앙고(우러러 고하옵건대)
천태산에 홀로 앉아 선정을 닦으시는 나반존자이시여,
자비를 버리지 마시고 지혜 광명을 드리워 주옵소서.

　　그러하옵기에 사바세계 차사천하 남섬부주 대한민국
　　【사찰 주소 ○○산 ○○사】청정(수월)도량에서
　　지극한 정성으로【축원할 제목】발원하는 재자
　　【재자의 주소】에 거주하는
　　【축원 대상자나 가족 이름, 동참 재자】보체 등이

이 인연공덕으로 각기 동서사방 출입하는 곳마다
길한 일과 경사 항상 만나고, 재앙과 해로움 만나지 않으며,

관재구설 삼재팔난 일체병고액난등 영위소멸 사대강건 육근청정
官災口舌 三災八難 一切病苦厄難等 永爲消滅 四大强健 六根淸淨

안과태평 수명장원 자손창성 부귀영화 만사여의원만 형통지대원
安過太平 壽命長遠 子孫昌盛 富貴榮華 萬事如意圓滿 亨通之大願

연후원 원공함영등피안 광도법계제중생 이보제불막대은
然後願 願共含靈登彼岸 廣度法界諸衆生 以報諸佛莫大恩

세세상행보살도 구경원성살바야
世世常行菩薩道 究竟圓成薩婆若

마하반야바라밀
摩訶般若波羅蜜

관재구설 삼재팔난 일체의 병고와 액난이 일시에 소멸되며,
사대가 강건하고 육근이 청정해지며, 편안하고 태평하며
수명이 길어지고 자손은 창성하고 부귀영화 누리며
모든 소원이 뜻대로 원만하게 이루어지이다.

그런 뒤에 원하옵나니, 모든 중생들이 다 함께 피안에 오르고
널리 법계의 중생을 제도하여 모든 부처님의 크신 은혜를 갚고
날 적마다 언제나 보살도를 행하여 구경에는 일체지가
원만히 이루어지이다.

마하반야바라밀.

9) 산신헌공
山 神 獻 供

천수경 (참조_78쪽)
千 手 經

거목
擧 目

나무 만덕고승 성개한적 산왕대신
南無 萬德高勝 性皆閒寂 山王大神

나무 차산국내 항주대성 산왕대신
南無 此山局內 恒住大聖 山王大神

나무 시방법계 지령지성 산왕대신
南無 十方法界 至靈至聖 山王大神

보소청진언
普召請眞言

나무 보보제리 가리다리 다타아다야 (3번)

9) 산신헌공

천수경(참조_ 79쪽)

거목 : 칭명하여 가피를 구함

나무 만덕고승 성개한적 산왕대신

나무 차산국내 항주대성 산왕대신

나무 시방법계 지령지성 산왕대신.

보소청진언 : 널리 청하는 진언

나무 보보제리 가리다리 다타아다야. (3번)

유치
由致

절이
切以

산왕대성자 최신최령 능위능맹 능맹지처 최요항마 최령지시
山王大聖者 最神最靈 能威能猛 能猛之處 摧妖降魔 最靈之時

소재강복 유구개수 무원부종
消災降福 有求皆遂 無願不從

시이 사바세계 남섬부주 동양 대한민국 모도 모군 모산 모사
是以 娑婆世界 南贍部洲 東洋 大韓民國 某道 某郡 某山 某寺

청정 (수월) 도량
淸淨 (水月) 道場

원아금차 지극정성 헌공 발원 재자 모처거주 모인보체
願我今此 至極精誠 獻供 發願 齋者 某處居住 某人保體

이 금월금일 건설법연 정찬공양 산왕대신 병종권속 기회영감
以 今月今日 虔設法筵 淨饌供養 山王大神 竝從眷屬 冀回靈鑑

곡조미성 앙표일심 선진삼청
曲照微誠 仰表一心 先陳三請

유치 : 법회가 이루어지는 연유를 아룀

절이(간절히 생각하옵건대)
산왕대성께서는, 가장 신묘하고 가장 영험하시어
늘 위풍이 당당하고 용맹하옵니다.
용맹할 땐 모든 마군의 항복을 받으시고,
신령할 때엔 재앙을 물리치고 복을 내리시며,
구하는 일 모두 얻게 하시고,
원하는 것 모두 이루어 주시옵니다.

그러하옵기에 사바세계 차사천하 남섬부주 대한민국
【 사찰 주소 ○○산 ○○사 】청정(수월)도량에서
지극한 정성으로【 축원할 제목 】발원하는 재자
【 재자의 주소 】에 거주하는
【 축원 대상자나 가족 이름, 동참 재자 】등이

금월 금일 삼가 법연을 열어 향긋한 진수를
산왕대신님과 모든 권속님들께 공양하오니,
신묘한 자비 지혜의 거울을 돌리시어
간절한 정성을 굽어 비춰 주옵소서.
삼가 일심으로 먼저 삼청을 펼치옵니다.

청사
請詞

나무 일심봉청
南無 一心奉請

후토성모 오악제군 직전외아 팔대산왕 금기오온
后土聖母 五岳帝君 職典嵬峨 八大山王 禁忌五蘊

안제부인 익성보덕진군 시방법계 지령지성 제대산왕 병종권속
安濟夫人 益聖保德眞君 十方法界 至靈至聖 諸大山王 竝從眷屬

유원 승삼보력 강림도량 수차공양
唯願 承三寶力 降臨道場 受此供養

향화청
香花請

향화청 (3번)

가영
歌詠

영산석일여래촉　　　　위진강산도중생
靈山昔日如來囑　　　　威鎭江山度衆生

만리백운청장리　　　　운거학가임한정
萬里白雲靑嶂裡　　　　雲車鶴駕任閒情

고아일심귀명정례
故我一心歸命頂禮

청사 : 청하는 글

나무 일심봉청

토지를 맡아 다스리시는 성모님! 오악을 주재하는 제군님!

직전과 외아를 돌보아 주시는 팔대산왕님!

오온을 다스리사 중생을 편안케 하시고 제도하시는 부인님!

성스러움을 더하시고 덕을 지니신 진군님!

시방법계에 가장 신령하고 가장 성스러운

모든 산왕님과 권속님들이시여! 삼보님의 가지력을 받으시어

이 도량에 강림하여 저희 공양 받으옵소서.

향화청 : 향과 꽃으로 청함

향과 꽃으로 청하옵니다. (3번)

가영 : 찬탄하는 노래

그 옛날 영산에서 여래의 부촉을 받아

위엄으로 강산에서 중생을 건지시네.

만 리의 흰 구름 푸른 산속을

구름 타고 학을 타고 한가로이 거니시네.

저희 이제 일심으로 절하옵니다.

헌좌진언
獻 座 眞 言

아금경설보엄좌　　봉헌산왕대신전
我 今 敬 設 寶 嚴 座　　奉 獻 山 王 大 神 前

원멸진로망상심　　속원해탈보리과
願 滅 塵 勞 妄 想 心　　速 圓 解 脫 菩 提 果

옴 가마라 승하 사바하 (3번)

정법계진언
淨 法 界 眞 言

옴 람 (7 · 21번)

다게
茶 偈

금장감로다 봉헌산왕전 감찰건간심
今 將 甘 露 茶　奉 獻 山 王 前　鑑 察 虔 懇 心

원수애납수
願 垂 哀 納 受

원수애납수
願 垂 哀 納 受

원수자비애납수
願 垂 慈 悲 哀 納 受

헌좌진언 : 자리를 바치는 진언

저희 지금 경건하게 보배자리 마련하여
산신님께 바치오니
번뇌 망상 소멸하고
속히 보리과를 원만하게 하소서.

옴 가마라 승하 사바하. (3번)

정법계진언 : 법계를 맑게 하는 진언

옴 람. (7 · 21번)

다게 : 차 올리는 게송

저희 이제 감로다를
산신님께 올리오니
간절한 마음 살피시어
자비로 받으소서,
자비로 받으소서,
대자비로 받으옵소서.

진언권공
眞言勸供

향수나열 재자건성 욕구공양지주원 수장가지지변화
香羞羅列 齋者虔誠 慾求供養之周圓 須仗加持之變化

앙유삼보 특사가지
仰惟三寶 特賜加持

나무시방불
南無十方佛

나무시방법
南無十方法

나무시방승 (3번)
南無十方僧

무량위덕 자재광명승묘력 변식진언
無量威德 自在光明勝妙力 變食眞言

나막 살바다타 아다 바로기제 옴 삼바라 삼바라 훔 (3번)

시감로수진언
施甘露水眞言

나무 소로바야 다타아다야 다냐타 옴 소로소로

바라소로 바라소로 사바하 (3번)

진언권공 : 진언으로 공양의 변화를 청함

향기로운 공양물은
재자들의 정성이오니
원만한 공양 이뤄지려면
가지력에 의지해야 변화되오니
삼보시여, 특별 가지를 내리옵소서.

「나무 시방불
 나무 시방법
 나무 시방승」. (3번)

무량위덕 자재광명승묘력 변식진언 : 부처님의 가지로써 공양한 음식을
질적·양적으로 변화시키는 진언

나막 살바다타 아다 바로기제 옴 삼바라 삼바라 훔. (3번)

시감로수진언 : 감로수가 흘러나오는 진언

나무 소로바야 다타아다야 다냐타 옴 소로소로
바라소로 바라소로 사바하. (3번)

일자수륜관진언
一字水輪觀眞言

옴 밤 밤 밤밤 (3번)

유해진언
乳海眞言

나무 사만다 못다남 옴 밤 (3번)

예공
禮供

지심정례공양 만덕고승 성개한적 산왕대신
至心頂禮供養 萬德高勝 性皆閑寂 山王大神

지심정례공양 차산국내 항주대성 산왕대신
至心頂禮供養 此山局內 恒住大聖 山王大神

지심정례공양 시방법계 지령지성 산왕대신
至心頂禮供養 十方法界 至靈至聖 山王大神

유원 산신 애강도량 불사자비 수차공양
唯願 山神 哀降道場 不捨慈悲 受此供養

일자수륜관진언 : '밤' 자에서 우유가 한량없이 나오는 진언

옴 밤 밤 밤밤. (3번)

유해진언 : 우유가 바다같이 많아져 베풀어지는 진언

나무 사만다 못다남 옴 밤. (3번)

예공 : 공양 올림

지극한 마음으로,
만덕 높고 수승하며 모든 성품 한적하신
산신전에 절하며 공양 올리옵니다.

지극한 마음으로,
이 산중에 큰 성인으로 항상 계신 산신전에 절하며 공양 올리옵니다.

지극한 마음으로,
시방법계에 지극히 신령하고 성스러운
산신전에 절하며 공양 올리옵니다.

산신님이시여,
이 도량에 강림하여 자비를 버리지 마시고 저희 공양 받으옵소서.

보공양진언
普 供 養 眞 言

옴 아아나 삼바바 바아라 훔 (3번)

보회향진언
普 廻 向 眞 言

옴 사마라 사마라 미마나 사라마하 자거라바 훔 (3번)

반야심경 (참조_ 46쪽)
般 若 心 經

불설소재길상다라니
佛 說 消 災 吉 祥 陀 羅 尼

나무 사만다 못다남 아바라지 하다사 사나남 다냐타 옴 카카 카혜 카혜
훔훔 아바라 아바라 바라 아바라 바라 아바라 지따 지따 지리 지리 빠다
빠다 선지가 시리예 사바하 (3번)

보공양진언 : 널리 공양하는 진언

옴 아아나 삼바바 바아라 훔. (3번)

보회향진언 : 널리 회향하는 진언

옴 사마라 사마라 미마나 사라마하 자거라바 훔. (3번)

반야심경 (참조_ 47쪽)

불설소재길상다라니 : 재앙을 없애고 상서로움을 얻게 하는 부처님이 설한 다라니

나무 사만다 못다남 아바라지 하다사 사나남 다냐타 옴 카카 카헤 카헤
훔훔 아바라 아바라 바라 아바라 바라 아바라 지따 지따 지리 지리 빠다
빠다 선지가 시리예 사바하. (3번)

산왕경
山王經

대산소산산왕대신　　대악소악산왕대신　　대각소각산왕대신
大山小山山王大神　　大岳小岳山王大神　　大覺小覺山王大神

대축소축산왕대신　　미산재처산왕대신　　이십육정산왕대신
大丑小丑山王大神　　尾山在處山王大神　　二十六丁山王大神

외악명산산왕대신　　사해피발산왕대신　　명당토산산왕대신
外岳明山山王大神　　四海被髮山王大神　　明堂土山山王大神

금궤대덕산왕대신　　청용백호산왕대신　　현무주작산왕대신
金匱大德山王大神　　靑龍白虎山王大神　　玄武朱雀山王大神

동서남북산왕대신　　원산근산산왕대신　　상방하방산왕대신
東西南北山王大神　　遠山近山山王大神　　上方下方山王大神

흉산길산산왕대신
凶山吉山山王大神

원성취진언
願成就眞言

옴 아모카 살바다라 사다야 시베 훔 (3번)

보궐진언
補闕眞言

옴 호로호로 사야모케 사바하 (3번)

산왕경 : 산왕의 경전

대산소산 산왕대신 대악소악 산왕대신 대각소각 산왕대신

대축소축 산왕대신 미산재처 산왕대신 이십육정 산왕대신

외악명산 산왕대신 사해피발 산왕대신 명당토산 산왕대신

금궤대덕 산왕대신 청용백호 산왕대신 현무주작 산왕대신

동서남북 산왕대신 원산근산 산왕대신 상방하방 산왕대신

흉산길산 산왕대신.

원성취진언 : 대원성취를 발원하는 진언

옴 아모카 살바다라 사다야 시베 훔. (3번)

보궐진언 : 빠진 것을 보완하는 진언

옴 호로호로 사야모케 사바하. (3번)

산신 정근
山神 精勤

나무 만덕고승 성개한적 「산왕대신」…….
南無 萬德高勝 性皆閑寂 山王大神

탄백
嘆白

영산석일여래촉　　　　위진강산도중생
靈山昔日如來囑　　　　威鎭江山度衆生

만리백운청장리　　　　운거학가임한정
萬里白雲靑嶂裡　　　　雲車鶴駕任閒情

산신 축원
山神 祝願

앙고
仰告

제대산왕대신전 첨수연민지지정 각방신통지성력
諸大山王大神前 僉垂憐愍之至情 各放神通之聖力

시이 사바세계 차사천하 남섬부주 동양 대한민국 모처 모산 모사
是以 娑婆世界 此四天下 南贍部洲 東洋 大韓民國 某處 某山 某寺

청정 (수월) 도량
淸淨 (水月) 道場

산신 정근

나무 만덕고승 성개한적 「산왕대신」…….

탄백 : 산신의 공덕을 찬탄하고 아룀

그 옛날 영산에서 여래의 부촉을 받아
위엄으로 강산에서 중생을 건지시네.
만 리의 흰 구름 푸른 산속을
구름 타고 학을 타고 한가로이 거니시네.

산신 축원

앙고(우러러 고하옵건대)
모든 산왕대신이시여,
연민의 지극한 마음을 드리우사,
각각 신통력을 놓으소서.

그러하옵기에 사바세계 차사천하 남섬부주 대한민국
【 사찰 주소 ○○산 ○○사 】청정(수월)도량에서

원아금차 지극지성 헌공발원재자 모처거주 모인보체
願我今此 至極至誠 獻供發願齋者 某處居住 某人保體

이차 인연공덕 일일유천상지경 시시무백해지재 사대강건 육근청정
以此 因緣功德 日日有千祥之慶 時時無百害之災 四大强健 六根淸淨

자손창성 부귀영화 안과태평 수명장원 심중소구소원
子孫昌盛 富貴榮華 安過太平 壽命長遠 心中所求所願

만사여의원만 형통지대원
萬事如意圓滿 亨通之大願

연후원 원제유정등 삼업개청정 봉지제불교
然後願 願諸有情等 三業皆淸淨 奉持諸佛敎

화남대성존 구호길상
和南大聖尊 俱護吉祥

마하반야바라밀
摩訶般若波羅蜜

지극한 정성으로【 축원할 제목 】발원하는 재자

【 재자의 주소 】에 거주하는

【 축원 대상자나 가족 이름, 동참 재자 】보체 등이

이 인연공덕으로 매일매일 여러 가지 상서로운 경사 있고,

어느 때나 일체 재앙 없어지고, 사대가 강건하고 육근이 청정하여 자손

은 창성하고 부귀영화 누리며 편안하고 태평하며

수명이 길어지고 마음속에 구하는 모든 소원이

뜻대로 원만하게 이루어지이다.

그런 뒤에, 일체 유정들이 삼업이 청정해지고

부처님 가르침 받들어 지니기를 바라옵니다.

대성존께 절하오며, 함께 길상을 보호하여지이다.

마하반야바라밀.

10) 조왕헌공
竈 王 獻 供

천수경 (참조_78쪽)
千手經

거목
擧目

나무 팔만사천 조왕대신
南無 八萬四千 竈王大神

나무 좌보처 담시역사
南無 左補處 擔柴力士

나무 우보처 조식취모
南無 右補處 造食炊母

보소청진언
普召請眞言

나무 보보제리 가리다리 다타아다야 (3번)

10) 조왕헌공

천수경 (참조_ 79쪽)

거목 : 칭명하여 가피를 구함

나무 팔만사천 조왕대신

나무 좌보처 담시역사

나무 우보처 조식취모.

보소청진언 : 널리 청하는 진언

나무 보보제리 가리다리 다타아다야. (3번)

유치
由致

절이
切以

주재조호 영기자 성덕외외 신공호호 일현지위상 요마자최 일현
主宰竈戶 靈祇者 聖德嵬嵬 神功浩浩 一現之威相 妖魔自摧 一現

지자용 인세경앙 유구개수 무원부종
之慈容 人世敬仰 有求皆遂 無願不從

시이 사바세계 차사천하 남섬부주 동양 대한민국 모도 모군 모산
是以 娑婆世界 此四天下 南贍部洲 東洋 大韓民國 某道 某郡 某山

모사 청정 (수월) 도량
某寺 淸淨 (水月) 道場

원아금차 지극정성 헌공 발원 재자 모처거주 모인보체
願我今此 至極精誠 獻供 發願 齋者 某處居住 某人保體

이 금월금일 건설정찬 경헌성전 강부향단 만위단나지원 내림보좌
以 今月今日 虔設淨饌 敬獻聖前 降赴香壇 滿慰檀那之願 來臨寶座

극부이제지심 전신찬어 차전청사 근병일심 선진삼청
克副利濟之心 前伸讚語 次展請詞 謹秉一心 先陳三請

유치 : 법회가 이루어지는 연유를 아룀

절이(간절히 생각하옵건대)
부엌을 주재하시는 조왕대신께서는 성스러운 덕이
높디높으시고 신비한 공은 크고도 크옵니다.
위엄스러운 모습을 한 번만 보이셔도 요망한 마군이 절로 무너지고,
자비한 모습을 한 번만 보이셔도 인간세의
모든 이들이 공경히 우러르니 구하는 것 모두 얻게 하시고,
원하는 것 모두 이루어 주시옵니다.

　　그러하옵기에 사바세계 차사천하 남섬부주 대한민국
　　【 사찰 주소 ○○산 ○○사 】청정(수월)도량에서
　　지극한 정성으로【 축원할 제목 】발원하는 재자
　　【 재자의 주소 】에 거주하는
　　【 축원 대상자나 가족 이름, 동참 재자 】등이

금월 금일 삼가 법연을 열어 깨끗한 음식을
경건하게 조왕님께 바치오니, 향기로운 재단에 강림하여
단월의 원을 이뤄 위로해 주시고 보좌에 앉으셔서
중생을 이익케 하고 건지려는 마음을 도와주소서.
먼저 찬탄하는 말씀을 사뢰옵고 청해 모시는 사연을 아뢰오며,
삼가 일심으로 삼청을 펼치옵니다.

청사
請 詞

나무 일심봉청
南無 一心奉請

옹호영기 주재조호 분명선악 자재출납 불법문중
擁護靈祇 主宰竈戶 分明善惡 自在出納 佛法門中

불리수호 팔만사천 조왕대신 병종권속
不離守護 八萬四千 竈王大神 竝從眷屬

유원 승삼보력 강림도량 수차공양
唯願 承三寶力 降臨道場 受此供養

향화청
香花請

향화청 (3번)

가영
歌詠

향적주중상출납   호지불법역최마
香積廚中常出納   護持佛法亦摧魔

인간유원내성축   제병소재강복다
人間有願來誠祝   除病消災降福多

고아일심귀명정례
故我一心歸命頂禮

청사 : 청하는 글

나무 일심봉청
영기를 옹호하고 부엌을 주재하며
선악이 분명하고 출납이 자재하며
불법문중을 떠나지 않고 수호하는
팔만사천의 조왕대신과 권속들이시여,
삼보님의 가지력을 받으시어 이 도량에 강림하여
저희 공양 받으옵소서.

향화청 : 향과 꽃으로 청함

향과 꽃으로 청하옵니다. (3번)

가영 : 찬탄하는 노래

향이 쌓인 부엌에서 출납 맡아 다스리며
불법을 지키시고 마귀들을 꺾으시네.
소원 가진 사람들이 정성으로 축원하면
병과 재앙 사라지고 많은 복록 내리시네.
저희 이제 일심으로 절하옵니다.

헌좌진언
獻座眞言

아금경설보엄좌　　　봉헌조왕대신전
我今敬設寶嚴座　　　奉獻竈王大神前

원멸진로망상심　　　속원해탈보리과
願滅塵勞妄想心　　　速圓解脫菩提果

옴 가마라 승하 사바하 (3번)

정법계진언
淨法界眞言

옴 람 (7 · 21번)

다게
茶偈

금장감로다 봉헌조왕전 감찰건간심
今將甘露茶　奉獻竈王前　鑑察虔懇心

원수애납수
願垂哀納受

원수애납수
願垂哀納受

원수자비애납수
願垂慈悲哀納受

헌좌진언 : 자리를 바치는 진언

저희 지금 경건하게 보배자리 마련하여
조왕님께 바치오니
번뇌 망상 소멸하고
속히 보리과를 원만하게 하소서.

옴 가마라 승하 사바하. (3번)

정법계진언 : 법계를 맑게 하는 진언

옴 람. (7 · 21번)

다게 : 차 올리는 게송

저희 이제 감로다를
조왕님께 올리오니
간절한 마음 살피시어
자비로 받으소서,
자비로 받으소서,
대자비로 받으옵소서.

진언권공
眞言勸供

향수나열 재자건성 욕구공양지주원 수장가지지변화
香羞羅列 齋者虔誠 慾求供養之周圓 須仗加持之變化

앙유삼보 특사가지
仰惟三寶 特賜加持

나무시방불
南無十方佛

나무시방법
南無十方法

나무시방승 (3번)
南無十方僧

무량위덕 자재광명승묘력 변식진언
無量威德 自在光明勝妙力 變食眞言

나막 살바다타 아다 바로기제 옴 삼바라 삼바라 훔 (3번)

시감로수진언
施甘露水眞言

나무 소로바야 다타아다야 다냐타 옴 소로소로

바라소로 바라소로 사바하 (3번)

진언권공 : 진언으로 공양의 변화를 청함

향기로운 공양물은
재자들의 정성이오니
원만한 공양 이뤄지려면
가지력에 의지해야 변화되오니
삼보시여, 특별 가지를 내리옵소서.

「나무 시방불
 나무 시방법
 나무 시방승」. (3번)

무량위덕 자재광명승묘력 변식진언 : 부처님의 가지로써 공양한 음식을
질적·양적으로 변화시키는 진언

나막 살바다타 아다 바로기제 옴 삼바라 삼바라 훔. (3번)

시감로수진언 : 감로수가 흘러나오는 진언

나무 소로바야 다타아다야 다냐타 옴 소로소로

바라소로 바라소로 사바하. (3번)

일자수륜관진언
一字水輪觀眞言

옴 밤 밤 밤밤 (3번)

유해진언
乳海眞言

나무 사만다 못다남 옴 밤 (3번)

예공
禮供

지심정례공양 팔만사천 조왕대신
至心頂禮供養 八萬四千 竈王大神

지심정례공양 좌보처 담시역사
至心頂禮供養 左補處 擔柴力士

지심정례공양 우보처 조식취모
至心頂禮供養 右補處 造食炊母

유원 조왕 애강도량 불사자비 수차공양
唯願 竈王 哀降道場 不捨慈悲 受此供養

일자수륜관진언 : '밤' 자에서 우유가 한량없이 나오는 진언

옴 밤 밤 밤밤. (3번)

유해진언 : 우유가 바다같이 많아져 베풀어지는 진언

나무 사만다 못다남 옴 밤. (3번)

예공 : 공양 올림

지극한 마음으로,
팔만사천 조왕님께 공양 올리옵니다.

지극한 마음으로,
좌보처 담시역사님께 공양 올리옵니다.

지극한 마음으로,
우보처 조식취모님께 공양 올리옵니다.

조왕님이시여,
이 도량에 강림하여 자비를 버리지 마시고 저희 공양 받으옵소서.

보공양진언
普供養眞言

옴 아아나 삼바바 바아라 훔 (3번)

보회향진언
普廻向眞言

옴 사마라 사마라 미마나 사라마하 자거라바 훔 (3번)

반야심경 (참조_ 46쪽)
般若心經

불설소재길상다라니
佛說消災吉祥陀羅尼

나무 사만다 못다남 아바라지 하다사 사나남 다냐타 옴 카카 카혜 카혜

훔훔 아바라 아바라 바라 아바라 바라 아바라 지따 지따 지리 지리 빠다

빠다 선지가 시리예 사바하 (3번)

보공양진언 : 널리 공양하는 진언

옴 아아나 삼바바 바아라 훔. (3번)

보회향진언 : 널리 회향하는 진언

옴 사마라 사마라 미마나 사라마하 자거라바 훔. (3번)

반야심경 (참조_ 47쪽)

불설소재길상다라니 : 재앙을 없애고 상서로움을 얻게 하는 부처님이 설한 다라니

나무 사만다 못다남 아바라지 하다사 사나남 다냐타 옴 카카 카혜 카혜
훔훔 아바라 아바라 바라 아바라 바라 아바라 지따 지따 지리 지리 빠다
빠다 선지가 시리예 사바하. (3번)

환희조왕경
歡喜竈王經

계수장엄조왕신 시방조요대광명 위광자재조왕신 토지용신개환희
稽首莊嚴竈王神 十方照曜大光明 威光自在竈王神 土地龍神皆歡喜

천상사관조왕신 합가인중총안녕 내외길창조왕신 금은옥백만당진
天上仕官竈王神 闔家人衆摠安寧 內外吉昌竈王神 金銀玉帛滿堂進

상봉길경조왕신 악귀사신퇴산거 지망주성조왕신 억선만복개구족
常逢吉慶竈王神 惡鬼邪神退散去 志望周成竈王神 億善萬福皆具足

이장안주조왕신 부부가인증복수 재앙영멸조왕신 백병소제대길상
離障安住竈王神 夫婦家人增福壽 災殃永滅竈王神 百病消除大吉祥

증시수호조왕신 백곡승출양잠배 구호사택조왕신 일체제신개환희
曾時守護竈王神 百穀勝出養蠶倍 救護舍宅竈王神 一切諸神皆歡喜

원성취진언
願成就眞言

옴 아모카 살바다라 사다야 시베 훔 (3번)

보궐진언
補闕眞言

옴 호로호로 사야모케 사바하 (3번)

환희조왕경 : 기뻐하는 조왕의 경전

시방에 대광명을 밝게 비춰 장엄하시는 조왕신께 절합니다.

위엄 광명 자재하신 조왕신은 토지 용신 기뻐하고

천상의 사관이신 조왕신은 집안의 모든 이를 안녕케 하고

안팎에 길상창대 조왕신은 금은보배 집안에 가득하게 하고

좋은 일만 만나게 하는 조왕신은 나쁜 귀신 물러나게 하고

바라는 뜻 두루 이루게 하는 조왕신은 수없는 선행 복덕 갖추게 하고

장애 떠나 평안히 머물게 하는 조왕신은 부부 가족 복덕 수명 늘리고

재앙을 영원히 없애는 조왕신은 백 가지 병 없애 크게 길상하게 하고

예로부터 수호하는 조왕신은 백곡은 풍성하고 양잠은 배로 늘게 하고

사택을 건지고 수호하는 조왕신은 일체 제신이 모두 기뻐하네.

원성취진언 : 대원성취를 발원하는 진언

옴 아모카 살바다라 사다야 시베 훔. (3번)

보궐진언 : 빠진 것을 보완하는 진언

옴 호로호로 사야모케 사바하. (3번)

조왕 정근
竈王 精勤

나무 팔만사천「조왕대신」…….
南無 八萬四千 竈王大神

탄백
嘆白

향적주중상출납　　　　호지불법역최마
香積廚中常出納　　　　護持佛法亦摧魔

인간유원내성축　　　　제병소재강복다
人間有願來誠祝　　　　除病消災降福多

조왕 축원
竈王 祝願

절이 팔만사천조왕대신전 첨수연민지지정 각방신통지성력
切以 八萬四千竈王大神前 僉垂憐愍之至情 各放神通之聖力

시이 사바세계 차사천하 남섬부주 동양 대한민국 모처 모산 모사
是以 娑婆世界 此四天下 南贍部洲 東洋 大韓民國 某處 某山 某寺

청정 (수월) 도량
淸淨 (水月) 道場

조왕 정근

나무 팔만사천 「조왕대신」…….

탄백 : 조왕의 공덕을 찬탄하고 아룀

향이 쌓인 부엌에서 출납 맡아 다스리며
불법을 지키시고 마귀들을 꺾으시네.
소원 가진 사람들이 정성으로 축원하면
병과 재앙 사라지고 많은 복록 내리시네.

조왕 축원

절이(간절히 생각하옵건대)
팔만사천 조왕대신이시여,
연민의 지극한 마음을 드리우사,
각각 신통력을 놓으소서.

그러하옵기에 사바세계 차사천하 남섬부주 대한민국
【사찰 주소 ○○산 ○○사】청정(수월)도량에서

원아금차 지극지성 헌공발원재자 모처거주 모인보체
願我今此 至極至誠 獻供發願齋者 某處居住 某人保體

이차 인연공덕 일일유천상지경 시시무백해지재 사대강건 육근청정
以此 因緣功德 日日有千祥之慶 時時無百害之災 四大强健 六根淸淨

안과태평 수명장원 자손창성 부귀영화 만사여의 원만성취지대원
安過太平 壽命長遠 子孫昌盛 富貴榮華 萬事如意 圓滿成就之大願

연후원 원제유정등 삼업개청정 봉지제불교 화남대성존 구호길상
然後願 願諸有情等 三業皆淸淨 奉持諸佛敎 和南大聖尊 俱護吉祥

마하반야바라밀
摩訶般若波羅蜜

지극한 정성으로【 축원할 제목 】발원하는 재자

【 재자의 주소 】에 거주하는

【 축원 대상자나 가족 이름, 동참 재자 】보체 등이

이 인연공덕으로 마음속의 원을 펼치노니

매일매일 여러 가지 상서로운 경사 있고,

어느 때나 일체 재앙 없어지고, 사대가 강건하고 육근이 청정하여 편안

하고 태평하며 수명이 길어지고 자손은 창성하고

부귀영화 누리며 마음속에 구하는 모든 소원이

뜻대로 원만하게 이루어지이다.

그런 뒤에, 일체 유정들이 삼업이 청정해지고

부처님 가르침 받들어 지니기를 바라옵니다.

대성존께 절하오며, 함께 길상을 보호하여지이다.

마하반야바라밀.

11) 용왕헌공
龍 王 獻 供

천수경 (참조_ 78쪽)
千 手 經

거목
擧 目

나무 삼주호법 위태천신
南無 三洲護法 韋馱天神

나무 좌보처 사가라 용왕
南無 左補處 沙伽羅 龍王

나무 우보처 화수길 용왕
南無 右補處 和修吉 龍王

보소청진언
普召請眞言

나무 보보제리 가리다리 다타아다야 (3번)

11) 용왕헌공

천수경 (참조_ 79쪽)

거목 : 칭명하여 가피를 구함

나무 삼주호법 위태천신

나무 좌보처 사가라용왕

나무 우보처 화수길용왕.

보소청진언 : 널리 청하는 진언

나무 보보제리 가리다리 다타아다야. (3번)

유치
由致

절이
切以

영산회상 발원도생 지심경중 귀명예성 호승변신어금전지외
靈山會上 發願度生 至心敬衆 歸命禮聖 呼僧變身於金殿之外

청불유령어석굴지중 수명상제 포운어일허지공
請佛遺靈於石窟之中 受命上帝 布雲於一虛之空

자섭하민 시우어사해지계 변화자재 신통무애
慈攝下民 施雨於四海之界 變化自在 神通無碍

시이 사바세계 차사천하 남섬부주 동양 대한민국 모도 모군 모산
是以 娑婆世界 此四天下 南贍部洲 東洋 大韓民國 某道 某郡 某山

모사 청정지도량
某寺 淸淨之道場

원아금차 지극정성 헌공 발원 재자 모처거주 모인 보체
願我今此 至極至誠 獻供 發願 齋者 某處居住 某人 保體

이 금월금일 설단이분향 헌공이예청 재체수미 건성가민
以 今月今日 設壇以焚香 獻供而禮請 齋體雖微 虔誠可愍

근병일심 선진삼청
謹秉一心 先陳三請

유치 : 법회가 이루어지는 연유를 아룀

절이(간절히 생각하옵건대)

용왕님께서는 영산회상에서 중생제도하기로 발원하고 지극한

마음으로 대중을 공경하고 목숨을 바쳐 삼보에 귀의하셨사옵니다.

황금대궐 밖에서 스님네를 불러 뫼시고 변화를 보였으며,

석굴 안에서 부처님을 청해 모시고 신령스러움을 보였나이다.

제석천왕의 명을 받들어 끝없는 허공에 구름을 펴시고,

자비로써 아래 백성을 거두시어 사해의 안팎에 비를 뿌리시오니

변화가 자재하고 신통이 무애하시옵니다.

그러하옵기에 사바세계 차사천하 남섬부주 대한민국

【 사찰 주소 ○○산 ○○사 】청정도량에서

지극한 정성으로【 축원할 제목 】발원하는 재자

【 재자의 주소 】에 거주하는

【 축원 대상자나 가족 이름, 동참 재자 】등이

금월 금일 깨끗한 마음으로 향기로운 단을 열어

향을 피워 공양드리고 아울러 강림하심을 청하오니,

재의 규모는 비록 적사오나 그의 정성 갸륵하오니

굽어 감응하시고 강림하여 주옵소서.

삼가 일심으로 먼저 삼청을 펼치옵니다.

청사
請 詞

나무 일심봉청
南無 一心奉請

비장법보 주집군용 사가라용왕 난타용왕 발난타용왕
秘藏法寶 主執群龍 沙伽羅龍王 難陀龍王 跋難陀龍王

화수길용왕 덕차가용왕 아나바달다용왕 마야사용왕 우바라용왕
和修吉龍王 德叉伽龍王 阿那婆達多龍王 摩耶斯龍王 優婆羅龍王

여시 내지 무량무변 제대용왕 병종권속
如是 乃至 無量無邊 諸大龍王 竝從眷屬

유원 승삼보력 강림도량 수차공양
唯願 承三寶力 降臨道場 受此供養

향화청
香花請

향화청 (3번)

가영
歌詠

시우행운사대주	오화수출구천두
施雨行雲四大洲	五花秀出救千頭

도생일념귀무념	백곡이리해중수
度生一念歸無念	百穀以利海衆收

고아일심귀명정례
故我一心歸命頂禮

청사 : 청하는 글

나무 일심봉청

법보를 비밀히 간직하고 용의 무리를 주관하는

사가라용왕, 난타용왕, 발난타용왕, 화수길용왕, 덕차가용왕,

아나바달다용왕, 마야사용왕, 우바라용왕 등

이와 같은 무량무변한 모든 용왕님과 그 권속님들이시여.

삼보님의 가지력을 받으시어

이 도량에 강림하여 저희 공양 받으옵소서.

향화청 : 향과 꽃으로 청함

향과 꽃으로 청하옵니다. (3번)

가영 : 찬탄하는 노래

이 사천하 사대주에 구름 날고 비 뿌리니
다섯 꽃이 빼어나서 많은 사람 구원하네.
중생제도 일념마저 무념으로 돌아갈 때
많은 중생 백곡으로 이익 주고 거두시네.
저희 이제 일심으로 절하옵니다.

헌좌진언
獻座眞言

아금경설보엄좌	봉헌용왕대신전
我今敬設寶嚴座	奉獻龍王大神前

원멸진로망상심	속원해탈보리과
願滅塵勞妄想心	速圓解脫菩提果

옴 가마라 승하 사바하 (3번)

정법계진언
淨法界眞言

옴 람 (7 · 21번)

공양게
供養偈

이차청정향운공 봉헌용왕대신전 감찰재자건간심
以此淸淨香雲供 奉獻龍王大神前 鑑察齋者虔懇心

원수애납수
願垂哀納受

원수애납수
願垂哀納受

원수자비애납수
願垂慈悲哀納受

헌좌진언 : 자리를 바치는 진언

저희 지금 경건하게 보배자리 마련하여
용왕님께 바치오니
번뇌 망상 소멸하고
속히 보리과를 원만하게 하소서.

옴 가마라 승하 사바하. (3번)

정법계진언 : 법계를 맑게 하는 진언

옴 람. (7 · 21번)

공양게 : 공양을 올리는 게송

청정하고 향기로운 공양 받들어

호법신인 용왕님께 올리옵나니

재자들의 간절한 마음 살피시어

자비로 받으소서,

자비로 받으소서,

대자비로 받으옵소서.

진언권공
眞言勸供

향수나열 재자건성 욕구공양지주원 수장가지지변화
香羞羅列 齋者虔誠 慾求供養之周圓 須仗加持之變化

앙유삼보 특사가지
仰惟三寶 特賜加持

나무시방불
南無十方佛

나무시방법
南無十方法

나무시방승 (3번)
南無十方僧

무량위덕 자재광명승묘력 변식진언
無量威德 自在光明勝妙力 變食眞言

나막 살바다타 아다 바로기제 옴 삼바라 삼바라 훔 (3번)

시감로수진언
施甘露水眞言

나무 소로바야 다타아다야 다냐타 옴 소로소로

바라소로 바라소로 사바하 (3번)

진언권공 : 진언으로 공양의 변화를 청함

향기로운 공양물은
재자들의 정성이오니
원만한 공양 이뤄지려면
가지력에 의지해야 변화되오니
삼보시여, 특별 가지를 내리옵소서.

「나무 시방불
 나무 시방법
 나무 시방승」. (3번)

무량위덕 자재광명승묘력 변식진언 : 부처님의 가지로써 공양한 음식을
질적 · 양적으로 변화시키는 진언

나막 살바다타 아다 바로기제 옴 삼바라 삼바라 훔. (3번)

시감로수진언 : 감로수가 흘러나오는 진언

나무 소로바야 다타아다야 다냐타 옴 소로소로
바라소로 바라소로 사바하. (3번)

일자수륜관진언
一字水輪觀眞言

옴 밤 밤 밤밤 (3번)

유해진언
乳海眞言

나무 사만다 못다남 옴 밤 (3번)

예공
禮供

지심정례공양 삼주호법 위태천신
至心頂禮供養 三洲護法 韋馱天神

지심정례공양 좌보처 사가라용왕
至心頂禮供養 左補處 沙伽羅龍王

지심정례공양 우보처 화수길용왕
至心頂禮供養 右補處 和修吉龍王

유원 용왕 애강도량 불사자비 수차공양
唯願 龍王 哀降道場 不捨慈悲 受此供養

일자수륜관진언 : '밤' 자에서 우유가 한량없이 나오는 진언

옴 밤 밤 밤밤. (3번)

유해진언 : 우유가 바다같이 많아져 베풀어지는 진언

나무 사만다 못다남 옴 밤. (3번)

예공 : 공양 올림

지극한 마음으로,
삼주에서 호법하신 위태천신님께 공양 올리옵니다.

지극한 마음으로,
좌보처 사가라용왕님께 공양 올리옵니다.

지극한 마음으로,
우보처 화수길용왕님께 공양 올리옵니다.

용왕님이시여,
이 도량에 강림하여 자비를 버리지 마시고 저희 공양 받으옵소서.

보공양진언
普供養眞言

옴 아아나 삼바바 바아라 훔 (3번)

보회향진언
普廻向眞言

옴 사마라 사마라 미마나 사라마하 자거라바 훔 (3번)

반야심경 (참조_ 46쪽)
般若心經

불설소재길상다라니
佛說消災吉祥陀羅尼

나무 사만다 못다남 아바라지 하다사 사나남 다냐타 옴 카카 카혜 카혜

훔훔 아바라 아바라 바라 아바라 바라 아바라 지따 지따 지리 지리 빠다

빠다 선지가 시리예 사바하 (3번)

원성취진언
願成就眞言

옴 아모카 살바다라 사다야 시베 훔 (3번)

보공양진언 : 널리 공양하는 진언

옴 아아나 삼바바 바아라 훔. (3번)

보회향진언 : 널리 회향하는 진언

옴 사마라 사마라 미마나 사라마하 자거라바 훔. (3번)

반야심경 (참조_ 47쪽)

불설소재길상다라니 : 재앙을 없애고 상서로움을 얻게 하는 부처님이 설한 다라니

나무 사만다 못다남 아바라지 하다사 사나남 다냐타 옴 카카 카혜 카혜
훔훔 아바라 아바라 바라 아바라 바라 아바라 지따 지따 지리 지리 빠다
빠다 선지가 시리예 사바하. (3번)

원성취진언 : 대원성취를 발원하는 진언

옴 아모카 살바다라 사다야 시베 훔. (3번)

보궐진언
補闕眞言

옴 호로호로 사야모케 사바하 (3번)

용왕 정근
龍王 精勤

나무 삼주호법 위태천신 「용왕대신」…….
南無 三洲護法 韋馱天神 龍王大神

탄백
嘆白

시우행운사대주   오화수출구천두
施雨行雲四大洲   五花秀出救千頭

도생일념귀무념   백곡이리해중수
度生一念歸無念   百穀以利海衆收

용왕 축원
龍王 祝願

절이
切以

제대용왕전 첨수연민지지정 각방신통지성력
諸大龍王前 僉垂憐愍之至情 各放神通之聖力

보궐진언 : 빠진 것을 보완하는 진언

옴 호로호로 사야모케 사바하. (3번)

용왕 정근

나무 삼주호법 위태천신 「용왕대신」…….

탄백 : 용왕의 공덕을 찬탄하고 아룀

이 사천하 사대주에 구름 날고 비 뿌리니
다섯 꽃이 빼어나서 많은 사람 구원하네.
중생제도 일념마저 무념으로 돌아갈 때
많은 중생 백곡으로 이익 주고 거두시네.

용왕 축원

절이(간절히 생각하옵건대)
모든 큰 용왕이시여,
연민의 지극한 마음을 드리우사,
각각 신통력을 놓으소서.

시이 사바세계 차사천하 남섬부주 동양 대한민국 모처 모산 모사
是以 娑婆世界 此四天下 南贍部洲 東洋 大韓民國 某處 某山 某寺

청정 (수월) 도량
淸淨 (水月) 道場

원아금차 지극정성 헌공발원재자 모처거주 모인보체
願我今此 至極精誠 獻供發願齋者 某處居住 某人保體

이차 인연공덕 일일유천상지경 시시무백해지재 사대강건 육근청정
以此 因緣功德 日日有千祥之慶 時時無百害之災 四大强健 六根淸淨

안과태평 수명장원 자손창성 부귀영화 만사여의원만형통지대원
安過太平 壽命長遠 子孫昌盛 富貴榮華 萬事如意圓滿亨通之大願

연후원 원제유정등 삼업개청정 봉지제불교 화남대성존 구호길상
然後願 願諸有情等 三業皆淸淨 奉持諸佛敎 和南大聖尊 俱護吉祥

마하반야바라밀
摩訶般若波羅蜜

그러하옵기에 사바세계 차사천하 남섬부주 대한민국

【 사찰 주소 ○○산 ○○사 】청정(수월)도량에서

지극한 정성으로【 축원할 제목 】발원하는 재자

【 재자의 주소 】에 거주하는

【 축원 대상자나 가족 이름, 동참 재자 】보체 등이

이 인연공덕으로 매일매일 여러 가지 상서로운 경사 있고,

어느 때나 일체 재앙 없어지고, 사대가 강건하고 육근이 청정하여

편안하고 태평하며 수명이 길어지고 자손은 창성하고

부귀영화 누리며 마음속에 구하는 모든 소원이

뜻대로 원만하게 이루어지이다.

그런 뒤에 원하옵나니, 일체 유정들이 삼업이 청정해지고

부처님 가르침 받들어 지니기를 바라옵니다.

대성존께 절하오며, 함께 길상을 보호하여지이다.

마하반야바라밀.

재
齋

1. 사십구재·칠칠재
四十九齋　七七齋

1) 시련
侍　輦

옹호게
擁護偈

봉청시방제현성　　　　범왕제석사천왕
奉請十方諸賢聖　　　　梵王帝釋四天王

가람팔부신기중　　　　불사자비원강림
伽藍八部神祇衆　　　　不捨慈悲願降臨

재

1. 사십구재·칠칠재

1) 시련

옹호게 : 옹호하는 게송

받들어 청하옵나니, 시방의 제현성님!

대범천왕, 사천왕님!

가람을 수호하시는 팔부의 신중님!

자비를 버리지 마시고, 이 도량에 강림하여 주옵소서.

헌좌진언
獻座眞言

아금경설보엄좌 · 봉헌일체성현전
我今敬設寶嚴座 · 奉獻一切聖賢前

원멸진로망상심 · 속원해탈보리과
願滅塵勞妄想心 · 速願解脫菩提果

옴 가마라 승하 사바하 (3번)

다게
茶偈

금장감로다 봉헌성현전 감찰건간심
今將甘露茶 奉獻聖賢前 鑑察虔懇心

원수애납수
願垂哀納受

원수애납수
願垂哀納受

원수자비애납수
願垂慈悲哀納受

행보게
行步偈

이행천리만허공 · 귀도정망도정방
移行千里滿虛空 · 歸途情忘到淨邦

헌좌진언 : 자리를 바치는 진언

저희 지금 경건하게 보배자리 마련하여
모든 성현님께 바치오니
번뇌 망상 소멸하고
속히 보리과를 원만하게 하소서.

옴 가마라 승하 사바하. (3번)

다게 : 차 올리는 게송

저희 이제 감로다를 성현님께 올리오니

간절한 마음 살피시어

자비로 받으소서,

자비로 받으소서,

대자비로 받으옵소서.

행보게 : 정토로 걸어가는 게송

천 리를 옮겨가니 허공에 가득차도다.
돌아오는 길에 정을 버리면 정토에 다다르네.

삼업투성삼보례　　　성범동회법왕궁
三業投誠三寶禮　　　聖凡同會法王宮

산화락 (3번)
散花落

나무대성인로왕보살 (3번)
南無大聖引路王菩薩

영축게
靈鷲偈

영축염화시상기　　　긍동부목접맹구
靈鷲拈華示上機　　　肯同浮木接盲龜

음광불시미미소　　　무한청풍부여수
飮光不是微微笑　　　無限淸風付與誰

보례삼보
普禮三寶

보례시방상주불
普禮十方常住佛

보례시방상주법
普禮十方常住法

보례시방상주승
普禮十方常住僧

삼업을 던져 정성스레 삼보님께 예배하니
성인과 범부 모두 함께 법왕궁에서 만나네.

꽃을 뿌려 영가의 앞길을 장엄하옵니다. (3번)

나무대성인로왕보살. (3번)

영축게 : 영축산의 게송

영축산에서 꽃을 들어 상근기들에게 보이시니
가히 부목이 눈먼 거북이에 닿음과 같았나니
가섭존자의 잔잔한 미소가 아니었던들
끝없는 맑은 가풍 누구에게 전하였으리요.

보례삼보 : 시방세계 삼보께 절함

시방에 항상 계신 불보님께 절하옵니다.

시방에 항상 계신 법보님께 절하옵니다.

시방에 항상 계신 승보님께 절하옵니다.

2) 대령
對 靈

거불
舉 佛

나무 극락도사 아미타불
南無 極樂導師 阿彌陀佛

나무 관음세지 양대보살
南無 觀音勢至 兩大菩薩

나무 대성인로왕보살
南無 大聖引路王菩薩

피봉식
皮 封 式

소청문소배헌
召請文疏拜獻

석가여래 유교제자 봉행가지 병법사문 ○○근봉
釋迦如來 遺敎弟子 奉行加持 秉法沙門　　謹封

삼대가친등중　(또는 시방삼보자존전)
三代家親等衆　　　十方三寶慈尊前

대령소
對 靈 疏

2) 대령

거불 : 불명을 칭하여 가피를 구함

나무 극락도사 아미타불

나무 관음세지 양대보살

나무 대성인로왕보살.

피봉식

청하는 글을 석가여래의 가르침을 이어받아
가지작법을 봉행하는 사문이
【소를 읽는 스님의 법명】삼가 삼대가친등중님께 올리옵니다.
(시방삼보자존님께)

대령소: 영가를 청하는 글

수설대회소
修設大會疏

개문 생사로암 빙불촉이가명 고해파심 장법선이가도 사생육도
盖聞 生死路暗 憑佛燭而可明 苦海波深 仗法船而可渡 四生六道

미진즉 사의순환 팔난삼도 자정즉 여잠처견
迷眞則 似蟻巡還 八難三途 恣情則 如蠶處繭

상차생사 종고지금
傷嗟生死 從古至今

미오심원 나능면의 비빙불력 난가초승
未悟心源 那能免矣 非憑佛力 難可超昇

시이 사바세계 차사천하 남섬부주 동양 대한민국 모처 모산 모사
是以 娑婆世界 此四天下 南贍部州 東洋 大韓民國 某處 某山 某寺

청정 (수월) 도량
淸淨 (水月) 道場

금차 지극정성 생전효행 사후건성 모일재 대령지신 설향단전
今此 至極精誠 生前孝行 死後虔誠 某日齋 對靈之辰 爇香壇前

봉청재자 모처거주 모인복위 모인영가
奉請齋者 某處居住 某人伏爲 某人靈駕

금즉 천풍숙정 백일명명(야루침침) 전열향화 이신영청
今則 天風肅靜 白日明明(夜漏沈沈) 專列香花 以伸迎請

수설대회소 : 법회를 연 취지를 밝히는 글

듣자오니, 생사의 어두운 길은 부처님의 지혜등불을 의지해야
밝힐 수 있고, 파랑이 깊은 고통 바다는 법의 배를 의지해야만
건널 수 있으며, 진리를 깨닫지 못한 채 사생육도에서 헤매고 있는 중생
들의 삶은 갈 곳 몰라 이곳저곳 헤매는 개미와 같고
삼도팔난에서 제멋대로 마음을 씀은 고치 속에 갇혀 속박된
누에와 같습니다.

아! 마음이 아픕니다. 예로부터 지금까지 거듭되는 생사를,
마음의 근원을 깨닫지 못하고서 어찌 면할 수 있겠습니까?
부처님의 힘에 의지하지 않고서 벗어날 수 없습니다.

　　오늘 사바세계 남섬부주 대한민국
　　【사찰 주소 ○○산 ○○사】청정(수월)도량에서
　　지극한 마음으로【재자의 주소】에 거주하는
　　생전에 모시던【직계 가족들 이름】등은
　　먼저 가신 불자【법명 본명】영가의 ○○재를 맞이하여
　　(불자【법명 본명】영가의 천도를 위해)

바람은 고요하고 밝디밝은 오늘,
향불과 꽃과 공양 차려놓고 청하옵니다.

나무 일심봉청 대성인로왕보살마하살 우복이 일령불매 팔식분명
南無 一心奉請 大聖引路王菩薩摩訶薩 右伏以 一靈不昧 八識分明

귀계도량 영첨공덕 진원숙채 응념돈소 정각보리 수심변증 근소
歸屆道場 領霑功德 陳冤宿債 應念頓消 正覺菩提 隨心便證 謹疏

불기 이천오백 년 월 일 병법사문 ○○ 근소
佛紀 二千五百 年 月 日 秉法沙門　　　謹疏

지옥게
地獄偈

철위산간옥초산　　　확탕노탄검수도
鐵圍山間沃焦山　　　鑊湯爐炭劍獸刀

팔만사천지옥문　　　장비주력금일개
八萬四千地獄門　　　仗秘呪力今日開

창혼
唱魂

거 사바세계 차사천하 남섬부주 동양 대한민국 모처 모산 모사
據 娑婆世界 此四天下 南贍部洲 東洋 大韓民國 某處 某山 某寺

청정 (수월) 도량
淸淨 (水月) 道場

일심으로 대성인로왕보살마하살님께 귀명례하며 청하나이다.
위에 엎드려 청한 영가들이 부디 한 생각 어둡지 않고
마음의 근원 명백히 하여 이 도량에 돌아와서 재공양의 공덕을
흠뻑 받으시고 오랜 원한과 묵은빚을 단박에 없애고
정각의 깨달음을 바로 증득하게 하소서.

불기【○○○○년 ○월 ○일】병법사문
【소를 읽는 스님의 법명】삼가 아룁니다.

지옥게 : 지옥을 파하는 게송

철위산 사이 옥초산에 있는
끓는 물 지옥, 불화로지옥, 칼산지옥 등
팔만사천 갖가지 지옥문들이
신비한 주문의 힘을 빌어 열려지이다.

창혼 : 영가를 부름

오늘 사바세계 남섬부주 대한민국
【사찰 주소 ○○산 ○○사】청정(수월)도량에서

금차 지극정성 생전효행 사후건성 제당 모일재 대령지신 설향단전
今此 至極精誠 生前孝行 死後虔誠 第當 某日齋 對靈之辰 爇香壇前

봉청재자 모처거주 모인복위 금일소천 ○○○영가
奉請齋者 某處居住 某人伏爲 今日所薦 ○○○靈駕

영가위주 상서선망부모 다생사장 누대종친
靈駕爲主 上逝先亡父母 多生師長 累代宗親

일체친속등 각열위열명영가
一切親屬等 各列位列名靈駕

차 도량내외 일체유주무주 고혼제불자등 각열위열명영가
此 道場內外 一切有主無主 孤魂諸佛子等 各列位列名靈駕

착어
着語

금일영가
今日靈駕

생본무생 멸본무멸 생멸본허 실상상주
生本無生 滅本無滅 生滅本虛 實相常住

○○○영가 환회득 무생멸지 일구마 (양구)
○○○靈駕 還會得 無生滅底 一句麼 (良久)

지극한 마음으로【재자의 주소】에 거주하는
 생전에 모시던【직계 가족들 이름】등은 엎드려 부르오니
 먼저 가신 불자【법명 본명】영가시여,

영가를 위시하여 지난 세상에 먼저 돌아가신 부모,

다생의 스승님, 가깝고 먼 친척 등

여러 영가와 이 도량 안과 밖의 영가, 윗대와 아랫대,

주인 있고 주인 없는 외로운 영혼을 비롯한

각각의 모든 영가시여.

착어 : 영가를 불러 법어를 들려줌

금일 영가시여,
난다지만 본래 태어남 없었고
죽는 거란 본래 있지 않았네.
나고 죽음 본래부터 헛된 것이라
실상만이 영원토록 항상 하느니.

○○○영가시여~
생멸 없는 이 한 구절을 아시겠습니까?

(묵묵히 있다가)

부앙은현현 시청명역력
俯仰隱玄玄 視聽明歷歷

약야회득 돈증법신 영멸기허
若也會得 頓證法身 永滅飢虛

기혹미연 승불신력 장법가지
其或未然 承佛神力 仗法加持

부차향단 수아묘공 증오무생
赴此香壇 受我妙供 證悟無生

진령게
振鈴偈

이차진령신소청	금일영가보문지
以此振鈴伸召請	今日靈駕普聞知

원승삼보력가지	금일금시래부회
願承三寶力加持	今日今時來赴會

보소청진언
普召請眞言

나무 보보제리 가리다리 다타 아다야 (3번)

굽어보나 우러르나 숨은 뜻은 끝이 없고

보거나 듣거나 그 진리는 분명하네.

이 도리를 깨달으면 단박에 법신을 증득하여

길이길이 굶주림 벗어날 것이나 만일에 그렇지 못하면

부처님의 신비한 힘 받아들이고

부처님 가피력에 의지하여서

이 향단에 강림하사 공양을 받으시고

무생법인을 증득하소서.

진령게 : 요령 울려 영가를 법회에 청하는 게송

요령 울려 두루 청하오니

오늘 오신 영가님은 듣고 아시고

삼보님의 가피력에 의지하여서

오늘의 이 법회에 어서 오소서.

보소청진언 : 널리 청하는 진언

나무 보보제리 가리다리 다타 아다야. (3번)

고혼청
孤魂請

일심봉청
一心奉請

실상이명 법신무적 종연은현
實相離名 法身無跡 從緣隱現

약경상지유무 수업승침
若鏡像之有無 隨業昇沈

여정륜지고하 묘변막측 환래하난
如井輪之高下 妙變莫測 幻來何難

금차 지극정성 생전효행 사후건성 제당 모일재 대령지신 설향단전
今此 至極精誠 生前孝行 死後虔誠 第當 某日齋 對靈之辰 爇香壇前

봉청재자 모인복위 모인영가
奉請齋者 某人伏爲 某人靈駕

승불위광 내예향단 수첨법공
承佛威光 來詣香壇 受霑法供

향연청
香煙請

향연청 (3번)

고혼청 : 영가를 부르는 청

일심봉청

실상은 이름을 떠나 있고

법신은 자취가 없어서

인연 따라 나타났다 사라짐이

거울 속에 비치는 모습과 같고

업을 따라 떠오르고 내려감은

두레박이 오르고 내림과 같아

오묘한 변화 헤아릴 수 없거늘,

이 자리에 오심이 어찌 어렵겠습니까?

　지극한 마음으로 오늘 영가를 인도하려는 재자

　【재자의 주소】에 거주하는

　생전에 모시던【직계 가족들 이름】등은

　먼저 가신 불자【법명 본명】영가님을 일심으로 청하오니

부처님의 위신력을 입사와 향단에 오셔서 법공양을 받으소서.

향연청 : 향 사르며 청함

향 사르며 청하옵니다. (3번)

가영
歌詠

제령한진치신망   석화광음몽일장
諸靈限盡致身亡 石火光陰夢一場

삼혼묘묘귀하처   칠백망망거원향
三魂杳杳歸何處 七魄茫茫去遠鄕

○○○영가
○○○ 靈駕

기수건청 이강향단 방사제연 부흠사전
旣受虔請 已降香壇 放捨諸緣 俯欽斯奠

○○○영가
○○○ 靈駕

일주청향 정시영가 본래면목 수점명등
一炷淸香 正是靈駕 本來面目 數點明燈

정시영가 착안시절 선헌조주다
正是靈駕 着眼時節 先獻趙州茶

후진향적찬 어차물물 환착안마 (양구)
後進香積饌 於此物物 還着眼麼 (良久)

저두앙면무장처 운재청천수재병
低頭仰面無藏處 雲在靑天水在甁

가영 : 노래를 불러 영가를 청함

세상 인연 다하여서 죽음 이르니
번개 같은 인생이여 한판 꿈이라
아득하다 삼혼이여 어디로 가고
망망해라 칠백이여 멀리 떠났네.

○○○ 영가시여,
이제 정성 들인 청함을 받고
정결한 이 향단에 내려왔으니
온갖 인연 다 놓아버리고
정성 어린 이 공양을 받으십시오.

○○○ 영가시여,
한 줄기의 맑은 향은 영가의 본모습이며
촛불 밝힘은 영가가 눈을 뜨는 좋은 기회입니다.
먼저 조주 스님 맑은 차 드리고
이어 향적세계 공양 올리오니,
어찌 이 차와 음식 보고 눈을 뜨지 못하리오? (잠시 후)

굽어보나 우러르나 숨을 곳 없어
흰 구름은 맑은 하늘 두둥실 떠가고
맑은 물은 병 속에서 그대로 맑다.

3) 관욕
灌 浴

대령을 생략하고 관욕만 할 때
1.거불 → 2.창혼 "모인 복위 모인 영가" 후 인예향욕 편부터 한다.

(1) 인예향욕
引 詣 香 浴

금일 영가 위주 상래소청 제불자 상래이빙 불력법력
今日 靈駕 爲主 上來召請 諸佛子 上來已憑 佛力法力

삼보위신지력 소청인도 일체인륜 급 무주고혼
三寶威神之力 召請人道 一切人倫 及 無主孤魂

유정등중 이계도량 대중성발 청영부욕
有情等衆 已屆道場 大衆聲鈸 請迎赴浴

신묘장구대다라니
神妙章句大陀羅尼

나모 라다나 다라야야 나막알약 바로기제 새바라야 모지 사다바야 마하 사다바야 마하가로 니가야 옴 살바 바예수 다라나 가라야 다사명 나막 가리다바 이맘 알야 바로기제 새바라 다바니라간타 나막 하리나야 마발다 이사미 살발타 사다남 수반 아예염 살바 보다남 바바마라 미수다감 다냐타 옴 아로계 아로가 마지로가 지가란제 혜혜하례 마하 모지 사다바 사마라 사마라 하리나야 구로구로 갈마 사다야 사다야 도로도로 미연제 마하미연제 다라다라 다린나례 새바라 자라자라 마라 미마라 아마라 몰제 예혜혜 로계 새바라 라아

3) 관욕

(1) 인예향욕 : 영가를 욕실로 인도하는 글

금일 천도하는 ○○○영가를 위시하여 여러 불자이시여,
지금까지 부처님과 부처님 가르침과 삼보님의 위신력으로
인간계의 모든 사람과 영가들과 외로운 영혼들을 두루 청하여
지금 이 도량에 함께 오셨습니다.
대중들이 바라와 요령을 울리오니 향기로운 욕실로 들어가소서.

신묘장구대다라니 : 신묘한 다라니

나모 라다나 다라야야 나막알약 바로기제 새바라야 모지 사다바야
마하 사다바야 마하가로 니가야 옴 살바 바예수 다라나 가라야 다
사명 나막 가리다바 이맘 알야 바로기제 새바라 다바니라간타 나막
하리나야 마발다 이사미 살발타 사다남 수반 아예염 살바 보다남
바바마라 미수다감 다냐타 옴 아로계 아로가 마지로가 지가란제 혜
혜하례 마하 모지 사다바 사마라 사마라 하리나야 구로구로 갈마
사다야 사다야 도로도로 미연제 마하미연제 다라다라 다린나례 새
바라 자라자라 마라 미마라 아마라 몰제 예혜혜 로계 새바라 라아

미사미 나사야 나베 사미사미 나사야 모하자라 미사미 나사야 호로
호로 마라호로 하례 바나마 나바 사라사라 시리시리 소로소로 못자
못자 모다야 모다야 매다리야 니라간타 가마사 날사남 바라 하라나
야 마낙 사바하 싯다야 사바하 마하 싯다야 사바하 싯다유예 새바
라야 사바하 니라간타야 사바하 바라하 목카싱하 목카야 사바하 바
나마 하따야 사바하 자가라 욕타야 사바하 상카 섭나네 모다나야
사바하 마하라 구타다라야 사바하 바마사간타 니사시체다 가릿나
이나야 사바하 먀가라 잘마 이바사나야 사바하
나모 라다나 다라야야 나막알야 바로기제 새바라야 사바하 (3번)

정로진언
淨路眞言

옴 소싯지 나자리다라 나자리다라 모라다예 자라자라 만다만다
하나하나 훔 바탁 (3·5번)

입실게 ─ 목탁
入室偈

일종위배본심왕	기입삼도력사생
一從違背本心王	幾入三途歷四生
금일척제번뇌염	수연의구자환향
今日滌除煩惱染	隨緣依舊自還鄕

미사미 나사야 나베 사미사미 나사야 모하자라 미사미 나사야 호로
호로 마라호로 하례 바나마 나바 사라사라 시리시리 소로소로 못자
못자 모다야 모다야 매다리야 니라간타 가마사 날사남 바라 하라나
야 마낙 사바하 싯다야 사바하 마하 싯다야 사바하 싯다유예 새바
라야 사바하 니라간타야 사바하 바라하 목카싱하 목카야 사바하 바
나마 하따야 사바하 자가라 욕타야 사바하 상카 섭나네 모다나야
사바하 마하라 구타다라야 사바하 바마사간타 니사시체다 가릿나
이나야 사바하 먀가라 잘마 이바사나야 사바하
나모 라다나 다라야야 나막알야 바로기제 새바라야 사바하 (3번)

정로진언 : 길을 닦는 진언

옴 소싯지 나자리다라 나자리다라 모라다예 자라자라 만다만다
하나하나 훔 바탁. (3 · 5번)

입실게 : 욕실에 들어감을 노래하는 게송

단 한 번의 본래 마음 등진 때부터
삼도사생 그 얼마나 윤회했던가.
오늘에야 물든 번뇌 씻어 없애니
인연 따라 고향으로 돌아가소서.

(2) 가지조욕
加 持 澡 浴

금일 영가 위주 상래소청 제불자
今日 靈駕 爲主 上來召請 諸佛子

상부 정 삼업자 무월호징심 결 만물자
詳夫 淨 三業者 無越乎澄心 潔 萬物者

막과어청수 시이 근엄욕실 특비향탕 희 일탁어진로
莫過於淸水 是以 謹嚴浴室 特備香湯 希 一濯於塵勞

획 만겁지청정 하유목욕지게 대중수언후화
獲 萬劫之淸淨 下有沐浴之偈 大衆隨言後和

목욕게
沐浴偈

아금이차향탕수	관욕고혼급유정
我今以此香湯水	灌浴孤魂及有情

신심세척영청정	증입진공상락향
身心洗滌令淸淨	證入眞空常樂鄕

목욕진언
沐浴眞言

옴 바다모 사니사 아모까 아레 훔 (3번)

(2) 가지조욕 : 가지로써 영가를 목욕시키는 글

금일 천도하는 ○○○영가를 위시하여 여러 불자이시여,
상세히 살피면, 삼업을 닦는 데는 마음 맑힘 으뜸이요,
만물을 씻는 데는 맑은 물이 으뜸입니다.
이제 삼가 욕실을 장엄하여 특별히 향탕을 준비하였으니,
마음에 물든 때를 단번에 씻으시고,
수만 겁 동안 영원토록 청정 자유 누리소서.
만겁 동안 영원토록 청정 자유 누리소서.
아래에 있는 목욕 게송을 대중은 따라 하십시오.

목욕게 : 목욕 게송

제가 이제 향기로운 목욕물로
고혼들과 중생들을 목욕시키니
몸과 마음 잘 닦아서 청정해지고
참된 세상 안락국에 들어가소서.

목욕진언 : 목욕시키는 진언

옴 바다모 사니사 아모까 아레 훔. (3번)

작양지진언
嚼楊枝眞言

옴 바아라하 사바하 (3번)

수구진언
漱口眞言

옴 도도리 구로구로 사바하 (3번)

세수면진언
洗手面眞言

옴 삼만다 바리 숫제 훔 (3번)

(3) 가지화의
加 持 化 衣

금일 영가 위주 상래소청 제불자
今日 靈駕 爲主 上來召請 諸佛子

관욕기주 신심구정 금이여래 무상비밀지언 가지명의
灌浴旣周 身心俱淨 今以如來 無上秘密之言 加持冥衣

원차일의 위다의 이다의 위무진지의
願此一衣 爲多衣 以多衣 爲無盡之衣

작양지진언 : 양치시키는 진언

옴 바아라하 사바하. (3번)

수구진언 : 물로 입을 가시는 진언

옴 도도리 구로구로 사바하. (3번)

세수면진언 : 얼굴을 씻기는 진언

옴 삼만다 바리 숫제 훔. (3번)

(3) 가지화의 : 가지의 힘으로 저승 옷을 만드는 글

금일 천도하는 ○○○영가를 위시하여 여러 불자이시여,
이제 관욕을 원만히 마쳤으니 몸과 마음 다 함께 맑아졌습니다.
이제 여래의 위없는 신비한 주문으로써 저승의 옷을 지어 올리니,
이 한 벌의 옷은 많은 옷이 되고,
많은 옷은 다시 다함없는 옷이 되며,

영칭신형 부장부단 불책불관
令稱身形 不長不短 不窄不寬

승전소복지의 변성해탈지복
勝前所服之衣 變成解脫之服

고오불여래 유화의재다라니 근당선념
故吾佛如來 有化衣財多羅尼 謹當宣念

화의재진언
化衣財眞言

나무 사만다 못다남 옴 바자나 비로기제 사바하 (3·7번)

수의복식
授衣服飾

금일 영가 위주 상래소청 제불자 지주기주 화의이변 무의자
今日 靈駕 爲主 上來召請 諸佛子 持呪旣周 化衣已遍 無衣者

여의부체 유의자 기고환신 장예정단 선정복식
與衣覆體 有衣者 棄古換新 將詣淨壇 先整服飾

수의진언
授衣眞言

옴 바리마라 바바 아리니 훔 (3번)

영가님 몸에 알맞게 크지도 작지도 않고 좁지도 넓지도 않아
전에 입으셨던 옷보다 훨씬 빼어나니,
해탈 열반의 옷으로 바뀌었습니다.
우리 부처님이 열반의 옷으로 갈아입히는
화의재진언을 지극한 마음으로 염하소서.

화의재진언 : 지의를 태워 명부의 옷으로 변화시키는 진언

나무 사만다 못다남 옴 바자나 비로기제 사바하. (3·7번)

수의복식

금일 ○○○영가를 위시하여 여러 불자이시여, 부처님의 묘한 진언 두루하여서 영가들의 법다운 옷 갖추었나니, 옷이 없는 영가들은 새 옷을 입고, 옷이 헐은 영가들은 새 옷 갈아입고,
맑은 단에 나아가 옷을 단정히 하소서.

수의진언 : 명부의 새 옷을 나누어 주는 진언

옴 바리마라 바바 아리니 훔. (3번)

착의진언
着衣眞言

옴 바아라 바사세 사바하 (3번)

정의진언
整衣眞言

옴 삼만다 바다라나 바다메 훔 박 (3번)

(4) 출욕참성
出浴參聖

금일 영가 위주 상래소청 제불자
今日 靈駕 爲主 上來召請 諸佛子

기주복식 가예단장 예 삼보지자존
旣周服飾 可詣壇場 禮 三寶之慈尊

청 일승지묘법 청리향욕 당부정단 합장전심 서보전진
聽 一乘之妙法 請離香浴 當赴淨壇 合掌專心 徐步前進

지단진언
指壇眞言

옴 예이혜 비로자나야 사바하 (3번)

착의진언 : 옷을 입혀주는 진언

옴 바아라 바사세 사바하. (3번)

정의진언 : 옷매무새를 단정히 하는 진언

옴 삼만다 바다라나 바다메 훔 박. (3번)

(4) 출욕참성 : 욕실을 나와 부처님을 참례하기 전 마음 챙기는 의식

금일 천도하는 ○○○영가를 위시하여 여러 불자이시여,
부처님 법력에 힘입어 목욕 마치고 깨끗한 새 옷 입었으니,
향단으로 나아가 자비하신 삼보님께 예배드리고
일승의 신묘한 법문 잘 들어야 합니다.
이제 향기로운 욕실을 나오시어 청정한 불단에 임하여야 하오니, 합장
하고 마음을 모아 천천히 나아가십시오.

지단진언 : 부처님이 계시는 단을 가리키는 진언

옴 예이혜 비로자나야 사바하. (3번)

법신송
法身頌

법신변만백억계	보방금색조인천
法身遍滿百億界	普放金色照人天

응물현형담저월	체원정좌보련대
應物現形潭底月	體圓正坐寶蓮臺

산화락 (3번)
散花落

나무대성인로왕보살 (3번)
南無大聖引路王菩薩

정중게
庭中偈

일보증부동	내향수운간
一步曾不動	來向水雲間

기도아련야	입실예금선
旣到阿練若	入室禮金仙

개문게
開門偈

권박봉미륵	개문현석가
捲箔逢彌勒	開門見釋迦

삼삼례무상	유희법왕가
三三禮無上	遊戲法王家

법신송 : 법신을 찬탄하는 게송

법신불이 백억세계 두루 차서
금빛 광명 온 세상에 두루 비춰
못에 비친 달빛같이 근기 따라 나타내니
그 몸은 연화대에 똑바로 앉으시네.

꽃을 뿌려 영가의 앞길을 장엄하옵니다. (3번)

나무대성인로왕보살. (3번)

정중게 : 관욕 처소에서 나와 부처님이 계시는 불당 앞에 이름을 찬탄하는 게송

일찍이 한 걸음도 옮기지 않고
물과 구름 닿은 저기서부터
적정한 수행처에 이르렀으니
법당 들어 부처님께 예배하소서.

개문게 : 불당의 문을 열고 삼보를 친견하게 되었음을 찬탄하는 게송

주렴 걷어 미륵부처 뵈옵게 되고
문을 열어 석가여래 친견하리니
무상존께 아홉 번 예배하시고
법왕가의 해탈 법을 만끽하소서.

(5) 가지예성
加 持 禮 聖

금일 영가 위주 상래소청 제불자
今日 靈駕 爲主 上來召請 諸佛子

상래 위명도유정 인입정단이경 금당예봉삼보 부 삼보자
上來 爲冥道有情 引入淨壇已竟 今當禮奉三寶 夫 三寶者

삼신정각 오교령문 삼현십성지존 사과이승지중
三身正覺 五敎靈文 三賢十聖之尊 四果二乘之衆

여등 기래법회 득부향연 상 삼보지난봉 경 일심이신례
汝等 旣來法會 得赴香筵 想 三寶之難逢 傾 一心而信禮

하유보례지게 대중수언후화
下有普禮之偈 大衆隨言後和

보례삼보
普禮三寶

보례시방상주	법신보신화신제불타
普禮十方常住	法身報身化身諸佛陀

보례시방상주	경장율장논장제달마
普禮十方常住	經藏律藏論藏諸達磨

보례시방상주	보살연각성문제승가
普禮十方常住	菩薩緣覺聲聞諸僧伽

(5) 가지예성 : 가지의 힘으로 삼보님께 예배를 올리는 의식

금일 천도하는 ○○○영가를 위시하여 여러 불자이시여,
저승길의 유정들이 인도되어 청정한 불단에 이르렀으니,
이제 마땅히 삼보님께 예배를 드려야 합니다.
삼보라 함은 법신, 보신, 화신의 모든 부처님과 경장, 율장, 논장 등의
모든 가르침과 성문, 연각, 보살 등 불법을 깨닫고자 수행 정진하는
모든 스님을 말합니다. 그대 영가들은 이미 천도법회 도량에
이르렀으니, 부처님 전에 나아가 삼보님을 뵙는 일은 참으로
어렵다는 것을 자각하시고, 부디 일심을 기울여 굳은 믿음으로
예배해야 합니다. 아래에 있는 보례게송을 대중은 따라 하십시오.

보례삼보 : 시방세계 삼보께 절함

시방세계 항상 계시는
법신, 보신, 화신 모든 부처님께 절하옵니다.

시방세계 항상 계시는
경장, 율장, 논장의 모든 가르침에 절하옵니다.

시방세계 항상 계시는
보살, 연각, 성문의 모든 승가님께 절하옵니다.

(6) 가지향연
加持香筵

금일 영가 위주 상래소청 제불자 행봉성회 이례자존
今日 靈駕 爲主 上來召請 諸佛子 幸逢聖會 已禮慈尊

의생한우지심 가발난조지상
宜生罕遇之心 可發難遭之想

청이단소 당부명연 동향진수 각구묘도
請離壇所 當赴冥筵 同享珍羞 各求妙道

의상조사 법성게
義湘祖師 法性偈

법성원융무이상	제법부동본래적
法性圓融無二相	諸法不動本來寂
무명무상절일체	증지소지비여경
無名無相絶一切	證智所知非餘境
진성심심극미묘	불수자성수연성
眞性甚深極微妙	不守自性隨緣成
일중일체다중일	일즉일체다즉일
一中一切多中一	一卽一切多卽一
일미진중함시방	일체진중역여시
一微塵中含十方	一切塵中亦如是

(6) 가지향연 : 법자리에 가지를 하는 의식

금일 ○○○영가를 위시하여 여러 불자이시여,
다행히 성현을 뵈옵고 자비로운 부처님께 예를 드렸습니다.
드문 일이라는 마음을 내시고 만나기 어려운 일이라는
생각을 내셔야 합니다.
이곳을 떠나시어 마련된 자리로 옮기시어
진귀한 공양을 흠향하시고 신묘한 깨달음의 길을 구하소서.

의상조사 법성게

법의 성품 원융하여 두 모습이 원래 없고
모든 법은 부동하여 본래부터 고요하며
이름 없고 모습 없어 모든 것이 끊어졌고
증지 소지 깨달음은 다른 경계 아니로다.
참된 성품 깊고 깊어 미묘하고 지극하여
자기 성품 지키잖고 인연 따라 이루었네.
하나 속에 일체이고 일체 속에 하나이며
하나 바로 일체이고 일체 바로 하나이네.
작은 티끌 하나 속에 시방세계 머금었고
일체 모든 티끌 속에 하나하나 그러하네.

무량원겁즉일념   일념즉시무량겁
無量遠劫卽一念   一念卽是無量劫

구세십세호상즉   잉불잡란격별성
九世十世互相卽   仍不雜亂隔別成

초발심시변정각   생사열반상공화
初發心時便正覺   生死涅槃常共和

이사명연무분별   십불보현대인경
理事冥然無分別   十佛普賢大人境

능인해인삼매중   번출여의부사의
能仁海印三昧中   繁出如意不思議

우보익생만허공   중생수기득이익
雨寶益生滿虛空   衆生隨器得利益

시고행자환본제   파식망상필부득
是故行者還本際   叵息妄想必不得

무연선교착여의   귀가수분득자량
無緣善巧捉如意   歸家隨分得資糧

이다라니무진보   장엄법계실보전
以陀羅尼無盡寶   莊嚴法界實寶殿

궁좌실제중도상   구래부동명위불
窮坐實際中道床   舊來不動名爲佛

한량없는 오랜 시간 찰나 생각 다름없고

찰나 순간 한 생각이 한량없는 시간이니

구세 십세 서로 겹쳐 어우러져 돌아가도

혼란하지 아니하고 따로따로 이뤄졌네.

초발심의 그 순간에 바른 깨침 바로 얻고

생과 죽음 열반세계 항상 서로 함께 하네.

이치 현상 명연하여 분별할 수 없음이나

열 부처님 보현보살 대성인의 경계일세.

부처님의 해인삼매 자재하게 들어가서

불가사의 여의주를 마음대로 드러내니

중생 위한 보배비가 온 허공에 가득하여

중생들은 그릇대로 모두 이익 얻게 되네.

그러므로 수행자가 본래자리 돌아갈 제

망상심을 쉬잖으면 그 자리에 못 가리니

분별없는 좋은 방편 마음대로 구사하고

본래 집에 돌아갈 제 분수 따라 자량 얻네.

신령스런 다라니의 한량없는 보배로써

온 법계를 장엄하여 보배궁전 이루어져

진여실상 중도 자리 오롯하게 앉았으니

옛적부터 동함 없이 부처라고 이름하네.

괘전게
掛錢偈

제불대원경	필경무내외
諸佛大圓鏡	畢竟無內外

야양금일회	미목정상시
爺孃今日會	眉目正相撕

(7) 수위안좌
受位安座

금일 영가 위주 상래소청 제불자 상래 승불섭수 장법가지
今日 靈駕 爲主 上來召請 諸佛子 上來 承佛攝受 仗法加持

기 무수계이임연 원획소요이취좌 하유안좌지게 대중수언후화
旣 無囚繫以臨筵 願獲逍遙而就座 下有安座之偈 大衆隨言後和

수위안좌
受位安座

아금의교설화연	종종진수열좌전
我今依敎設華筵	種種珍羞列座前

대소의위차제좌	전심체청연금언
大小依位次第坐	專心諦聽演金言

괘전게 : 대령에서부터 모신 전(錢)을 영단에 안치하는 게송

부처님의 지혜덕상
안과 밖이 따로 없고
불보살님 만났으니
환희심 피어나네.

(7) 수위안좌 : 자리를 권하는 의식

금일 천도하는 ○○○영가를 위시하여 여러 불자이시여,
지금 부처님의 보살핌을 받고 법의 가피력에 의지하여
이미 걸림 없이 이 자리에 이르렀으니,
열반의 세계에 거닐고자 한다면 이 자리에 편안히 앉으소서.
아래에 있는 안좌게송을 대중은 따라 하십시오.

수위안좌 : 자리를 권함

저희 이제 법에 따라 화연 베풀어
가지가지 귀한 음식 차리었으니
크고 작은 위계 따라 차례로 앉아
마음 다해 미묘 법문 잘 들으소서.

수위안좌진언
受位安座眞言

옴 마니 군다니 훔훔 사바하 (3번)

헌다게
獻茶偈

백초임중일미신
百草林中一味新

조주상권기천인
趙州常勸幾千人

팽장석정강심수
烹將石鼎江心水

원사망령헐고륜
願使亡靈歇苦輪

원사제령헐고륜
願使諸靈歇苦輪

원사고혼헐고륜
願使孤魂歇苦輪

수위안좌진언 : 자리를 권하는 진언

옴 마니 군다니 훔훔 사바하. (3번)

헌다게 : 차 올리는 게송

온갖 초목 한결같은 신선한 차 맛
조주 스님 몇천 사람 권하였던가.
돌솥에다 맑은 물을 다려 드리니
망령이여, 드시고서 안락하소서
제령이여, 드시고서 안락하소서
고혼이여, 드시고서 안락하소서.

4) 관음시식
觀音施食

거불
擧佛

나무 극락도사 아미타불
南無 極樂導師 阿彌陀佛

나무 관음세지 양대보살
南無 觀音勢至 兩大菩薩

나무 대성인로왕보살
南無 大聖引路王菩薩

거 사바세계 차사천하 남섬부주 동양 대한민국
據 娑婆世界 此四天下 南贍部洲 東洋 大韓民國

모처 모산 모사 청정 (수월) 도량
某處 某山 某寺 淸淨 (水月) 道場

금차 지극정성 생전효행 사후건성 모일재지신 설향단전
今此 至極精誠 生前孝行 死後虔誠 某日齋之辰 爇香壇前

봉청재자 모처 거주 행효자 모인 등복위 선엄부 모관 모인 영가
奉請齋者 某處 居住 行孝子 某人 等伏爲 先嚴父 某貫 某人 靈駕

금일 영가위주 상서선망 광겁부모 다생사장 누대종친
今日 靈駕爲主 上逝先亡 曠劫父母 多生師長 累代宗親

원근친척 제형숙백 자매질손 일체권속 등중 각 열명영가
遠近親戚 弟兄叔伯 姉妹姪孫 一切眷屬 等衆 各 列名靈駕

4) 관음시식

거불 : 불명을 칭하여 가피를 구함

나무 극락도사 아미타불

나무 관음세지 양대보살

나무 대성인로왕보살

사바세계 남섬부주 대한민국 ○○시 ○○동

○○사 청정(수월)도량에서

금일 지성으로 향단 차려 청하온 재자 ○○시 ○○동에

거주하는 행효자 ○○○ 등이 엎드려 부르옵나니,

선엄부(선자모) ○○후인(유인) ○○○ 영가 (3번)

영가를 위주로 다생의 스승님과

여러 생의 부모 형제 자매 질손 원근친척 영가님들이시여!

영가를 위시하여 지난 세상에 먼저 돌아가신 부모,

다생의 스승님, 가깝고 먼 친척 등 여러 영가와

차 영단 단상단하 봉안위패 사진등 각 열명영가
此 靈壇 壇上壇下 奉安位牌 寫眞等 各 列名靈駕

차 도량내외 동상동하 유주무주 운집고혼 비명액사 일체애혼
此 道場內外 洞上洞下 有主無主 雲集孤魂 非命厄死 一切哀魂

등중 각 열위영가
等衆 各 列位靈駕

착어
着語

영원담적 무고무금 묘체원명 하생하사 변시 석가세존
靈源湛寂 無古無今 妙體圓明 何生何死 便是 釋迦世尊

마갈엄관지시절 달마대사 소림면벽지가풍 소이 니련하
摩竭掩關之時節 達摩大師 少林面壁之家風 所以 泥蓮河

측 곽시쌍부 총령도중 수휴척리
側 槨示雙趺 葱嶺途中 手携隻履

금일영가 위주 상래소청 제불자 환회득 담적원명지 일
今日靈駕 爲主 上來召請 諸佛子 還會得 湛寂圓明底 一

구마(양구)
句麼(良久)

부앙은현현 시청명역력 약야회득 돈증법신 영멸기허 기
俯仰隱玄玄 視聽明歷歷 若也會得 頓證法身 永滅飢虛 其

혹미연 승불신력 장법가지 부차향단 수아묘공 증오무생
或未然 承佛神力 仗法加持 赴此香壇 受我妙供 證悟無生

이 도량 안과 밖의 영가, 윗대와 아랫대,

주인 있고 주인 없는 외로운 영혼을 비롯한

각각의 모든 영가님들을 청하옵니다.

착어 : 영가를 불러 법어를 들려줌

신령한 근원은 맑고 고요해 예나 지금이나 다시 없으며,

신묘한 진리는 또렷이 밝아 나고 죽음 어디에도 있으리까.

이 도리는 석가세존 마가다국에서 묵묵부동 앉아 계신 참 도리이며, 달

마대사 소림굴에서 면벽하신 소식이로세.

이 때문에 석가세존 사라수 아래서 관 밖으로 두 발을 내보이셨고, 달마

대사 총령고개 넘으시며 짚신 한 짝 들고 가셨나니.

영가시여, 청정하고 고요하며 또렷이 밝은,

말을 떠난 이 소식을 아시겠습니까? (조금 있다가)

[요령 세 번 울린 후]

굽어보나 우러르나 숨은 뜻은 끝이 없고 보거나 듣거나 그 진리는 분명

하네. 이 도리를 깨달으면 단박에 법신을 증득하여 길이길이 굶주림 벗

어날 것이나, 만일에 그렇지 못하면 부처님의 신비한 힘 받아들이고 부

처님 가피력에 의지하여서 이 향단에 강림하사

공양을 받으시고 무생법인을 증득하소서.

진령게
振鈴偈

이차진령신소청　　　금일영가보문지
以此振鈴伸召請　　　今日靈駕普聞知

원승삼보력가지　　　금일금시래부회
願承三寶力加持　　　今日今時來赴會

(요령 · 목탁 내리며 마친다.)

착어
着語

자광조처연화출　　　혜안관시지옥공
慈光照處蓮花出　　　慧眼觀時地獄空

우황대비신주력　　　중생성불찰나중
又況大悲神呪力　　　衆生成佛刹那中

금일영가위주 상래소청　제불자등 각열위영가
今日靈駕爲主 上來召請　諸佛子等 各列位靈駕

천수일편 위고혼 지심제청 지심제수
千手一篇 爲孤魂 至心諦聽 至心諦受

진령게 : 요령 울려 영가를 법회에 청하는 게송

요령 울려 두루 청하오니 (법주)

오늘 오신 영가님은 듣고 아시고 (바라지)

삼보님의 가피력에 의지하여서 (법주)

오늘의 이 법회에 어서 오소서. (바라지)

착어 : 영가를 불러 법어를 들려줌

자비 광명 비치는 곳 연꽃 피어나고

지혜 눈길 이르는 곳 지옥 텅 비네.

관세음의 대비신주 의지한다면

중생의 성불은 한순간이리.

금일 ○○○영가시여,

천수경 한 편으로 고독한 혼령을 위하고자 함이니

지극한 마음으로 들으시고

지극한 마음으로 자세히 받아 지니옵소서.

신묘장구대다라니
神妙章句大陀羅尼

나모 라다나 다라야야 나막알약 바로기제 새바라야 모지사다바야 마하사다바야 마하가로 니가야 옴 살바 바예수 다라나 가라야 다 사명 나막 까리다바 이맘알야 바로기제 새바라 다바 니라간타 나 막하리나야 마발다 이사미 살발타 사다남 수반아예염 살바보다남 바바말야 미수다감 다냐타 옴 아로계 아로가 마지로가 지가란제 혜혜하례 마하모지 사다바 사마라 사마라 하리나야 구로구로 갈 마 사다야 사다야 도로도로 미연제 마하미연제다라다라 다린나례 새바라 자라자라 마라미마라 아마라 몰제예혜혜 로계새바라 라아 미사미 나사야 나베사미사미 나사야 모하자라 미사미 나사야 호 로호로 마라호로 하례바나마 나바사라사라 시리시리 소로소로 못 쟈못쟈 모다야 모다야 매다라야 니라간타 가마사 날사남 바라 하 라나야 마낙사바하 싯다야 사바하 마하싯다야 사바하 싯다유예 새바라야 사바하 니라간타야 사바하 바라하 목카싱하 목카야 사 바하 바나마 하따야 사바하 자가라욕다야 사바하 상카섭나네 모 다나야 사바하 마하라 구타다라야 사바하 바마사 간타 이사시체 다 가릿나이나야 사바하 먀가라 잘마이바 사나야 사바하

나모 라다나 다라야야 나막알야 바로기제 새바라야 사바하 (3번)

신묘장구대다라니 : 신묘한 다라니

나모 라다나 다라야야 나막알약 바로기제 새바라야 모지사다바야
마하사다바야 마하가로 니가야 옴 살바 바예수 다라나 가라야 다
사명 나막 까리다바 이맘알야 바로기제 새바라 다바 니라간타 나
막하리나야 마발다 이사미 살발타 사다남 수반아예염 살바보다남
바바말야 미수다감 다냐타 옴 아로계 아로가 마지로가 지가란제
혜혜하례 마하모지 사다바 사마라 사마라 하리나야 구로구로 갈
마 사다야 사다야 도로도로 미연제 마하미연제다라다라 다린나례
새바라 자라자라 마라미마라 아마라 몰제예혜혜 로계새바라 라아
미사미 나사야 나베사미사미 나사야 모하자라 미사미 나사야 호
로호로 마라호로 하례바나마 나바사라사라 시리시리 소로소로 못
쟈못쟈 모다야 모다야 매다라야 니라간타 가마사 날사남 바라 하
라나야 마낙사바하 싯다야 사바하 마하싯다야 사바하 싯다유예
새바라야 사바하 니라간타야 사바하 바라하 목카싱하 목카야 사
바하 바나마 하따야 사바하 자가라욕다야 사바하 상카섭나네 모
다나야 사바하 마하라 구타다라야 사바하 바마사 간타 이사시체
다 가릿나이나야 사바하 먀가라 잘마이바 사나야 사바하

나모 라다나 다라야야 나막알야 바로기제 새바라야 사바하 (3번)

제일게
第一偈

약인욕요지　　　삼세일체불
若人欲了知　　　三世一切佛

응관법계성　　　일체유심조
應觀法界性　　　一切唯心造

파지옥진언
破地獄眞言

옴 가라지야 사바하 (3번)

해원결진언
解冤結眞言

옴 삼다라 가닥 사바하 (3번)

보소청진언
普召請眞言

나무 보보제리 가리다리 다타 아다야 (3번)

나무 상주시방불 나무 상주시방법 나무 상주시방승 (3번)
南無　常住十方佛　南無　常住十方法　南無　常住十方僧

제일게

과거, 현재, 미래의 모든 세계와
일체의 부처님을 알고자 하면
마땅히 법계 성품 관할지니
모든 것은 이 마음이 지었느니라.

파지옥진언 : 지옥을 파하는 진언

옴 가라지야 사바하. (3번)

해원결진언 : 원결을 푸는 진언

옴 삼다라 가닥 사바하. (3번)

보소청진언 : 널리 청하는 진언

나무 보보제리 가리다리 다타 아다야. (3번)

나무 상주시방불 나무 상주시방법 나무 상주시방승 (3번)

나무 대자대비구고관세음보살 (3번)
南無 大慈大悲救苦觀世音菩薩

나무 대방광불화엄경 (3번)
南無 大方廣佛華嚴經

※ 목탁과 요령을 내린 후 고혼청을 한다.

고혼청
孤魂請

일심봉청 실상이명 법신무적 종연은현 약경상지유무 수업승침
一心奉請 實相離名 法身無跡 從緣隱現 若鏡像之有無 隨業昇沈

여정륜지고하 묘변막측 환래하난 금차 지극정성 제당사후 모일재지신
如井輪之高下 妙變莫測 幻來何難 今此 至極精誠 第當死後 某日齋之辰

설향단전 봉청재자 모처 거주 행효자 모인 등복위 선엄부 모관 모인
爇香壇前 奉請齋者 某處 居住 行孝子 某人 等伏爲 先嚴父 某貫 某人

영가
靈駕

영가위주 각 상서선망 광겁부모 다생사장 누대종친
靈駕爲主 各 上逝先亡 曠劫父母 多生師長 累代宗親

원근친척 제형숙백 자매질손 일체친속등중 각 열명영가
遠近親戚 弟兄叔伯 姉妹姪孫 一切親屬等衆 各 列名靈駕

나무 대자대비구고관세음보살 (3번)

나무 대방광불화엄경. (3번)

※ 목탁과 요령을 내린 후 고혼청을 한다.

고혼청 : 영가를 부르는 청

일심봉청,

실상은 이름을 떠나 있고

법신은 자취가 없어서 인연 따라 나타났다 사라짐이

거울 속에 비치는 모습과 같고

업을 따라 떠오르고 내려감은 두레박이 오르고 내림과 같아

오묘한 변화 헤아릴 수 없거늘,

이 자리에 오심이 어찌 어렵겠습니까?

오늘 영가를 인도하려는 ○○○의 부친

○○○영가님을 일심으로 청하오니,

영가를 위주로 다생의 스승님과

여러 생의 부모 형제 자매 질손 원근친척 영가님들이시여!

차 영단 단상단하 봉안위패사진등 각 열명영가
此 靈壇 壇上壇下 奉安位牌寫眞等 各 列名靈駕

차 도량내외 동상동하 유주무주 운집고혼 비명액사 일체애혼등중
此 道場內外 洞上洞下 有主無主 雲集孤魂 非命厄死 一切哀魂等衆

각 열위영가 승불위광 내예향단 수첨법공
各 列位靈駕 承佛威光 來詣香壇 受霑法供

향연청
香煙請

향연청 (3번)

가영
歌詠

제령한진치신망	석화광음몽일장
諸靈限盡致身亡	石火光陰夢一場

삼혼묘묘귀하처	칠백망망거원향
三魂杳杳歸何處	七魄茫茫去遠鄉

수위안좌진언
受位安座眞言

옴 마니 군다니 훔훔 사바하 (3번)

내지 법계의 모든 외로운 불자님들과

이 도량 창건 이래 중건중수 공덕주와 크고 작은 제불사에

인연공덕 지은이와 도량내외 유주무주 외로운 영가들과

지옥계와 아귀도중 고통받는 고혼이시여.

부처님의 위신력을 입사와 향단에 오셔서 법공양을 받으소서.

향연청 : 향 사르며 청함

향 사르며 청하옵니다. (3번)

가영 : 노래를 불러 영가를 청함

세상 인연 다하여서 죽음 이르니

번개 같은 인생이여 한판 꿈이라

아득하다 삼혼이여 어디로 가고

망망해라 칠백이여 멀리 떠났네.

수위안좌진언 : 자리를 권하는 진언

옴 마니 군다니 훔훔 사바하. (3번)

다게
茶偈

백초임중일미신　　　　　조주상권기천인
百草林中一味新　　　　　趙州常勸幾千人

팽장석정강심수　　　　　원사망령헐고륜
烹將石鼎江心水　　　　　願使亡靈歇苦輪

원사제령헐고륜　　　　　원사고혼헐고륜
願使諸靈歇苦輪　　　　　願使孤魂歇苦輪

선밀가지　　　신전윤택　　　업화청량 각구해탈
宣密加持　　　身田潤澤　　　業火淸凉 各求解脫

변식진언
變食眞言

나막 살바 다타아다 바로기제 옴 삼바라 삼바라 훔 (3번)

시감로수진언
施甘露水眞言

나무 소로바야 다타아다야 다냐타 옴 소로소로

바라소로 바라소로 사바하 (3번)

다게 : 차 올리는 게송

온갖 초목 한결같은 신선한 차 맛
조주 스님 몇천 사람 권하였던가.
돌솥에다 맑은 물을 다려 드리니
망령이여, 드시고서 안락하소서
제령이여, 드시고서 안락하소서
고혼이여, 드시고서 안락하소서.

비밀한 가지를 베푸오니 몸과 마음 윤택해지고
업의 불길 청량해져 해탈을 구하소서.

변식진언 : 부처님의 가지로써 공양한 음식을 질적 · 양적으로 변화시키는 진언

나막 살바 다타아다 바로기제 옴 삼바라 삼바라 훔. (3번)

시감로수진언 : 감로수가 흘러나오는 진언

나무 소로바야 다타아다야 다냐타 옴 소로소로
바라소로 바라소로 사바하. (3번)

일자수륜관진언
一字水輪觀眞言

옴 밤 밤 밤밤 (3번)

유해진언
乳海眞言

나무 사만다 못다남 옴 밤 (3번)

칭량성호
稱揚聖號

나무 다보여래 원제고혼 파제간탐 법재구족
南無 多寶如來 願諸孤魂 破除慳貪 法財具足

나무 묘색신여래 원제고혼 이추루형 상호원만
南無 妙色身如來 願諸孤魂 離醜陋形 相好圓滿

나무 광박신여래 원제고혼 사육범신 오허공신
南無 廣博身如來 願諸孤魂 捨六凡身 悟虛空身

나무 이포외여래 원제고혼 이제포외 득열반락
南無 離怖畏如來 願諸孤魂 離諸怖畏 得涅槃樂

나무 감로왕여래 원아각각 열명영가 인후개통 획감로미
南無 甘露王如來 願我各各 列名靈駕 咽喉開通 獲甘露味

원차가지식 보변만시방 식자제기갈 득생안양국
願此加持食 普遍滿十方 食者除飢渴 得生安養國

일자수륜관진언 : '밤' 자에서 우유가 한량없이 나오는 진언

옴 밤 밤 밤밤. (3번)

유해진언 : 우유가 바다같이 많아져 베풀어지는 진언

나무 사만다 못다남 옴 밤. (3번)

칭량성호 : 부처님 명호를 불러 안락을 구함

나무 다보여래,
금일 영가 탐욕 버리고 보배로운 법의 재물 갖춰지이다.
나무 묘색신여래,
금일 영가 추한 몸 벗어버리고 원만 상호 이뤄지이다.
나무 광박신여래,
금일 영가 육도 범부 몸 벗어버리고 허공 같은 본래 몸 깨쳐지이다.
나무 이포외여래,
금일 영가 일체 두려움 멀리 떠나 열반락을 누려지이다.
나무 감로왕여래, 금일 영가 인후 열리어 감로미 얻어지이다.

이 가지 공양이 시방세계 두루 하여서
드신 이는 주림과 목마름 덜고 극락세계 태어나소서.

시귀식진언

施鬼食眞言

옴 미기미기 야야 미기 사바하 (3번)

보공양진언

普供養眞言

옴 아아나 삼바바 바아라 훔 (3번)

보회향진언

普廻向眞言

옴 사마라 사마라 미마나 사라마하 자거라바 훔 (3번)

수아차법식 하이아난찬 기장함포만 업화돈청량
受我此法食　何異阿難饌　飢腸咸飽滿　業火頓淸凉

돈사탐진치 상귀불법승 염념보리심 처처안락국
頓捨貪瞋痴　常歸佛法僧　念念菩提心　處處安樂國

범소유상 개시허망 약견제상비상 즉견여래
凡所有相　皆是虛妄　若見諸相非相　卽見如來

시귀식진언 : 고혼에게 공양을 올리는 진언

옴 미기미기 야야 미기 사바하.(3번)

보공양진언 : 널리 공양하는 진언

옴 아아나 삼바바 바아라 훔.(3번)

보회향진언 : 널리 회향하는 진언

옴 사마라 사마라 미마나 사라마하 자거라바 훔. (3번)

지금 받은 법공양은 아난 찬과 다르잖고
주린 배는 배부르고 업의 불길 꺼지리다.
탐진치를 떨쳐내고 불법승에 의지하여
보리심을 잊잖으면 모든 곳이 극락이리.

무릇 형상 있는 모든 것은 허망하니,
모든 형상이 형상 아님을 보면 바로 여래를 보리라.

여래십호
如來十號

여래 응공 정변지 명행족 선서 세간해
如來 應供 正遍知 明行足 善逝 世間解

무상사 조어장부 천인사 불 세존
無上士 調御丈夫 天人師 佛 世尊

제법종본래 상자적멸상 불자행도이 내세득작불
諸法從本來 常自寂滅相 佛子行道已 來世得作佛

제행무상 시생멸법 생멸멸이 적멸위락
諸行無常 是生滅法 生滅滅已 寂滅爲樂

장엄염불
莊嚴念佛

원아진생무별념 願我盡生無別念	아미타불독상수 阿彌陀佛獨相隨
심심상계옥호광 心心常繫玉毫光	염념불리금색상 念念不離金色相
아집염주법계관 我執念珠法界觀	허공위승무불관 虛空爲繩無不貫
평등사나무하처 平等舍那無何處	관구서방아미타 觀求西方阿彌陀

나무서방대교주 무량수여래불 나무아미타불
南無西方大教主 無量壽如來佛 南無阿彌陀佛

여래십호

여래 응공 정변지 명행족 선서 세간해
무상사 조어장부 천인사 불 세존.

모든 법은 본래부터 항상 적멸의 모습이니
이 도리를 잘 행하면 오는 세상 부처되리.

모든 행은 무상하니 생겨나고 사라지네.
생멸이 다해지면 다름 아닌 적멸이네.

장엄염불

원하오니 저희 목숨 다할 때까지
어느 때나 아미타불 항상 외우며
마음마다 옥호광명 떠올리면서
생각마다 금빛 모습 간직하오며
염주 들고 시방법계 관하옵나니
허공으로 끈을 삼아 모두 꿰어서
평등하신 노사나불 항상 계시니
서방정토 아미타불 관하옵니다.

나무서방대교주 무량수여래불 나무아미타불.

극락세계십종장엄
極樂世界十種莊嚴

법장서원수인장엄 法藏誓願修因莊嚴	**사십팔원원력장엄** 四十八願願力莊嚴
미타명호수광장엄 彌陀名號壽光莊嚴	**삼대사관보상장엄** 三大士觀寶像莊嚴
미타국토안락장엄 彌陀國土安樂莊嚴	**보하청정덕수장엄** 寶河清淨德水莊嚴
보전여의누각장엄 寶殿如意樓閣莊嚴	**주야장원시분장엄** 晝夜長遠時分莊嚴
이십사락정토장엄 二十四樂淨土莊嚴	**삼십종익공덕장엄** 三十種益功德莊嚴

석가여래팔상성도
釋迦如來八相成道

도솔래의상 兜率來儀相	**비람강생상** 毘藍降生相
사문유관상 四門遊觀相	**유성출가상** 踰城出家相
설산수도상 雪山修道相	**수하항마상** 樹下降魔相
녹원전법상 鹿苑轉法相	**쌍림열반상** 雙林涅槃相

극락세계십종장엄

법장비구 서원 세워 인행 닦은 장엄이요,
사십팔원 성취하신 그 원력의 장엄이요,
아미타불 명호 속의 무량수광 장엄이요,
세 분 성현 보배로운 상호의 장엄이요,
아미타불 극락국토 안락한 장엄이요,
보배강물 맑고 맑은 공덕수의 장엄이요,
보배궁전 여의누각 아름다운 장엄이요,
낮과 밤이 길고 길어 긴 시간의 장엄이요,
이십사 종 기쁨 가득 극락정토 장엄이요,
삼십 종의 이로운 일 공덕의 장엄이라.

석가여래팔상성도

도솔천상 코끼리로 마야부인 품에 들어
가비라국 룸비니에 왕자 되어 나시었네.
사대문을 둘러보고 중생 고통 헤아리고
이월 팔일 성을 떠나 대사문이 되시었네.
설산고행 이겨내어 범부 경지 넘으시고
보리나무 아래에서 모든 마군 물리쳤네.
녹야원의 설법으로 큰 가르침 펼치시고
사라쌍수 아래에서 대열반에 드시었네.

오종대은명심불망
五種大恩銘心不忘

각안기소국가지은
各安其所國家之恩

생양구로부모지은
生養劬勞父母之恩

유통정법사장지은
流通正法師長之恩

사사공양단월지은
四事供養檀越之恩

탁마상성붕우지은
琢磨相成朋友之恩

당가위보유차염불
當可爲報唯此念佛

아미타불재하방
阿彌陀佛在何方

착득심두절막망
着得心頭切莫忘

염도염궁무염처
念到念窮無念處

육문상방자금광
六門常放紫金光

청산첩첩미타굴
靑山疊疊彌陀窟

창해망망적멸궁
滄海茫茫寂滅宮

물물염래무가애
物物拈來無罣礙

기간송정학두홍
幾看松頂鶴頭紅

극락당전만월용
極樂堂前滿月容

옥호금색조허공
玉毫金色照虛空

약인일념칭명호
若人一念稱名號

경각원성무량공
頃刻圓成無量功

오종대은명심불망

온 백성을 편안하게 다스리는 나라 은혜
낳으시고 기르시며 고생하신 부모 은혜
바른 도리 바른 법을 가르치신 스승 은혜
의식주를 베풀어서 살펴주신 시주 은혜
갈고 닦아 이끌어서 성공케 한 도반 은혜
이 은혜를 갚기 위해 염불발원 하옵니다.

아미타 부처님은 어느 곳에 계시는가
마음 깊이 새겨두고 간절하게 잊지 마소
생각하고 생각하여 무념처에 이른다면
여섯 문이 어느 때나 금색 광명 빛나리라.

겹겹으로 푸른 산은 아미타불 법당이요
아득하게 너른 바다 적멸보궁 도량이라
세상만사 무얼 해도 걸릴 것이 없으리니
소나무 위 학의 머리 붉은 것을 보게 되리.

서방정토 극락세계 만월 같은 아미타불
금빛 몸과 옥빛 광명 온 허공을 비추나니
누구든지 일념으로 아미타불 부른다면
순식간에 무량공덕 원만하게 이루리라.

삼계유여급정륜　　　　백천만겁역미진
三界猶如汲井輪　　　　百千萬劫歷微塵

차신불향금생도　　　　갱대하생도차신
此身不向今生度　　　　更待何生度此身

찰진심념가수지　　　　대해중수가음진
刹塵心念可數知　　　　大海中水可飮盡

허공가량풍가계　　　　무능진설불공덕
虛空可量風可繫　　　　無能盡說佛功德

산당정야좌무언　　　　적적요요본자연
山堂靜夜坐無言　　　　寂寂寥寥本自然

하사서풍동림야　　　　일성한안여장천
何事西風動林野　　　　一聲寒雁唳長天

보화비진요망연　　　　법신청정광무변
報化非眞了妄緣　　　　法身淸淨廣無邊

천강유수천강월　　　　만리무운만리천
千江有水千江月　　　　萬里無雲萬里天

천상천하무여불　　　　시방세계역무비
天上天下無如佛　　　　十方世界亦無比

세간소유아진견　　　　일체무유여불자
世間所有我盡見　　　　一切無有如佛者

삼계윤회 도는 것이 두레박질 같으오니
백천만겁 지나도록 한량없이 오고갔네
이 몸 받은 금생 안에 깨달음을 못 얻으면
어느 생에 다시 나서 이내 몸을 건지리오.

세상 티끌 온갖 생각 세어서 알고
넓은 바다 가득한 물 모두 마시며
텅 빈 하늘 헤아리고 바람 묶어도
부처님   크신 공덕 말할 수 없네.

한밤중에 절 마루에 말없이   앉아보니
고요하고 쓸쓸하여 본래 자연 그 자리라.
서쪽 바람 건듯 불어 숲 흔들려 바라보니
찬 기러기 울음소리 긴 하늘을 갈라놓네.

보신화신 참 아니니 삿된 인연 끝내오면
불법신이 청정하여 넓고 넓어 가없어라.
일천 강의 물 위에는 일천 개의 달이 뜨고
만리장천 구름 없어 하늘 또한 가없도다.

천상천하 부처님   같은 이 없고
시방세계 그 누구도 비할 수 없네.
온 세상을 내가 모두 다 볼지라도
부처님   같으신 분 일절 없더라.

세존당입설산중   일좌부지경육년
世尊當入雪山中   一坐不知經六年

인견명성운오도   언전소식변삼천
因見明星云悟道   言詮消息遍三千

원각산중생일수   개화천지미분전
圓覺山中生一樹   開花天地未分前

비청비백역비흑   부재춘풍부재천
非靑非白亦非黑   不在春風不在天

천척사륜직하수   일파자동만파수
千尺絲綸直下垂   一波纔動萬波隨

야정수한어불식   만선공재월명귀
夜靜水寒魚不食   滿船空載月明歸

원공법계제중생   동입미타대원해
願共法界諸衆生   同入彌陀大願海

진미래제도중생   자타일시성불도
盡未來際度衆生   自他一時成佛道

나무 서방정토 극락세계 삼십육만억 일십일만 구천오백 동명동호
南無 西方淨土 極樂世界 三十六萬億 一十一萬 九千五百 同名同號

대자대비 아미타불 나무 서방정토 극락세계 불신장광 상호무변
大慈大悲 阿彌陀佛 南無 西方淨土 極樂世界 佛身長廣 相好無邊

세존께서 어느 하루 설산 속에 드시고는
한 번 앉아 여섯 해가 지난지도 모르셨네.
밝은 샛별 보는 순간 깨달았다 하셨으니
한 소식에 깨친 말씀 온 세계에 두루하네.

원만하온 깨침산에 한 나무가 자리하여
하늘과 땅 나뉘기 전 꽃봉오리 맺었다네.
푸르지도 하얗지도 까맣지도 아니하고
춘풍에도 하늘에도 존재하지 않는다네.

천 길 되는 낚싯줄을 곧게 바로 드리우니
한 물결이 일어나매 만 물결이 따르도다.
적막한 밤 물은 차서 고기 물지 아니하니
한 배 가득 텅 빈 채로 달빛 싣고 돌아오네.

원하오니 시방법계 한량없는 모든 중생
아미타불 원력바다 모두 함께 들어가서
미래세가 다하도록 모든 중생 제도하고
너나없이 모두 함께 성불하기 원합니다.

서방정토 극락세계 장대한 몸과 가없는 상호를 지니셨고

금색광명 변조법계 사십팔원 도탈중생 불가설 불가설전불가설
金色光明 遍照法界 四十八願 度脫衆生 不可說 不可說轉不可說

항하사 불찰미진수 도마죽위 무한극수 삼백육십만억 일십일만
恒河沙 佛刹微塵數 稻麻竹葦 無限極數 三百六十萬億 一十一萬

구천오백 동명동호 대자대비 아등도사 금색여래 아미타불
九千五百 同名同號 大慈大悲 我等導師 金色如來 阿彌陀佛

나무문수보살　　　　　나무보현보살
南無文殊菩薩　　　　　南無普賢菩薩

나무관세음보살　　　　나무대세지보살
南無觀世音菩薩　　　　南無大勢至菩薩

나무금강장보살　　　　나무제장애보살
南無金剛藏菩薩　　　　南無除障碍菩薩

나무미륵보살　　　　　나무지장보살
南無彌勒菩薩　　　　　南無地藏菩薩

나무일체청정대해중보살마하살
南無一切淸淨大海衆菩薩摩訶薩

원공법계제중생　　　　동입미타대원해
願共法界諸衆生　　　　同入彌陀大願海

금빛 광명으로 온 법계 비추시며,
사십팔원으로 항하의 모래알보다
더 많은 한량없는 중생을 건지시고,
삼백육십만억 일십일만 구천오백의 이름으로 불리며,
대자비로 우리를 이끄시는 스승이신
금색여래 아미타 부처님께 귀명합니다.

나무문수보살   나무보현보살

나무관세음보살   나무대세지보살

나무금강장보살   나무제장애보살

나무미륵보살   나무지장보살

나무일체청정대해중보살마하살.

법계의 중생들이 아미타불 원력바다

모두 함께 들어가리라.

발원게
發願偈

시방삼세불 아미타제일 구품도중생 위덕무궁극
十方三世佛 阿彌陀第一 九品度衆生 威德無窮極

아금대귀의 참회삼업죄 범유제복선 지심용회향
我今大歸依 懺悔三業罪 凡有諸福善 至心用廻向

원동염불인 진생극락국 견불요생사 여불도일체
願同念佛人 盡生極樂國 見佛了生死 如佛度一切

왕생게
往生偈

원아임욕명종시 진제일체제장애 면견피불아미타 즉득왕생안락찰
願我臨欲命終時 盡除一切諸障碍 面見彼佛阿彌陀 卽得往生安樂刹

원이차공덕 보급어일체
願以此功德 普及於一切

아등여중생 당생극락국 동견무량수 개공성불도
我等與衆生 當生極樂國 同見無量壽 皆共成佛道

발원게

시방세계 부처님은 아미타불 제일이라
구품으로 중생 건져 위덕이 한량없네.
제가 지금 귀의하여 삼업 죄를 참회하고
모든 복과 선량한 업 지심으로 회향하니
염불하는 모든 이가 극락세계 태어나서
부처님 만나 뵙고 생사를 요달하여
부처님 그랬듯이 일체중생 건지오리다.

왕생게

제가 목숨 다할 때에 모든 장애 제거되어
아미타불 만나 뵙고 왕생극락하여지다.

이 공덕이 모든 곳에 두루 퍼져
우리 모두 극락세계 태어나서
아미타불 친견하고
모두 함께 성불하여지이다.

봉송편
奉送篇

안과편
安過篇

위패봉안
位牌奉安

금차 지극지정성 제당 모일재지신 위패봉안(봉송)재자 (주소) 거주
今此 至極之精誠 第當 某日齋之辰 位牌奉安(奉送)齋者 (住所) 居住

행효자 모인 복위
行孝子 某人 伏爲

선 엄부 모인 영가
先 嚴父 某人 靈駕

제당 사후 모일재지신 금일 영가위주 상래 소청 제불자등 각열명영가
第當 死後 某日齋之辰 今日 靈駕爲主 上來 召請 諸佛子等 各列名靈駕

봉안게
奉安偈

생전유형질 사후무종적
生前有形質 死後無蹤迹

청입법왕궁 안심좌도량
請入法王宮 安心坐道場

봉송편

안과편

위패봉안

오늘 사바세계 남섬부주 대한민국

【사찰 주소 ○○산 ○○사】청정(수월)도량에서

지극한 마음으로【재자의 주소】에 거주하는

생전에 모시던【직계 가족들 이름】등은

먼저 가신 불자【법명 본명】영가의 ○○재를 맞이하여

(불자【법명 본명】영가의 천도를 위해)

봉안게

생전에 갖추었던 모습과 성품
죽고 나니 아무런 흔적도 없네.
법왕궁에 잘 들어가서
도량에 편안히 계시옵소서.

안과게 (위패를 봉안할 때는 안과게까지만 한다.)
安 過 偈

상래소청 제불자등 각열위열명영가
上 來 召 請　諸 佛 子 等　各 列 位 列 名 靈 駕

기래화연 포찬선열 방하신심 안과이주
旣 來 華 筵　飽 饌 禪 悅　放 下 身 心　安 過 而 住

봉송소
奉 送 疏

이 봉송소는 한문이 아닌 한글로 작성되었으므로
한문본은 게재하지 않습니다.

안과게 : 편안히 모시는 게송

위에서 청해 모신 모든 불자 영가들이시여,
이 도량에 오셔서 허기 면하고
법의 기쁨 얻었으니
이제 몸과 마음 쉬시고 편안히 머무소서.

봉송소

오늘 청하온 ○○○영가시여, 그리고 여기 오신 여러 영가들이시여, 이
상으로써 부처님의 법력에 힘입어 이 자리에 강림하여
법다운 공양을 배불리 받고 거룩한 법문을 기쁘게 들으셨으니,
이제 다시 서쪽으로 10만억 국토를 지나 아미타 부처님이 계신
극락세계를 향해 길을 떠날 차비를 하셔야 되겠습니다.
이 세상에서 못다한 미련들은 하나도 생각지 말고 극락세계의
구품연대에 상품상생하여 무생법인을 누리시옵소서.
남아 있는 유족들 모두가 건강하고 복되도록 보살펴 주시고,
그들 모두가 불법에 대한 신심이 더욱 독실해져서
항상 바르고 떳떳하게 살도록 보살펴 주옵소서.
이제 떠나기에 앞서 당신이 사랑한 유족들의 인사를 받으시고,
이어 영가님 자신도 다시 삼보전에 하직 인사를 드리실
차례이오니 다음의 법요에 귀를 기울이소서.

봉송게
奉送偈

봉송고혼계유정　　　　지옥아귀급방생
奉送孤魂洎有情　　　　地獄餓鬼及傍生

아어타일건도량　　　　불위본서환래부
我於他日建道場　　　　不違本誓還來赴

금차 지극정성 모일재후 청중 보례재자 모처 거주
今此 至極精誠 某日齋後 聽衆 普禮齋者 某處 居住

행효자 모인 등복위 선부 모인 영가
行孝子 某人 等伏爲 先父 某人 靈駕

제당 모일재지신 금일 영가 위주 상서선망 부모 다생사장
第當 某日齋之辰 今日 靈駕 爲主 上逝先亡 父母 多生師長

누대종친 원근친척 제형숙백 자매질손 일체친속등중 각
累代宗親 遠近親戚 弟兄叔伯 姉妹姪孫 一切親屬等衆 各

열위열명영가 도량내외 유주무주 운집고혼 비명액사
列位列名靈駕 道場內外 有主無主 雲集孤魂 非命厄死

일체애혼등중 각 열위열명영가
一切哀魂等衆 各 列位列名靈駕

금일 영가 위주 상래소청 제불자 기수향공 이청법음
今日 靈駕 爲主 上來召請 諸佛子 旣受香供 已聽法音

금당봉송 갱의건성 봉사삼보
今當奉送 更宜虔誠 奉謝三寶

봉송게 : 보내드리는 게송

영가와 고혼, 유정, 지옥, 아귀, 축생계의 영가들을
함께 보내드리오니,
제가 다시 다른 날에 추선 도량 세우리니
본래 서원 잊지 말고 다시 돌아오소서.

오늘 사바세계 남섬부주 대한민국
【사찰 주소 ○○산 ○○사】 청정(수월)도량에서
지극한 마음으로 【재자의 주소】에 거주하는
생전에 모시던 【직계 가족들 이름】 등은 엎드려 부르오니
먼저 가신 불자 【법명 본명】 영가시여,

영가를 위시하여 지난 세상에 먼저 돌아가신 부모,
다생의 스승님, 가깝고 먼 친척 등
여러 영가와 이 도량 안과 밖의 영가, 윗대와 아랫대,
주인 있고 주인 없는 외로운 영혼을 비롯한
각각의 모든 영가시여.

금일 영가들이시여,
향기로운 공양을 받고 미묘한 법문을 들었사오니
떠나기 전에 정성 다해 삼보님께 예경하소서.

보례삼보
普禮三寶

보례시방상주불
普禮十方常住佛

보례시방상주법
普禮十方常住法

보례시방상주승
普禮十方常住僧

행보게
行步偈

이행천리만허공　　　　귀도정망도정방
移行千里滿虛空　　　　歸途情忘到淨邦

삼업투성삼보례　　　　성범동회법왕궁
三業投誠三寶禮　　　　聖凡同會法王宮

산화락
散花落

산화락 (3번)

나무대성인로왕보살 (3번)
南無大聖引路王菩薩

보례삼보 : 시방세계 삼보께 절함

시방에 항상 계신 불보님께 절하옵니다.

시방에 항상 계신 법보님께 절하옵니다.

시방에 항상 계신 승보님께 절하옵니다.

행보게 : 정토로 걸어가는 게송

천 리를 옮겨가니 허공을 넘으셔서
돌아가는 길에 정을 버리면 정토에 이르시네.
삼업을 다하여 정성스레 삼보님께 절하오니
성인과 범부 모두 함께 법왕궁에서 만나네.

산화락 : 꽃을 뿌림

꽃을 뿌려 영가의 앞길을 장엄합니다. (3번)

나무대성인로왕보살. (3번)

의상조사 법성게

義湘祖師　法性偈

법성원융무이상　　　제법부동본래적

法性圓融無二相　　　諸法不動本來寂

무명무상절일체　　　증지소지비여경

無名無相絶一切　　　證智所知非餘境

진성심심극미묘　　　불수자성수연성

眞性甚深極微妙　　　不守自性隨緣成

일중일체다중일　　　일즉일체다즉일

一中一切多中一　　　一卽一切多卽一

일미진중함시방　　　일체진중역여시

一微塵中含十方　　　一切塵中亦如是

무량원겁즉일념　　　일념즉시무량겁

無量遠劫卽一念　　　一念卽是無量劫

구세십세호상즉　　　잉불잡란격별성

九世十世互相卽　　　仍不雜亂隔別成

초발심시변정각　　　생사열반상공화

初發心時便正覺　　　生死涅槃常共和

이사명연무분별　　　십불보현대인경

理事冥然無分別　　　十佛普賢大人境

능입해인삼매중　　　번출여의부사의

能入海印三昧中　　　繁出如意不思議

의상조사 법성게

법의성품 원융하여 두모습이 원래 없고
모든법은 부동하여 본래부터 고요하며
이름없고 모습없어 모든것이 끊어졌고
증지소지 깨달음은 다른경계 아니로다.
참된성품 깊고깊어 미묘하고 지극하여
자기성품 지키잖고 인연따라 이루었네.
하나속에 일체이고 일체속에 하나이며
하나바로 일체이고 일체바로 하나이네.
작은티끌 하나속에 시방세계 머금었고
일체모든 티끌속에 하나하나 그러하네.
한량없는 오랜시간 찰나생각 다름없고
찰나순간 한생각이 한량없는 시간이니
구세십세 서로겹쳐 어우러져 돌아가도
혼란하지 아니하고 따로따로 이뤄졌네.
초발심의 그순간에 바른 깨침 바로 얻고
생과죽음 열반세계 항상서로 함께하네.
이치현상 명연하여 분별할수 없음이나
열부처님 보현보살 대성인의 경계일세.
부처님의 해인삼매 자재하게 들어가서
불가사의 여의주를 마음대로 드러내니

우보익생만허공	중생수기득이익
雨寶益生滿虛空	衆生隨器得利益
시고행자환본제	파식망상필부득
是故行者還本際	叵息妄想必不得
무연선교착여의	귀가수분득자량
無緣善巧捉如意	歸家隨分得資糧
이다라니무진보	장엄법계실보전
以陀羅尼無盡寶	莊嚴法界實寶殿
궁좌실제중도상	구래부동명위불
窮坐實際中道床	舊來不動名爲佛

소대의식
燒臺儀式

금차 지극정성 모일재후 위패문외 봉송재자
今此 至極精誠 某日齋後 位牌門外 奉送齋者

모처 거주
某處 居住

행효자 모인 등복위
行孝子 某人 等伏爲

선엄부 모인 영가
先嚴父 某人 靈駕

금일영가위주 상서선망 광겁부모 다생사장 누대종친 원근친척 제형
今日靈駕爲主 上逝先亡 曠劫父母 多生師長 累代宗親 遠近親戚 弟兄

중생 위한 보배비가 온 허공에 가득하여
중생들은 그릇대로 모두 이익 얻게 되네.
그러므로 수행자가 본래 자리 돌아갈 제
망상심을 쉬잖으면 그 자리에 못 가리니
분별없는 좋은 방편 마음대로 구사하고
본래 집에 돌아갈 제 분수 따라 자량 얻네.
신령스런 다라니의 한량없는 보배로써
온 법계를 장엄하여 보배궁전 이루어져
진여실상 중도 자리 오롯하게 앉았으니
옛적부터 동함 없이 부처라고 이름하네.

소대의식

문밖에 나와서 전송하나니
오늘 천도받은 ○○○영가시여,
그리고 함께 오신 여러 영가시여.

영가를 위시하여 지난 세상에 먼저 돌아가신 부모,
다생의 스승님, 가깝고 먼 친척 등
여러 영가와 이 도량 안과 밖의 영가, 윗대와 아랫대,
주인 있고 주인 없는 외로운 영혼을 비롯한

숙백 자매질손 일체권속등중 각 열명영가
叔伯 姉妹姪孫 一切眷屬等衆 各 列名靈駕

차 도량내외 동상동하 유주무주
此 道場內外 洞上洞下 有主無主

운집고혼 비명액사 일체애혼등중 각 열명영가
雲集孤魂 非命厄死 一切哀魂等衆 各 列名靈駕

상래 시식풍경 염불공덕 이망연야 불리망연야 이망연
上來 施食諷經 念佛功德 離妄緣耶 不離妄緣耶 離妄緣

즉 극락불찰 임성소요 불리망연즉 차청산승 말후일게
則 極樂佛刹 任性逍遙 不離妄緣則 且聽山僧 末後一偈

사대각리여몽중   육진심식본래공
四大各離如夢中   六塵心識本來空

욕식불조회광처   일락서산월출동
欲識佛祖回光處   日落西山月出東

염 시방삼세 일체제불 제존보살 마하살 마하반야바라밀
念 十方三世 一切諸佛 諸尊菩薩 摩訶薩 摩訶般若波羅蜜

원왕생 원왕생 원생극락견미타 획몽마정수기별
願往生 願往生 願生極樂見彌陀 獲蒙摩頂授記莂

원왕생 원왕생 원재미타회중좌 수집향화상공양
願往生 願往生 願在彌陀會中坐 手執香華常供養

원왕생 원왕생 원생화장연화계 자타일시성불도
願往生 願往生 願生華藏蓮華界 自他一時成佛道

각각의 모든 영가시여.

지금까지 시식하고 독경하며
일심으로 염불공덕 갖추었으니
집착했던 망연들을 여의었습니까?
여의었으면 천당극락 뜻대로 가고
여의지 못했으면 다시 들으소서.

　　사대를 바라보니 꿈속과 같고
　　육진이며 알음알이 본래 공이라.
　　부처님 조사님 광명자리 알려 하는가.
　　서산에 해가 지고 동녘에 달이 뜨네.

시방삼세 일체불 제존보살 마하살 마하반야바라밀.

가서 나리, 가서 나리, 극락세계 가서 나리.
아미타 부처님 친견하고 마정수기 받으리다.

가서 나리, 가서 나리, 미타회상 머물면서
향과 꽃을 손에 들고 항상 공양하오리다.

가서 나리, 가서 나리, 화장세계 가서 나서
모두 함께 한순간에 불도를 이루오리다.

소전진언
燒錢眞言

옴 비로기제 사바하 (3번)

봉송진언
奉送眞言

옴 바아라 사다 목차목 (3번)

상품상생진언
上品上生眞言

옴 마니다니 훔훔 바탁 사바하 (3번)

처세간여허공　　　여련화불착수
處世間如虛空　　　如蓮華不着水

심청정초어피　　　계수례무상존
心淸淨超於彼　　　稽首禮無上尊

귀의불 귀의법 귀의승 (3번)
歸依佛 歸依法 歸依僧

귀의불양족존 귀의법이욕존 귀의승중중존 (3번)
歸依佛兩足尊 歸依法離欲尊 歸依僧衆中尊

소전진언 : 전을 태우는 진언

옴 비로기제 사바하. (3번)

봉송진언 : 영가를 보내는 진언

옴 바아라 사다 목차목. (3번)

상품상생진언 : 상품상생에 태어나는 진언

옴 마니다니 훔훔 바탁 사바하. (3번)

세간에 머물되 걸림 없는 허공 같고
진흙에 물들지 않는 연꽃과 같아
청정해진 마음으로 정토에 가서
위없는 부처님께 절하옵소서.

귀의불 귀의법 귀의승. (3번)

귀의불양족존 귀의법이욕존 귀의승중중존. (3번)

귀의불경 귀의법경 귀의승경 (3번)
歸依佛竟 歸依法竟 歸依僧竟

선보운정 복유진중
善步雲程 伏惟珍重

보회향진언
普廻向眞言

옴 사마라 사마라 미마나 사라마하 자거라바 훔 (3번)

파산게
破散偈

화탕풍요천지괴　　　　요요장재백운간
火蕩風搖天地壞　　　　寥寥長在白雲間

일성휘파금성벽　　　　단향불전칠보산
一聲揮破金城壁　　　　但向佛前七寶山

나무 환희장마니보적불
南無 歡喜藏摩尼寶積佛

나무 원만장보살마하살
南無 圓滿藏菩薩摩訶薩

나무 회향장보살마하살
南無 廻向藏菩薩摩訶薩

귀의불경 귀의법경 귀의승경. (3번)

구름다리 잘 가서서, 편히 계시옵소서.

보회향진언 : 널리 회향하는 진언

옴 사마라 사마라 미마나 사라마하 자거라바 훔. (3번)

파산게 : 재를 파하는 게송

불이 타고 바람 불어 천지가 무너져도
고요히 백운 사이 오래 머무네.
한 소리에 금성철벽 부숴버리고
부처님 전 칠보산을 향하옵니다.

나무 환희장마니보적불

나무 원만장보살마하살

나무 회향장보살마하살.

2. 상용영반
常用靈飯

거불
擧佛

나무 극락도사 아미타불
南無 極樂導師 阿彌陀佛

나무 관음세지 양대보살
南無 觀音勢至 兩大菩薩

나무 대성인로왕보살
南無 大聖引路王菩薩

창혼
唱魂

거 사바세계 차사천하 남섬부주 해동 대한민국
據 娑婆世界 此四天下 南贍部洲 海東 大韓民國

모처 모산 모사 청정 (수월) 도량
某處 某山 某寺 淸淨 (水月) 道場

금차 지극정성 생전효행 사후건성 제당 모일재지신 설향단전
今此 至極精誠 生前孝行 死後虔誠 第當某日齋之辰 爇香壇前

봉청재자 (주소) 거주 모처 거주 모인복위 선부모 모인영가
奉請齋者 (住所) 居住 某處 居住 某人伏爲 先父母 某人靈駕

2. 상용영반

거불 : 불명을 칭하여 가피를 구함

나무 극락도사 아미타불

나무 관음세지 양대보살

나무 대성인로왕보살.

창혼 : 영가를 부름

오늘 사바세계 남섬부주 대한민국

【사찰 주소 ○○산 ○○사】청정(수월)도량에서

지극한 마음으로【재자의 주소】에 거주하는

생전에 모시던【직계 가족들 이름】등은

먼저 가신 불자【법명 본명】영가의 ○○재를 맞이하여

불자【법명 본명】영가의 천도를 위해,

(재설) 사후 모일재지신 금일 영가위주 상서 선망 부모 다생사장
(再說) 死後 某日齋之辰 今日 靈駕爲主 上逝 先亡 父母 多生師長

누대종친 원근친족등 각 열위열명영가
累代宗親 遠近親族等 各 列位列名靈駕

차 사도량내외 동상동하 일체
此 寺道場內外 洞上洞下 一切

유주무주 고혼불자등 각 열위열명영가
有主無主 孤魂佛子等 各 列位列名靈駕

착어
着語

영명성각묘난사	월타추담계영한
靈明性覺妙難思	月墮秋潭桂影寒

금탁수성개각로	잠사진계하향단
金鐸數聲開覺路	暫辭眞界下香壇

진령게
振鈴偈

이차진령신소청	금일영가보문지
以此振鈴伸召請	今日靈駕普聞知

원승삼보력가지	금일금시래부회
願承三寶力加持	今日今時來赴會

영가를 위시하여 지난 세상에 먼저 돌아가신 부모,

다생의 스승님, 가깝고 먼 친척 등

여러 영가와 이 도량 안과 밖의 영가, 윗대와 아랫대,

주인 있고 주인 없는 외로운 영혼을 비롯한

각각의 모든 영가님들을 청하옵니다.

착어 : 영가를 불러 법어를 들려줌

신령하고 밝은 성품 미묘하여 헤아리기 어렵고,

가을 연못 잠긴 달에 계수나무 그림자 차네.

요령 울려 깨침의 길 활짝 여오니

진계 떠나 이 향단에 내려오소서.

진령게 : 요령 울려 영가를 법회에 청하는 게송

요령 울려 두루 청하오니

오늘 오신 영가님은 듣고 아시고

삼보님의 가피력에 의지하여

오늘 이 법회에 어서 오소서.

보소청진언
普召請眞言

나무 보보제리 가리다리 다타아다야 (3번)

고혼청
孤魂請

일심봉청
一心奉請

생연이진 대명아천
生緣已盡 大命俄遷

기작황천지객 이위추천지혼 방불형용 의희면목
旣作黃泉之客 已爲追薦之魂 彷彿形容 依俙面目

금차 지극정성 생전효행 사후건성 모일재 시식지신 설향단전
今此 至極精誠 生前孝行 死後虔誠 某日齋 施食之辰 爇香壇前

봉청재자 모처 거주 행효자 모인복위 선부모 ○○○영가
奉請齋者 某處 居住 行孝子 某人伏爲 先父母 ○○○靈駕

승불위광 내예향단 수첨법공
承佛威光 來詣香壇 受霑法供

보소청진언 : 널리 청하는 진언

나무 보보제리 가리다리 다타아다야. (3번)

고혼청 : 고혼의 오심을 청함

일심봉청
일심으로 받들어 청하옵니다.
이 세상 인연 다해 목숨 마치니
이내 목숨 불현듯 옮겨갔습니다.

넋은 벌써 황천길의 나그네 되어
제사 받는 주인공이 되었습니다.
생전 모습 어디 갔나, 분명치 않습니다.

　지극한 마음으로 ○○를 맞이하여
　【재자의 주소】에 거주하는
　생전에 모시던【직계 가족들 이름】등은
　먼저 가신 불자【법명 본명】영가님을 일심으로 청하오니

부처님의 위신력을 입사와 이 향단에 이르러 법공양을 받으소서.

향연청
香煙請

향연청 (3번)

가영
歌詠

제령한진치신망
諸靈限盡致身亡

석화광음몽일장
石火光陰夢一場

삼혼묘묘귀하처
三魂杳杳歸何處

칠백망망거원향
七魄茫茫去遠鄉

수위안좌진언
受位安座眞言

옴 마니 군다니 훔훔 사바하 (3번)

헌다게
獻茶偈

백초임중일미신
百草林中一味新

조주상권기천인
趙州常勸幾千人

팽장석정강심수
烹將石鼎江心水

원사망령헐고륜
願使亡靈歇苦輪

향연청 : 향 사르며 청함

향 사르며 청하옵니다. (3번)

가영 : 노래로 맞이함

인연 다해 죽음에 이르게 되니
번개 불 같은 한바탕의 꿈
아득해라 영혼이여 간 곳 어디며
망망해라 육신이여 고향 가셨소.

수위안좌진언 : 자리를 권하는 진언

옴 마니 군다니 훔훔 사바하. (3번)

헌다게 : 차 올리는 게송

온갖 초목 한결같은 신선한 차 맛
조주 스님 몇천 사람 권하였던가.
돌솥에다 맑은 물을 다려 드리니
망령이여, 드시고서 안락하소서

원사제령헐고륜   원사고혼헐고륜
願使諸靈歇苦輪   願使孤魂歇苦輪

헌식소
獻食疏

금일 영가 위주 상래소청 제불자등 각열명영가
今日 靈駕 爲主 上來召請 諸佛子等 各列名靈駕

향설오분지진향 훈발대지 등연반야지명등 조파혼구
香爇五分之眞香 熏發大智 燈燃般若之明燈 照破昏衢

다헌조주지청다 돈식갈정 과헌선도지진품 상조일미
茶獻趙州之淸茶 頓息渴情 果獻仙道之眞品 常助一味

식진향적지진수 영절기허
食進香積之珍羞 永絶飢虛

금일 영가 위주 상래소청 제불자등 각열명영가
今日 靈駕 爲主 上來召請 諸佛子等 各列名靈駕

어차물물 종종진수 부종천강 비종지용
於此物物 種種珍羞 不從天降 非從地聳

단종재자등 일편성심유출 나열영전 복유상향
但從齋者等 一片誠心流出 羅列靈前 伏惟尙饗

마하반야바라밀다심경 (참조_46쪽)
摩訶般若波羅蜜多心經

제령이여, 드시고서 안락하소서
고혼이여, 드시고서 안락하소서.

헌식소 : 공양을 올리는 글

금일 ○○○영가시여,
오분법신향을 올리오니, 대지혜를 여여하게 드러내소서.
반야의 밝은 등을 밝히오니, 갈래갈래 어두운 길 밝혀 가소서.
조주 스님 맑은 차를 다려 올리니, 단박에 목마름 면하소서.
신선계의 진품 과일 진열하오니, 청량한 맛 돋우소서.
향적세계 진수성찬 올리오니, 주림에서 벗어나소서.

금일 ○○○영가시여,
여기 차린 가지가지 음식물은
하늘에서 내려온 음식 아니며
땅에서 솟아 나온 음식도 아니고
오로지 재자들이 정성 다해서 영가님 전에 차렸으니,
흠향하소서.

마하반야바라밀다심경 (참조_ 47쪽)

풍송가지
諷誦加持

원차가지식	보변만시방
願此加持食	普遍滿十方
식자제기갈	득생안양국
食者除飢渴	得生安養國

시귀식진언
施鬼食眞言

옴 미기미기 야야 미기 사바하 (3번)

보공양진언
普供養眞言

옴 아아나 삼바바 바아라 훔 (3번)

보회향진언
普廻向眞言

옴 사마라 사마라 미마나 사라마하 자거라바 훔 (3번)

풍송가지 : 가지를 구하기 위해서 아뢰는 글

이 가지 공양이 시방세계 두루 하여서
드신 이는 굶주림과 목마름 덜고
극락세계 태어나소서.

시귀식진언 : 고혼에게 공양을 올리는 진언

옴 미기미기 야야 미기 사바하. (3번)

보공양진언 : 널리 공양하는 진언

옴 아아나 삼바바 바아라 훔. (3번)

보회향진언 : 널리 회향하는 진언

옴 사마라 사마라 미마나 사라마하 자거라바 훔. (3번)

공양찬
供養讚

수아차법식 하이아난찬 기장함포만 업화돈청량
受我此法食 何異阿難饌 飢腸咸飽滿 業火頓淸凉

돈사탐진치 상귀불법승 염념보리심 처처안락국
頓捨貪瞋癡 常歸佛法僧 念念菩提心 處處安樂國

범소유상 개시허망 약견제상비상 즉견여래
凡所有相 皆是虛妄 若見諸相非相 卽見如來

여래십호
如來十號

여래 응공 정변지 명행족 선서 세간해
如來 應供 正遍知 明行足 善逝 世間解

무상사 조어장부 천인사 불 세존
無上士 調御丈夫 天人師 佛 世尊

제법종본래 상자적멸상 불자행도이 내세득작불
諸法從本來 常自寂滅相 佛子行道已 來世得作佛

제행무상 시생멸법 생멸멸이 적멸위락
諸行無常 是生滅法 生滅滅已 寂滅爲樂

공양찬 : 공양을 찬탄함

지금 받은 법공양은 아난 찬과 다르잖고
주린 배는 배부르고 업의 불길 꺼지리다.
탐진치를 떨쳐내고 불법승에 의지하여
보리심을 잊잖으면 모든 곳이 극락이리.

무릇 형상 있는 모든 것은 허망하니,
모든 형상이 형상 아님을 보면 바로 여래를 보리라.

여래십호

여래 응공 정변지 명행족 선서 세간해
무상사 조어장부 천인사 불 세존.

모든 법은 본래부터 항상 적멸의 모습이니
이 도리를 잘 행하면 오는 세상 부처되리.

모든 행은 무상하니 생겨나고 사라지네.
생멸이 다해지면 다름 아닌 적멸이네.

장엄염불
莊嚴念佛

원아진생무별념　　아미타불독상수
願我盡生無別念　　阿彌陀佛獨相隨

심심상계옥호광　　염념불리금색상
心心常繫玉毫光　　念念不離金色相

아집염주법계관　　허공위승무불관
我執念珠法界觀　　虛空爲繩無不貫

평등사나무하처　　관구서방아미타
平等舍那無何處　　觀求西方阿彌陀

나무서방대교주 무량수여래불 나무아미타불
南無西方大敎主 無量壽如來佛 南無阿彌陀佛

극락당전만월용　　옥호금색조허공
極樂堂前滿月容　　玉毫金色照虛空

약인일념칭명호　　경각원성무량공
若人一念稱名號　　頃刻圓成無量功

아미타불재하방　　착득심두절막망
阿彌陀佛在何方　　着得心頭切莫忘

염도염궁무염처　　육문상방자금광
念到念窮無念處　　六門常放紫金光

장엄염불

원하오니 저희목숨 다할때까지
어느때나 아미타불 항상외우며
마음마다 옥호광명 떠올리면서
생각마다 금빛모습 간직하오며

염주들고 시방법계 관하옵나니
허공으로 끈을삼아 모두꿰어서
평등하신 노사나불 항상계시니
서방정토 아미타불 관하옵니다.

나무서방대교주 무량수여래불 나무아미타불.

서방정토 극락세계 만월같은 아미타불
금빛몸과 옥빛광명 온허공을 비추나니
누구든지 일념으로 아미타불 부른다면
순식간에 무량공덕 원만하게 이루리라.

아미타   부처님은 어느곳에 계시는가
마음깊이 새겨두고 간절하게 잊지마소.
생각하고 생각하여 무념처에 이른다면
여섯문이 어느때나 금색광명 빛나리라.

원공법계제중생 동입미타대원해
願共法界諸衆生 同入彌陀大願海

진미래제도중생 자타일시성불도
盡未來際度衆生 自他一時成佛道

나무 서방정토 극락세계 삼십육만억 일십일만 구천오백 동명동호
南無 西方淨土 極樂世界 三十六萬億 一十一萬 九千五百 同名同號

대자대비 아미타불 나무 서방정토 극락세계 불신장광 상호무변
大慈大悲 阿彌陀佛 南無 西方淨土 極樂世界 佛身長廣 相好無邊

금색광명 변조법계 사십팔원 도탈중생 불가설불가설전 불가설
金色光明 遍照法界 四十八願 度脫衆生 不可說不可說轉 不可說

항하사 불찰미진수 도마죽위 무한극수 삼백육십만억 일십일만
恒河沙 佛刹微塵數 稻麻竹葦 無限極數 三百六十萬億 一十一萬

구천오백 동명동호 대자대비 아등도사 금색여래 아미타불
九千五百 同名同號 大慈大悲 我等導師 金色如來 阿彌陀佛

나무문수보살 나무보현보살
南無文殊菩薩 南無普賢菩薩

나무관세음보살 나무대세지보살
南無觀世音菩薩 南無大勢至菩薩

나무금강장보살 나무제장애보살
南無金剛藏菩薩 南無除障碍菩薩

원하오니 시방법계 한량없는 모든중생
아미타불 원력바다 모두함께 들어가서
미래세가 다하도록 모든중생 제도하고
너나없이 모두함께 성불하기 원합니다.

서방정토 극락세계 장대한 몸과
가없는 상호를 지니셨고
금빛 광명으로 온 법계 비추시며,
사십팔원으로 항하의 모래알보다
더 많은 한량없는 중생을 건지시고,
삼백육십만억 일십일만 구천오백의 이름으로 불리며,
대자비로 우리를 이끄시는 스승이신
금색여래 아미타 부처님께 귀명합니다.

나무문수보살   나무보현보살

나무관세음보살   나무대세지보살

나무금강장보살   나무제장애보살

나무미륵보살　　　나무지장보살
南無彌勒菩薩　　　南無地藏菩薩

나무일체청정대해중보살마하살
南無一切淸淨大海衆菩薩摩訶薩

원공법계제중생　　　동입미타대원해
願共法界諸衆生　　　同入彌陀大願海

발원게
發願偈

시방삼세불 아미타제일 구품도중생 위덕무궁극
十方三世佛 阿彌陀第一 九品度衆生 威德無窮極

아금대귀의 참회삼업죄 범유제복선 지심용회향
我今大歸依 懺悔三業罪 凡有諸福善 至心用廻向

원동염불인 진생극락국 견불요생사 여불도일체
願同念佛人 盡生極樂國 見佛了生死 如佛度一切

왕생게
往生偈

원아임욕명종시 진제일체제장애 면견피불아미타 즉득왕생안락찰
願我臨欲命終時 盡除一切諸障碍 面見彼佛阿彌陀 卽得往生安樂刹

나무미륵보살　　나무지장보살

나무일체청정대해중보살마하살.

법계의 중생들이 아미타불 원력바다
모두 함께 들어가리라.

발원게

시방세계 부처님은 아미타불 제일이라
구품으로 중생 건져 위덕이 한량없네.
제가 지금 귀의하여 삼업 죄를 참회하고
모든 복과 선량한 업 지심으로 회향하니
염불하는 모든 이가 극락세계 태어나서
부처님 만나 뵙고 생사를 요달하여
부처님 그랬듯이 일체중생 건지오리다.

왕생게

제가 목숨 다할 때에 모든 장애 제거되어
아미타불 만나 뵙고 왕생극락하여지다.

원이차공덕 보급어일체 아등여중생 당생극락국
願以此功德 普及於一切 我等與衆生 當生極樂國

동견무량수 개공성불도
同見無量壽 皆共成佛道

봉안편
奉安篇

봉안게 (위패를 봉안할 때는 봉안게까지만 한다.)
奉安偈

생전유형질   사후무종적
生前有形質   死後無從跡

청입법왕궁   안심좌도량
請入法王宮   安心坐道場

봉송게 (위패를 태울 때는 봉송게 이하를 진행한다.)
奉送偈

봉송고혼계유정 지옥아귀급방생
奉送孤魂洎有情 地獄餓鬼及傍生

아어타일건도량 불위본서환래부
我於他日建道場 不違本誓還來赴

이 공덕이 모든 곳에 두루 퍼져
우리 모두 극락세계 태어나서
아미타불 친견하고
모두 함께 성불하여지이다.

봉안편

봉안게 : 위패를 편안히 봉안하는 게송

생전에 갖추었던 모습과 성품
죽고 나니 아무런 흔적도 없네.
법왕궁에 잘 들어가서
도량에 편안히 계십시오.

봉송게 : 영가를 보내는 게송

영가와 고혼, 유정, 지옥, 아귀, 축생계의 영가들을
함께 보내드리오니,
내가 다시 다른 날에 추선 도량 세우리니
본래 서원 잊지 말고 다시 돌아오소서.

3. 화엄시식
華 嚴 施 食

거불
擧 佛

나무 아미타불
南無 阿彌陀佛

나무 관세음보살
南無 觀世音菩薩

나무 대세지보살
南無 大勢至菩薩

찬좌송
讚 座 頌

불신충만어법계
佛身充滿於法界

보현일체중생전
普現一切衆生前

수연부감미부주
隨緣赴感靡不周

이항처차보리좌
而恒處此菩提座

3. 화엄시식

거불 : 불명을 칭하여 가피를 구함

나무 아미타불

나무 관세음보살

나무 대세지보살.

찬좌송 : 부처님이 자리에 앉으심을 찬탄하는 게송

법계에 충만하신 부처님 몸

모든 중생 앞에 드러내시고

인연 따라 감응하여 두루 하시니

늘 머무시는 이 자리가 보리좌이네.

청혼착어
請 魂 着 語

거사바세계 차사천하 남섬부주 해동 대한민국 ○○산 ○○사
據娑婆世界 此四天下 南贍部洲 海東 大韓民國 ○○山 ○○寺

청정 (수월) 도량
淸淨 (水月) 道場

금차 지극정성 (해당법회)지신 설향단전 봉청재자
今此 至極精誠 (該當法會)之辰 爇香壇前 奉請齋者

동참재자 각각등복위 상서선망 광겁부모 누대종친 제형숙백
同參齋者 各各等伏爲 上逝先亡 曠劫父母 累代宗親 弟兄叔伯

자매질손 각열위열명영가
姉妹姪孫 各列位列名靈駕

차사 최초 창건이래 중건중수 조불조탑 불량등촉 내지
此寺 最初 創建以來 重建重修 造佛造塔 佛糧燈燭 乃至

불전내외 일용범제집물 화주시주 도감별좌 조연양공
佛殿內外 日用凡諸什物 化主施主 都監別座 助緣良工

사사시주등 각열위열명영가
四事施主等 各列位列名靈駕

차 도량내외 동상동하 일체유주무주고혼 제불자등 각열위열명영가
此 道場內外 洞上洞下 一切有主無主孤魂 諸佛子等 各列位列名靈駕

청혼착어 : 영가를 불러 법어를 들려줌

　　오늘 사바세계 남섬부주 대한민국

　　【사찰 주소 ○○산 ○○사】청정(수월)도량에서

　　지극한 마음으로【재자의 주소】에 거주하는

　　생전에 모시던【직계 가족들 이름】등은

　　먼저 가신 불자【법명 본명】영가의 ○○재를 맞이하여

　　(불자【법명 본명】영가의 천도를 위해)

지금 지성으로 향단을 마련하여,

청하는 재자와 동참한 재자 각각 등의

먼저 가신 부모와 누대종친, 형제숙부,

자매와 조카와 손자 등 각각의 영가들과

이 도량을 최초 창건한 이래 중건하거나 중수하거나

불탑을 세우거나 불전에 공양미를 올렸거나

등과 초를 올린 영가들과 불전 안팎에 쓰이는

모든 집기들을 화주하고 시주한 영가들과

절 살림을 맡은 도감과 별좌와 가사를 지은 이들과

이 불사에 동참한 시주를 비롯한 모든 영가들과

이 도량 안팎의 위아래 마을의 주처가 있거나 주처가 없는

외로운 혼의 모든 불자 영가들과

내지 철위산간 무간지옥 일일일야 만사만생 수고함령등
乃至 鐵圍山間 無間地獄 一日一夜 萬死萬生 受苦含靈等

각열위열명영가 내지 겸급법계 사생칠취 삼도팔난 사은삼유 유정
各列位列名靈駕 乃至 兼及法界 四生七趣 三途八難 四恩三有 有情

애혼제불자등 각열위열명영가
哀魂諸佛子等 各列位列名靈駕

유원 승불신력 내예향단 동첨법공 증오무생
唯願 承佛神力 來詣香壇 同霑法供 證悟無生

화엄공양
華嚴供養

보방광명향장엄	종종묘향집위장
普放光明香莊嚴	種種妙香集爲帳

보산시방제국토	공양일체대덕존 (1배)
普散十方諸國土	供養一切大德尊

우방광명다장엄	종종묘다집위장
又放光明茶莊嚴	種種妙茶集爲帳

보산시방제국토	공양일체영가중 (1배)
普散十方諸國土	供養一切靈駕衆

철위산의 무간지옥에서 하루 낮 하루 밤에 만 번 죽고, 만 번 사는

온갖 고통을 받는 모든 영가들과 더불어 법계의 모든 중생과

네 가지로 태어나는 일곱 갈래의 세계와 여덟 가지 어려움의

지옥, 아귀, 축생의 삼악도와 네 가지로 은혜 입은 영가들과

삼악도와 팔난에 빠진 일체의 슬프고 외로운 불자 등, 각각의

모든 영가님들을 청하오니 부처님의 위신력을 받들어 이 향단에 이르러

서, 다 같이 법공양을 받으시고 무생법인 깨달으소서.

화엄공양 : 온갖 공덕의 꽃으로 공양함

빛을 놓아 향으로써 장엄을 하니

온갖 향연 휘장처럼 드리워지고

시방세계 국토마다 널리 퍼져서

두루두루 부처님께 공양하옵니다. (1배)

빛을 놓아 맑은 차로 장엄을 하니

온갖 다향 휘장처럼 드리워지고

시방세계 국토마다 널리 퍼져서

두루두루 영가들께 공양하옵니다. (1배)

우방광명미장엄　　　　종종묘미집위장
又放光明米莊嚴　　　　種種妙米集爲帳

보산시방제국토　　　　공양일체고혼중 (1배)
普散十方諸國土　　　　供養一切孤魂衆

우방광명법자재　　　　차광능각일체중
又放光明法自在　　　　此光能覺一切衆

영득무진다라니　　　　실지일체제불법
令得無盡陀羅尼　　　　悉持一切諸佛法

가지공양
加持供養

법력난사의　　　　대비무장애
法力難思議　　　　大悲無障碍

입립변시방　　　　보시주법계
粒粒遍十方　　　　普施周法界

금일소수복　　　　보첨어귀취
今日所修福　　　　普霑於鬼趣

식이면극고　　　　사신생낙처
食已免極苦　　　　捨身生樂處

빛을 놓아 쌀을 내어 장엄을 하니
온갖 향미 휘장처럼 드리워지고
시방세계 국토마다 널리 퍼져서
두루두루 고혼들께 공양하옵니다. (1배)

빛을 놓아 부처님 법 가림 없으니
이 광명이 모든 중생 깨닫게 하고
다함없는 다라니를 얻도록 하여
세세생생 일체불법 지녀지이다.

가지공양 : 공양을 올려 가피를 청함

법의 깊이 생각으로 미칠 수 없고
대자대비 베푸시니 장애가 없네.
온 세상에 두루한 곡식 낱알을
법계 중생 모두에게 베푸옵니다.

오늘 여기에서 닦여지는 수승한 복은
아귀 나찰 귀신계에 널리 보태져
먹고 나면 심한 고통 모두 면하고
괴로운 몸 버리고서 극락 나소서.

보공양진언
普供養眞言

옴 아아나 삼바바 바아라 훔 (3번)

변식진언
變食眞言

나막 살바다타 아다 바로기제 옴 삼바라 삼바라 훔 (3번)

시감로수진언
施甘露水眞言

나무 소로바야 다타아다야 다냐타 옴 소로소로
바라소로 바라소로 사바하 (3번)

일자수륜관진언
一字水輪觀眞言

옴 밤 밤 밤밤 (3번)

유해진언
乳海眞言

나무 사만다 못다남 옴 밤 (3번)

보공양진언 : 널리 공양하는 진언

옴 아아나 삼바바 바아라 훔. (3번)

변식진언 : 부처님의 가지로써 공양한 음식을 질적·양적으로 변화시키는 진언

나막 살바다타 아다 바로기제 옴 삼바라 삼바라 훔. (3번)

시감로수진언 : 감로수가 흘러나오는 진언

나무 소로바야 다타아다야 다냐타 옴 소로소로
바라소로 바라소로 사바하. (3번)

일자수륜관진언 : '밤' 자에서 우유가 한량없이 나오는 진언

옴 밤 밤 밤밤. (3번)

유해진언 : 우유가 바다같이 많아져 베풀어지는 진언

나무 사만다 못다남 옴 밤. (3번)

반야심경 (참조_ 46쪽)
般若心經

가지소
加持疏

원차가지식	보변만시방
願此加持食	普遍滿十方

식자제기갈	득생안양국
食者除飢渴	得生安養國

시귀식진언
施鬼食眞言

옴 미기미기 야야미기 사바하 (3번)

시무차법식진언
施無遮法食眞言

옴 목역능 사바하 (3번)

발보리심진언
發菩提心眞言

옴 모지짓다 못다 바나야 믹 (3번)

반야심경 (참조_ 47쪽)

가지소 : 가피를 바람

이 가지 공양이 시방세계 두루 하여서
드신 이는 굶주림과 목마름 덜고
극락세계 태어나소서.

시귀식진언 : 고혼에게 공양을 올리는 진언

옴 미기미기 야야미기 사바하.(3번)

시무차법식진언 : 차별 없이 법식을 베푸는 진언

옴 목역능 사바하. (3번)

발보리심진언 : 보리심을 일으키는 진언

옴 모지짓다 못다 바나야 믹. (3번)

보회향진언
普廻向眞言

옴 사마라 사마라 미마나 사라마하 자거라바 훔 (3번)

십념 — 목탁, 요령, 송주성
十念

청정법신비로자나불
清淨法身毘盧遮那佛

원만보신노사나불
圓滿報身盧舍那佛

천백억화신석가모니불
千百億化身釋迦牟尼佛

구품도사아미타불
九品導師阿彌陀佛

당래하생미륵존불
當來下生彌勒尊佛

시방삼세일체제불
十方三世一切諸佛

시방삼세일체존법
十方三世一切尊法

대지문수사리보살
大智文殊舍利菩薩

대행보현보살
大行普賢菩薩

대비관세음보살
大悲觀世音菩薩

대원본존지장보살
大願本尊地藏菩薩

제존보살마하살
諸尊菩薩摩訶薩

마하반야바라밀
摩訶般若波羅蜜

보회향진언 : 널리 회향하는 진언

옴 사마라 사마라 미마나 사라마하 자거라바 훔.(3번)

십념 : 열 분의 불보살님을 억념함

청정법신비로자나불 원만보신노사나불

천백억화신석가모니불　　구품도사아미타불

당래하생미륵존불　　시방삼세일체제불

시방삼세일체존법　　대지문수사리보살

대행보현보살　　　　대비관세음보살

대원본존지장보살　　제존보살마하살

마하반야바라밀.

안과편
安 過 篇

안과게
安 過 偈

상래소청 제불자등 각열위열명영가
上來召請 諸佛子等 各列位列名靈駕

기래화연 포찬선열 방하신심 안과이주
旣來華筵 飽饌禪悅 放下身心 安過而住

안과편 : 위패를 봉송하지 않을 때

안과게 : 편안히 모시는 게송

위에서 청해 모신 모든 영가들이시여,
화엄회상에 오셔서 허기 면하고
선열의 기쁨 얻었으니
몸과 마음 쉬시고 편안히 머무소서.

III

생활 의례

제1장

임종, 문상

생로병사는 아무도 피할 수 없는 일련의 과정이다. 특히 '임종'은 이승의 인연을 다하고 다음 생을 향하여 떠나는 일로, 고인으로서는 고되고 보람 있는 삶을 편안히 마감하고, 유가족에게는 회자정리(會者定離)의 이치를 깨닫고 고인과의 아름다운 인연을 가슴에 간직하게 하는 소중한 시간이다. 엄숙하고 간절한 마음으로 고인을 보낼 수 있도록 의례에 정성을 다해야 하며, 특히 유가족에게는 덧없음의 이치를 깨달아 이번 생을 더 가치 있게 살 수 있도록 위로와 격려를 보내주어야 한다.

1. 임종의례

1. 삼귀의 → 2. 반야심경 독송 → 3. 수계 → 4. 독경 또는 법문 → 5. 염불 → 6. 극락세계 발원문 → 7. 섭수게

먼저 환자를 방문하고 위로한 후, 환자의 주변을 깨끗이 정돈하고, 향을 사른다.
(환자의 건강 상태에 따라 향은 생략해도 된다.)

서쪽으로 환자를 눕히고 이동식 소형 불감(佛龕)에 모셔져 있는 아미타부처님의 손과
환자의 집게손가락을 오색실로 연결한다.

— 환자의 상태에 따라 간략하게 '삼귀의 · 수계 · 염불 · 사홍서원'의 식순만 해도 된다.

— 더 약식으로 할 경우, 수계와 염불만 한다.

— 수계를 받은 사람은 수계를 생략해도 된다.

1) 삼귀의

거룩한 부처님께 귀의합니다.

거룩한 가르침에 귀의합니다.

거룩한 스님들께 귀의합니다.

2) 반야심경 독송

마하반야바라밀다심경

관—자재보살이— 깊은 반야바라밀다를— 행할 때,—

오온이— 공한 것을 비추어— 보고 온갖 고통에서 건너느니라.—

사리자여! 색이 공과 다르지— 않고 공이 색과 다르지— 않으며,—

색이 곧— 공이요 공이 곧— 색이니, 수 상 행 식도— 그러하니라.

사리자여! 모든 법은 공하여— 나지도— 멸하지도 않으며,

더럽지도 깨끗하지도— 않으며, 늘지도— 줄지도— 않느니라.

그러므로 공— 가운데는 색이 없고 수 상 행 식도— 없으며,—

안 이 비— 설 신 의도 없고,

색 성 향— 미 촉 법도 없으며,

눈의 경계도— 의식의— 경계까지도— 없고,

무명도— 무명이— 다함까지도— 없으며,

늙고 죽음도— 늙고 죽음이— 다함까지도— 없고,

고 집 멸 도도— 없으며, 지혜도— 얻음도— 없느니라.

얻을 것이 없는 까닭에— 보살은— 반야바라밀다를— 의지하므로

마음에— 걸림이— 없고 걸림이— 없으므로 두려움이 없어서,

뒤바뀐— 헛된 생각을— 멀리 떠나 완전한— 열반에— 들어가며,

삼세의— 모든 부처님도 반야바라밀다를— 의지하므로—

최상의— 깨달음을 얻느니라.

반야바라밀다는— 가장 신비하고 밝은 주문이며 위없는— 주문이며

무엇과도 견줄 수— 없는 주문이니,

온갖 괴로움을 없애고— 진실하여 허망하지 않음을— 알지니라.

이제 반야바라밀다주를 말하리라.

아제아제 바라아제 바라승아제— 모지 사바하. (3번)

3) 수계

(1) 수삼귀의계
授 三 歸 依 戒

수계자는 편안한 마음으로 저의(계사) 말을 자세히 들으시기 바랍니다.

강을 건너려면 배에 의지해야 하고,

밤길을 가려고 하면 등불을 의지해야 하듯이

수계자가 앞으로 의지해야 할 것은 불·법 · 승 삼보입니다.

삼보란, 부처님과 부처님의 가르침과 거룩한 스님들을 말합니다.

수계자는 깊이 마음에 새기시어 한마음으로

불 · 법·승 삼보께 귀의하시기 바랍니다.

진실한 마음으로 저의 말을 따라 하십시오.

    계 사: 거룩하신 부처님께 귀의합니다.

    수계자: 거룩하신 부처님께 귀의합니다.

    계 사: 거룩하신 가르침에 귀의합니다.

    수계자: 거룩하신 가르침에 귀의합니다.

    계 사: 거룩하신 스님들께 귀의합니다.

    수계자: 거룩하신 스님들께 귀의합니다.

이제 삼보께 귀의하셨습니다.

(2) 수오계

다음은 불자가 지켜야 할 오계를 말씀드리겠습니다.

수계자는 다시 자세히 들으시기 바랍니다.

오계는 부처님이 계시는 곳에 이를 수 있는

훌륭한 사다리와 같은 것입니다.

또한 오계를 수지하고 실천하면 그동안 쌓인 업장은 녹고,

공덕이 늘어나 마침내는 부처가 되기도 합니다.

수계자는 제가 설하는 계목을 잘 들으십시오.

첫째: 살생하지 않습니다.

둘째: 주지 않는 남의 것을 훔치지 않습니다.

셋째: 사음하지 않습니다.

넷째: 거짓말을 하지 않습니다.

다섯째: 술을 마시지 않습니다.

이상이 부처님의 오계 법문입니다.

계 사: 수계자는 제가 설한 오계를 받아 지녀서 잘 지키겠습니까?

수계자: "예, 잘 지키겠습니다"(라고 대답합니다.)

계 사: 수계자는 제가 설한 오계를 받아 지녀서 잘 지키겠습니까?

수계자: "예, 잘 지키겠습니다"(라고 대답합니다.)

계 사: 수계자는 제가 설한 오계를 받아 지녀서 잘 지키겠습니까?

수계자: "예, 잘 지키겠습니다"(라고 대답합니다.)

> * 수계자는 남자는 왼팔, 여자는 오른팔을 걷고 '참회진언'을 외면서 연비한다.
> 연비 자리는 힘줄이나 혈관을 피한다.
> 쑥으로 하는 연비일 경우, 모두 타고 나면 손가락으로 살짝 눌러주어야 한다.
> 상황에 따라 불을 붙이지 않은 향을 사용하여 연비를 해도 된다.

참회진언

옴 살바 못자 모지 사다야 사바하. (3~108번)

이제 수계자에게 ○○(법명)라는 법명을 드리겠습니다.

이 시간 이후로 ○○(법명)불자님은

부처님의 제자로 다시 태어났습니다.

제가 설한 오계는, 부처님의 증명 아래 제가(계사) 대신하여 드린 것이니,

잘 수지하고 실천하여 태어나는 곳마다 보살도를 이루어

마침내는 부처님이 되시기 바랍니다.

나무 석가모니불,

나무 석가모니불,

나무 시아본사 석가모니불.

4) 독경 또는 법문

* 경전은 『아미타경』, 『금강경』 등을 독송한다.
  독송이 여의치 않을 경우 독송용 오디오나 녹음테이프를 틀어도 된다.
* 스님을 모실 경우 법문을 한다. 법문은 10분 이내로 간략하게 한다.
* 법문 내용은 생사윤회와 인과의 도리를 밝혀주며 환자의 극락왕생을 발원하는 내용으로 한다.
  아미타불을 일심으로 염하면 정토에 가서 태어날 수 있다는 확신을 심어준다.

정구업진언 : 구업을 맑히는 진언

수리수리 마하수리 수수리 사바하. (3번)

오방내외안위제신진언 : 오방내외에 신중을 모시는 진언

나무 사만다 못다남 옴 도로도로 지미 사바하. (3번)

개경게 : 경전을 펴는 게송

위없이   심히 깊은 미묘한 법을
백천만겁 지난들~   어찌 만나리.
제가 이제 보고 듣고 받아지니니
부처님의 진실한 뜻 알아지이다.

개법장진언 : 법장을 여는 진언

옴 아라남 아라다. (3번)

(경전 독송)

5) 염불

* 나무아미타불 염불을 시간이 허락하는 범위 내에서 진행한다.

6) 극락세계 발원문

천강을 비추는 달처럼
중생 소망 따라 감응하시는 부처님!
이번에 ○○불자가 이제 세상 인연 다하여
아미타 부처님 품으로 돌아가려 하오니
다겁생의 인연으로 이생에서 가족(친지, 연인, 친구, 동료 등)으로
만났다가 헤어지는 가슴 저린 비애와 슬픔
무엇으로 위로해야 하오리까?

○○불자께서는 생전에 마음 씀이 곱디곱고
아름다운 공덕행을 쌓았으니

아미타불과 관음세지 두 보살님을 비롯한 수많은 화신불의 영접받아
아미타불 극락정토에 왕생하리라 믿습니다.

이제 이승에 남긴 인연과 미련은 모두 떨어버리고
아미타 부처님 칠보연못 연꽃 속에 태어나서
무생법인의 법락을 누리소서.

또한 남은 가족 모두 건강히 뜻하는 일 다 잘 이루고
부처님 진리 안에서 돈독한 신심 가꿔
위없는 깨침 언덕 이르도록 은덕을 베풀어 주소서.

이제 인연 맺은 사람들은
아미타불의 가피와 ○○불자의 극락왕생 깊이 믿고
돈독한 신심으로 ○○불자의 왕생극락하시길 발원하나이다.

간절히 서방정토 아미타 부처님께 절하며
○○불자의 극락왕생을 발원하오니
가피 내려 주옵소서.

나무 아미타불
나무 아미타불
나무 서방극락세계 아미타불.

7) 섭수계

서방정토 극락으로 중생 인도 하옵시는
아미타   부처님께 머리 숙여 절하오며
제가 이제 일심으로 극락왕생 발원하니
자비하신 원력으로 섭수하여 주옵소서.

2. 문상
問喪

1) 영안실(빈소)

거불
擧佛

나무 극락도사 아미타불
南無 極樂導師 阿彌陀佛

나무 관음세지 양대보살
南無 觀音勢至 兩大菩薩

나무 대성인로왕보살
南無 大聖引路王菩薩

창혼
唱魂

거 사바세계 동양 대한민국 ○○○(주소) 장례식장 결계도량
據 娑婆世界 東洋 大韓民國 ○○○   葬禮式場 結界道場

금차 지극정성 장례봉청재자 모 거주 모 복위
今此 至極精誠 葬禮奉請齋者 某 居住 某 伏爲

불자 ○○(법명) ○○○(이름) 영가
佛子 ○○   ○○○   靈駕

2. 문상

1) 영안실(빈소)

거불 : 불명을 칭하여 가피를 구함

나무 극락도사 아미타불

나무 관음세지 양대보살

나무 대성인로왕보살.

창혼 : 영가를 부름

사바세계 동양 대한민국 (장례식장 명칭)

불자 ○○(법명) ○○○(이름) 영가시여.

신원적수위안좌진언
新圓寂受位安坐眞言

옴 마니 군다니 훔훔 사바하 (3번)

경전독송
經典讀誦

장엄염불 (참조_ 440쪽)
莊嚴念佛

왕생발원문
往生發願文

이 발원문은 한문이 아닌 한글로 작성되었으므로

한문본은 게재하지 않습니다.

신원적수위안좌진언

옴 마니 군다니 훔훔 사바하. (3번)

경전독송

장엄염불 (참조_ 441쪽)

왕생발원문

대자대비하신 아미타 부처님이시여,
저희들이 일심으로 발원하오니
오늘 세연 다한 ○○○영가께
막힘없는 크신 위덕 내려지이다.

지난 생과 살아생전 지은 죄업은
모두 다 남김없이 소멸되고
살아생전 못다 한 수행공덕은
한결같이 원만하게 갖춰지오며

왕생발원문

往 生 發 願 文

이 발원문은 한문이 아닌 한글로 작성되었으므로
한문본은 게재하지 않습니다.

잠시라도 어두운 길 머물지 말고
서방정토 극락세계 곧바로 가서
아미타 부처님을 친견하옵고
위없는 미묘 법문 받아 지니며

무생법인 남김없이 요달하시고
위없는 깨달음을 이룩하시어
이 세간에 원력으로 다시 오실 때
모든 이의 성불 인연 갖춰 오소서.

금일 재자 가정에는 갈등 없이
평화롭고 자유로워서
뜻하는 일 원만하게 이루어지고
부처님의 미묘 법문 고루 닦아서
수행 공덕 더욱더욱 증장하여지이다.

이 공덕이 일체의 중생에게 널리 미쳐
우리 모두 불도 함께 이뤄지이다.

2) 염습·입관·성복제
殮襲 入棺 成服祭

(1) 염습
殮襲

신원적 ○○○영가
新圓寂 ○○○靈駕

수무상계
授無常戒

부무상계자 입열반지요문
夫無常戒者 入涅槃之要門

월고해지자항 시고 일체제불 인차계고
越苦海之慈航 是故 一切諸佛 因此戒故

이입열반 일체중생 인차계고 이도고해
而入涅槃 一切衆生 因此戒故 而度苦海

모영
某靈

여금일 형탈근진 영식독로
汝今日 迥脫根塵 靈識獨露

수불무상정계 하행여야
受佛無上淨戒 何幸如也

2) 염습·입관·성복제

(1) 염습

신원적 ○○○영가시여.

수무상계 : 무상계를 설함

무상계는 열반으로 들어가는 요긴한 문이며
고통바다 건너가는 자비의 배이니
부처님도 이 계로써 열반에 드셨고
중생들도 이 계로써 고통바다 건너가나니

금일 ○○영가시여,
이제 오늘 몸과 마음에서 벗어나니
신령스런 마음자리 뚜렷이 드러나고
부처님의 위없는 청정계를 받으오니
어찌 다행한 일이 아니리오.

모영
某靈

겁화통연 대천구괴 수미거해
劫火洞然 大千俱壞 須彌巨海

마멸무여 하황차신 생로병사 우비고뇌 능여원위
磨滅無餘 何況此身 生老病死 憂悲苦惱 能與遠違

모영
某靈

발모조치 피육근골 수뇌구색 개귀어지
髮毛爪齒 皮肉筋骨 髓腦垢色 皆歸於地

타체농혈 진액연말 담루정기 대소변리
唾涕膿血 津液涎沫 痰淚精氣 大小便利

개귀어수 난기귀화 동전귀풍 사대각리
皆歸於水 煖氣歸火 動轉歸風 四大各離

금일망신 당재하처
今日亡身 當在何處

모영
某靈

사대허가 비가애석 여종무시이래 지우금일
四大虛假 非可愛惜 汝從無始已來 至于今日

금일 ○○영가시여,

겁의 불길 활활 타면 대천세계 무너지고

수미산도 닳아지고 큰 바다도 마르거늘

하물며 이 몸의 생로병사 근심 걱정 슬픔 고뇌

어찌 남아 있으리오.

금일 ○○영가시여,

살과 뼈는 흙으로 돌아가고

피와 땀은 물로 돌아가며

몸의 따스한 기운은 불로 돌아가고

움직이던 기운은 바람으로 돌아가서

사대요소 제각기 흩어지니

금일 영가의 몸이 어디 있다 하오리까.

금일 ○○영가시여,

흙과 물, 불과 바람 사대로 이루어진

영가의 몸 헛되고도 허망한 것이오니

애석해 할 이유 있으리오.

금일 ○○영가시여,

○○영가님은 시작 없는 옛적부터 오늘에 이르도록

무명연행 행연식
無明緣行 行緣識

식연명색 명색연육입 육입연촉
識緣名色 名色緣六入 六入緣觸

촉연수 수연애 애연취 취연유
觸緣受 受緣愛 愛緣取 取緣有

유연생 생연노사우비고뇌
有緣生 生緣老死憂悲苦惱

무명멸즉행멸 행멸즉식멸
無明滅則行滅 行滅則識滅

식멸즉명색멸 명색멸즉육입멸
識滅則名色滅 名色滅則六入滅

육입멸즉촉멸 촉멸즉수멸
六入滅則觸滅 觸滅則受滅

수멸즉애멸 애멸즉취멸
受滅則愛滅 愛滅則取滅

취멸즉유멸 유멸즉생멸
取滅則有滅 有滅則生滅

생멸즉노사우비고뇌멸
生滅則老死憂悲苦惱滅

무명으로 말미암아 행업[行]이 생기고
행업으로 말미암아 의식[識]이 생기며
의식으로 말미암아 명색[名色]이 생기고
명색으로 말미암아 육입[六入]이 생기며
육입으로 말미암아 감촉[觸]이 생기고
감촉으로 말미암아 느낌[受]이 생기며
느낌으로 말미암아 애착[愛]이 생기고
애착으로 말미암아 집착[取]이 생기며
집착으로 말미암아 존재[有]가 생기고
존재로 말미암아 태어남[生]을 받게 되며
태어남으로 말미암아 늙음 죽음 근심 슬픔 고뇌가 생겨나네.

그러므로 무명이 사라지면 행업이 사라지고
행업이 사라지면 의식이 사라지며
의식이 사라지면 명색이 사라지고
명색이 사라지면 육입이 사라지며
육입이 사라지면 감촉이 사라지고
감촉이 사라지면 느낌이 사라지며
느낌이 사라지면 애착이 사라지고
애착이 사라지면 집착이 사라지며
집착이 사라지면 존재가 사라지고
존재가 사라지면 태어남 사라지며
태어남이 사라지면 늙음 죽음 근심 슬픔 고뇌가 사라지네.

제법종본래 상자적멸상
諸法從本來 常自寂滅相

불자행도이 내세득작불
佛子行道已 來世得作佛

제행무상 시생멸법 생멸멸이 적멸위락
諸行無常 是生滅法 生滅滅已 寂滅爲樂

귀의불타계 귀의달마계 귀의승가계
歸依佛陀戒 歸依達磨戒 歸依僧伽戒

나무 과거보승여래
南無 過去寶勝如來

응공 정변지 명행족 선서 세간해
應供 正遍知 明行足 善逝 世間解

무상사 조어장부 천인사 불 세존
無上師 調御丈夫 天人師 佛 世尊

모영 탈각오음각루자 영식독로 수불무상정계
某靈 脫却五陰殼漏子 靈識獨露 受佛無上淨戒

기불쾌재 기불쾌재 천당불찰 수념왕생 쾌활쾌활
豈不快哉 豈不快哉 天堂佛刹 隨念往生 快活快活

서래조의최당당 자정기심성본향
西來祖意最堂堂 自淨其心性本鄉

묘체담연무처소 산하대지현진광
妙體湛然無處所 山河大地現眞光

모든 현상 본래부터 항상 적멸의 모습이니
이 도리를 잘 행하면 오는 세상 부처되리.

모든 행은 무상하니 생겨나고 사라지네.
생멸이 다해지면 다름 아닌 적멸이네.

부처님께 귀의하소서.
가르침에 귀의하소서.
스님들께 귀의하소서.

나무 과거 보승여래 응공 정변지 명행족 선서
세간해 무상사 조어장부 천인사 불 세존

금일 ○○영가여, 허망한 몸 훌훌 벗어
신령스런 마음자리 뚜렷이 드러나고
부처님의 가장 높은 청정계를 받았으니
이 어찌 유쾌하고 유쾌하지 아니하며
극락세계 마음대로 가서 나게 되었으니
이 어찌 쾌활하고 쾌활하지 않으리오.

달마조사 오신 뜻이 너무나도 당당하니
본래 맑은 마음자리 자성의 고향이라.
묘한 본체 맑디맑아 일정 처소 없건마는
산하대지 두두물물 청정법신 드러나네.

이발
理髮

신원적 ○○○영가
新圓寂 ○○○ 靈駕

생종하처래 사향하처거 생야일편부운기 사야일편부운멸
生從何處來 死向何處去 生也一片浮雲起 死也一片浮雲滅

부운자체본무실 생사거래역여연 독유일물상독로 담연불수어생사
浮雲自體本無實 生死去來亦如然 獨有一物常獨露 湛然不隨於生死

신원적 모인 영가 환회득 담연지일물마
新圓寂 某人 靈駕 還會得 湛然底一物麼

화탕풍요천지괴 요요장재백운간 금자이발단진무명
火湯風搖天地壞 寥寥長在白雲間 今玆理髮斷盡無明

십사번뇌 하유부기 일편백운횡곡구 기다귀조진미소
十使煩惱 何由復起 一片白雲橫谷口 幾多歸鳥盡迷巢

목욕
沐浴

신원적 ○○○영가
新圓寂 ○○○ 靈駕

약인욕식불경계 당정기의여허공 원리망상급제취 영심소향개무애
若人欲識佛境界 當淨其意如虛空 遠離妄想及諸趣 令心所向皆無碍

이발

신원적 ○○○영가시여,

이 세상에 오실 때엔 어디로부터 오셨으며, 이 세상을 떠나실
때엔 어디로 가시나이까? 태어나는 것이 한조각 구름이
이는 것 같고 죽어 가는 것 또한 한 조각 구름이 사라져 가는
것 같습니다. 떠 있는 구름에 실체가 없으니 생사도 그러합니다.
영가께서는 비록 그러하나 만물이 흩어져서 홀로이 남아
생사에 걸림 없는 한 물건의 정체를 알아차리신다면,
당신의 앞에는 생사가 없는 대 열반의 길이 열릴 것이옵니다.
영가시여, 그 한 물건의 정체를 알겠습니까?
불길이 타오르고 바람이 일어 하늘, 땅, 세간이 허물어져도
뜬구름 그 사이에 자재하여 무명을 끊으니 백팔번뇌
온갖 죄업은 일편백운 동구 밖으로 비끼었나이다.
얼마나 많은 새가 길을 잃었던가

목욕 : 씻김

신원적 ○○○영가시여,

경에 이르시기를 "부처님의 경계를 알고자 한다면 마음을 밝혀 허공같
이 하여라. 망상과 번뇌를 모두 여의면 마음을 내키는 곳 걸림 없으리
라." 하셨습니다.

신원적 모인 영가 환당정기의 여허공마 기혹미연 갱청주각
新圓寂 某人 靈駕 還當淨其意 如虛空麼 其或未然 更聽註脚

차 정각지성 상지제불 하지육범 일일당당
此 正覺之性 上至諸佛 下之六凡 一一堂堂

일일구족 진진상통 물물상현 부대수성 요요명명
一一具足 塵塵上通 物物上現 不待修成 了了明明

(염주장운) 환견마 (타하주장운) 환문마
(拈拄杖云) 還見麼 (打下拄杖云) 還聞麼

기 요요견 기 역력문 필경시개심마
旣 了了見旣 歷歷聞 畢竟是個甚麼

불면유여정만월 역여천일방광명 금자목욕 환망진구
佛面猶如淨滿月 亦如千日放光明 今玆沐浴 幻妄塵垢

획득금강불괴지신 청정법신무내외 거래생사일진상
獲得金剛不壞之身 淸淨法身無內外 去來生死一眞常

세수
洗手

신원적 ○○○영가
新圓寂 ○○○靈駕

내무소래 여 랑월지영현천강 거무소거 사 징공이형분제찰
來無所來 如 朗月之影現千江 去無所去 似 澄空而形分諸刹

금일 영가시여, 마음을 허공같이 맑게 하셨습니까?

만일 그렇지 못하면 다시 설명해 드리오리다.

이 정각의 성품은 불보살과 육도중생이 낱낱이 당당하고

낱낱이 구족하여 산하대지 어디에나 드러났고 티끌마다

분명한 것이니, 이것은 닦아서 되는 것이 아니라

본래부터 맑고 분명한 것입니다.

(요령 든 손을 보이며) 이 요령을 보시오.

(요령을 한 번 흔들고 이르되) 들으시오.

분명히 보고 듣는다면 이것이 무엇입니까?

위없는 참 법신은 둥근 보름달과도 같고

일천 해가 빛을 뿜는 것과도 같습니다.

이제 허망하고 거짓된 때를 씻으시니

금강석처럼 무너지지 않는 몸을 얻었습니다.

청정한 법신은 안팎이 없으니 생사거래가 동일한 진상입니다.

세수 : 손을 씻음

신원적 ○○○영가시여,

와도 온 자취가 없으니 밝은 달이 강물에 비친 것 같고,

가도 가는 곳이 없으니 허공이 누리에 두루한 것 같습니다.

신원적 ○○○영가
新圓寂 ○○○靈駕

사대각리여몽중 육진심식본래공
四大各離如夢中 六塵心識本來空

욕식불조회광처 일락서산월출동
欲識佛祖回光處 日落西山月出東

금자세수 취리분명 시방불법 교연장내
今玆洗手 取理分明 十方佛法 皎然掌內

만목청산 무촌수 현애살수장부아
滿目靑山 無寸樹 懸崖撒手丈夫兒

세족
洗足

신원적 ○○○영가
新圓寂 ○○○靈駕

생시적적불수생	사거당당불수사
生時的的不隨生	死去當當不隨死
생사거래무간섭	정체당당재목전
生死去來無干涉	正體當當在目前

금일 영가시여,
경에 말씀하시기를 "사대가 제각기 흩어지니 꿈결과 같고 육진과 심식
이 본래 공하도다. 불조께서 깨달으신 도리를 알려느냐?
서산 너머 해가 지면 달은 다시 동쪽이라." 하셨습니다.
이제 손을 씻으니 이 도리를 분명히 잡으시면
시방세계의 불법이 손바닥 안에 소상하실 것입니다.

금일 영가시여,
나무에 올라가 가지 끝에 매달리는 일, 신기할 것 못 되나니,
천 길 벼랑에 매달렸다가 손을 터는 대장부같이 영가시여,
그동안의 관념을 모두 버리고 법신의 높은 경지로 눈길을 돌리소서.

세족 : 발을 씻음

신원적 ○ ○ ○ 영가시여,
옛 어른의 말씀에 이런 시구가 있습니다.

> 태어날 때 분명해서 남을 따르지 않고
> 죽을 때 당당해서 죽음을 따르지 않는다.
> 생사의 오가는 길에 걸림이 없나니
> 본바탕은 의젓하게 언제나 눈앞이라.

신원적 모인 영가
新圓寂 某人 靈駕

금자세족 만행원성 일거일보 초등법운
今玆洗足 萬行圓成 一擧一步 超登法雲

단능일념귀무념 고보비로정상행
但能一念歸無念 高步毘盧頂上行

착군
着裙

신원적 ○○○영가
新圓寂 ○○○ 靈駕

사대성시 저 일점영명불수성 사대괴시 저 일점영명불수괴 생사성괴등
四大成時 這 一點靈明不隨成 四大壞時 這 一點靈明不隨壞 生死成壞等

공화 원친숙업금하재 금기부재멱무종 탄연무애약허공
空花 寃親宿業今何在 今旣不在覓無蹤 坦然無碍若虛空

신원적 모인 영가
新圓寂 某人 靈駕

찰찰진진개묘체 두두물물총가옹
刹刹塵塵皆妙體 頭頭物物摠家翁

금자착군 정호근문 참괴장엄 초증보리 약득인언
今玆着裙 淨護根門 慙愧莊嚴 超證菩提 若得因言

달근본 육진원아일영광
達根本 六塵元我一靈光

금일 영가시여, 이제 발을 씻으니 자취마다 만행이
원만해지고 걸음마다 성불의 문턱에까지 이르셨습니다.
금일 영가시여, 이제 다시 한 생각 돌리어 무념의 경지로
돌아가신다면 비로자나불의 정수리를 지나
최상의 열반경에 도달할 것입니다.

착군 : 속옷을 입힘

신원적 ○○○영가시여,
지·수·화·풍 사대로 색신이 이루어질 때
이 자성은 이루어지지 않았고, 사대의 색신이 무너질 때도
이 자성은 무너지지 아니합니다.
나고 죽고 이루어지고 무너짐이 모두 허공에 흩어지는 꽃 같거늘 원수
와 친구나 죄와 복이 어디에 있겠습니까?
그런 것 모두 없으니 평온하고 걸림 없이 허공과 같습니다.
금일 영가시여, 이 세상 모든 것이 모두가 참마음이 변화한
모습이요, 들쑥날쑥한 현상계 모두가 주인공임을 아옵소서.
이제 속옷을 입으니 육근의 빈 몸을 긴밀히 단속하고
심의식의 집착을 막으셨습니다.
그동안의 어리석음을 부끄러워 뉘우치시고
보다 높은 보리의 세계로 발돋움하옵소서.

착의
着衣

신원적 ○○○영가
新圓寂 ○○○ 靈駕

내시시하물 거시시하물 내시거시 본무일물
來時是何物 去時是何物 來時去時 本無一物

욕식명명진주처 청천백운만리통
欲識明明眞住處 靑天白雲萬里通

신원적 모인 영가
新圓寂 某人 靈駕

금자착의 엄비형예 여래유인 시아원상
今玆着衣 掩庇形穢 如來柔忍 是我元常

아사득견연등불 다겁증위인욕선
我師得見燃燈佛 多劫曾爲忍辱仙

착관
着冠

신원적 ○○○영가
新圓寂 ○○○ 靈駕

견문여환예 삼계약공화 문복예근제 진소각원정
見聞如幻翳 三界若空花 聞復翳根除 塵銷覺圓淨

착의 : 겉옷을 입힘

신원적 ○○○영가시여, 자세히 들으소서.

오실 때에 무슨 물건이 왔으며 가실 때엔 무슨 물건이 가십니까? 오실

때에도 가실 때에도 본래 한 물건도 없어

오직 빈 몸으로 오셨다가 빈 몸으로 돌아가십니다.

금일 영가시여, 이러한 도리를 아시겠습니까?

몰아치는 북풍한설에 병아리는 어미 품을 찾고 오리새끼는

물로 뛰어듭니다. 이제 겉옷을 입혀 드리오니 남루한 빈 몸을

가리우셨습니다. 옷은 인욕을 뜻하는 것이온데 사바세계에서는

인욕의 행이 으뜸입니다. 그러기에 석가세존께서도

연등부처님을 뵈온 이래로 여러 겁 동안에

인욕선의 수행을 닦으셨습니다.

착관 : 비로관을 씌움

신원적 ○○○영가시여.

불정경에 말씀하시기를 "보는 것 듣는 것이 허깨비 같고,

이 세상 모든 것이 허공의 꽃 같도다. 듣는 성품 돌이켜서

귀 가림 없애면 티끌 경계 사라지고 깨닫는 바가 원만하리라.

정극광통달 적조함허공 각래관세간 유여몽중사
淨極光通達 寂照含虛空 却來觀世間 猶如夢中事

신원적 ○○○영가
新圓寂 ○○○ 靈駕

금자착관 최상정문 수능엄삼매 천성공유
今玆着冠 最上頂門 首楞嚴三昧 千聖共由

인지법행심불퇴 종등등묘야무의
因地法行心不退 終登等妙也無疑

정와
正臥

신원적 ○○○영가
新圓寂 ○○○ 靈駕

영광독요 형탈근진 체로진상 불구문자
靈光獨曜 逈脫根塵 體露眞常 不拘文字

진성무염 본자원성 단리망연 즉여여불
眞性無染 本自圓成 但離妄緣 卽如如佛

신원적 모인 영가
新圓寂 某人 靈駕

금자정와 시위법공 제불보살 이위굴택
今玆正臥 是爲法空 諸佛菩薩 以爲窟宅

묘보리좌승장엄 제불좌이성정각 여금정와역여시 자타일시성불도
妙菩提座勝莊嚴 諸佛坐已成正覺 汝今正臥亦如是 自他一時成佛道

깨끗함이 극진하면 광명이 통달하고 고요하게 비춰짐은
허공을 머금도다. 이럴 때에 이 세상일을 돌이켜 살피면
모두가 꿈속의 헛된 일 같으리라." 하셨습니다.
신원적 ○○○영가시여,
이제 최상정문에 관을 쓰셨으니 불정경에 보이신 수능엄삼매를
이루셨나이다. 이 삼매는 모든 성인이 다 같이 말미암으신 바이니,
첫걸음의 법다운 행을 의심치 않으시면 마침내 위없는
신묘한 깨달음에 어김없이 오르실 것이옵니다.

정와 : 바로 앉음[1]

신원적 ○○○영가시여,
옛 어른이 말씀하시기를 "신령스런 광명이 홀로 빛나서
너와 나를 뛰어넘고 본체가 당당하게 드러나서 문자와 언어에
구애되지 않는다. 참된 성품은 물들지 않아 본래 원만하나니
허망한 반연을 여의기만 하면 그대로가
여여한 부처님 자리니라." 하셨습니다.
금일 영가시여, 이제 이러한 법공의 자리에 좌정하시니
여러 부처님들께서도 처소로 삼으시던 바입니다.

---

1 '정좌'는 좌탈입망한 모습을 일컫는다. 앉은 모습 그대로 깨달음에 들어 열반에 들었음을 의미하는 것이
   다. 그러나 요즘은 관에 바로 눕혀 모시므로 실제로는 '정와'라 해야 맞다.

(2) 입관
入棺

신원적 ○○○영가
新圓寂 ○○○ 靈駕

대중차도 고불야 이마거 금불야 이마거 모영가야 이마거
大衆且道 古佛也 伊麼去 今佛也 伊麼去 某靈駕也 伊麼去

하물불감괴 시수장견고 제인환지마 (양구)
何物不敢壞 是誰長堅固 諸人還知麼 (良久)

신원적 ○○○영가
新圓寂 ○○○ 靈駕

여 삼세제불 일시성도
與 三世諸佛 一時成道

공 십류군생 동일열반
共 十類群生 同日涅槃

기혹미연 유안석인제하루 무언동자암차허
其或未然 有眼石人齊下淚 無言童子暗嗟嘘

(2) 입관

신원적 ○○○영가시여,
자세히 들으소서. 예부터 부처님들도 이렇게 가셨고
오늘의 영가께서도 이렇게 가시니 무엇이 견고하며
누가 영원할 수 있으리까? 여러분은 아십니까?
오늘 영가께서는 위에서 설한 법문에 따라 과거 · 현재 · 미래의
부처님들과 나란히 성불하셨으며 십류의 중생들과
동시에 열반을 증득하셨습니다.

금일 영가시여,
만일 그렇지 않으면 다시 다음의 게송을 자세히 들으소서.

　　눈 있는 돌장승이 눈물을 흘리니
　　말 없는 어린 아기가 가만히 탄식한다.

금일 영가시여, 이 도리를 아십니까?　(조금 있다가)
돌사람은 생명이 없으되 눈물을 흘림은 평등 위의 차별이요, 말 없는 아
기가 가만히 탄식함은 차별을 거두어 평등으로 돌아간다는 뜻입니다.
평등 속에 차별이 있고 차별 속에 평등이 있어 서로
장애하지 않는 세계는 분명 범부들의 집착의 세계일 수는 없습니다.
금일 영가시여, 수량과 관념과 형식의 구애가 없는 무량수의
나라에 왕생하시어 영원한 법락을 누리시옵소서.

안좌게
安 座 偈

만점청산위범찰　　　일간홍일조영대
萬 點 靑 山 圍 梵 刹　　一 竿 紅 日 照 靈 臺

원각묘장단좌처　　　진심불매향련태
圓 覺 妙 場 端 坐 處　　眞 心 不 昧 向 蓮 胎

(3) 성복제
成 服 祭

거불
擧 佛

나무 극락도사 아미타불
南無 極樂導師 阿彌陀佛

나무 관음세지 양대보살
南無 觀音勢至 兩大菩薩

나무 대성인로왕보살
南無 大聖引路王菩薩

창혼
唱 魂

거 사바세계 차사천하 남섬부주 동양 대한민국
據 娑婆世界 此四天下 南贍部洲 東洋 大韓民國

안좌게

만 가닥 청산이 범찰을 에워싸고
한 줄기 붉은 해가 영대를 비추오니
원각의 묘한 자리에 단정히 앉아
참마음 어둠 없이 연태를 향하소서.

(3) 성복제

거불 : 불명을 칭하여 가피를 구함

나무 극락도사 아미타불

나무 관음세지 양대보살

나무 대성인로왕보살.

창혼 : 영가를 부름

사바세계 차사천하 남섬부주 동양 대한민국

○○○장례식장 결계도량
○○○ 葬禮式場 結界道場

금차지성 성복지신 봉청 재자 (주소) 거주 행효자 (여) ○○○복위
今此至誠 成服之辰 奉請 齋者 (住所) 居住 行孝子 (女) ○○○伏爲

신원적 선엄부 (선자모) ○○○영가
新圓寂 先嚴父 (先慈母) ○○○靈駕

착어
着語

영명성각묘난사
靈明性覺妙難思

월타추담계영한
月墮秋潭桂影寒

금탁수성개각로
金鐸數聲開覺路

잠사진계하향단
暫辭眞界下香壇

수위안좌진언
受位安座眞言

옴 마니 군다니 훔훔 사바하 (3번)

○○○장례식장 결계도량

금차지성 장례봉청 재자 (주소) 거주

행효자 (여) ○○○복위

신원적 선엄부 (선자모) ○○○영가.

착어 : 영가를 불러 법어를 들려줌

신령하고 밝은 성품 미묘하여 헤아리기 어렵고,
가을 연못 잠긴 달에 계수나무 그림자 차네.
요령 울려 깨침의 길 활짝 여오니
진계 떠나 이 향단에 내려오소서.

수위안좌진언

옴 마니 군다니 훔훔 사바하. (3번)

다게
茶偈

백초임중일미신 百草林中一味新	**조주상권기천인** 趙州常勸幾千人
팽장석정강심수 烹將石鼎江心水	**원사망령헐고륜** 願使亡靈歇苦輪
원사제령헐고륜 願使諸靈歇苦輪	**원사고혼헐고륜** 願使孤魂歇苦輪

마하반야바라밀다심경 (참조_ 46쪽)
摩訶般若波羅蜜多心經

다게 : 차 올리는 게송

온갖 초목 한결같은 신선한 차 맛
조주 스님 몇천 사람 권하였던가.
돌솥에다 맑은 물을 다려 드리니
망령이여, 드시고서 안락하소서
제령이여, 드시고서 안락하소서
고혼이여, 드시고서 안락하소서.

마하반야바라밀다심경 (참조_ 47쪽)

3) 발인(영결식)―[영결식장에서 할 경우]
發靷

기관
起棺

신원적 모인 영가
新圓寂 某人 靈駕

묘각현전 선열위식 남북동서 수처쾌활 수연여시 감문대중
妙覺現前 禪悅爲食 南北東西 隨處快活 雖然如是 敢聞大衆

신원적 모인 영가
新圓寂 某人 靈駕

열반노두 재십마처 양구 처처녹양감계마 가가문외통장안
涅槃路頭 在什麼處 良久 處處綠楊堪繫馬 家家門外通長安

3) 발인(영결식)—[영결식장에서 할 경우]

【 영결 순서 】

- 영안실 → 기감 → 오방례 → 법성게 또는 아미타불 → 운구차 출발

【 발 인 식 】

1안) ● 거불 → 창혼 → 착어 → 진령게 → 반야심경

- 조사, 추도사, 조가
- 조문객 분향
- 유가족 대표 인사말 → 나무아미타불 정근 → 운구차 출발

2안) 법당 앞에서

- 기감 → 오방례 → 십이불 → 보례삼보 → 법성게 → 운구차 출발

기관 : 관을 들어 옮김

신원적 ○○○영가시여,

묘각이 훤출히 드러났으니 선열로써 음식을 삼았도다.

동서며 남북이 걸림 없으니 이르는 곳곳마다 쾌활하여라.

그러나 대중에게 다시 묻노라, 오늘 영가 열반길 어디쯤인가?

곳곳마다 푸른 버들 쉬기 좋으며

집집마다 문전 길 피안으로 통하네.

오방례
五方禮

신원적 모인 영가
新圓寂 某人 靈駕

나무 중방 화장세계 비로자나불
南無 中方 華藏世界 毗盧遮那佛

유원 대자접인 신원적 모인영가 황유리세계중
唯願 大慈接引 新圓寂 某人靈駕 黃琉璃世界中

귀명 비로자나불 (황번)
歸命 毗盧遮那佛 (黃幡)

나무 동방 만월세계 약사유리광불
南無 東方 滿月世界 藥師琉璃光佛

유원 대자접인 신원적 모인영가 청유리세계중
唯願 大慈接引 新圓寂 某人靈駕 靑琉璃世界中

귀명 약사존불 (청번)
歸命 藥師尊佛 (靑幡)

나무 남방 환희세계 보승여래불
南無 南方 歡喜世界 寶勝如來佛

유원 대자접인 신원적 모인영가 적유리세계중
唯願 大慈接引 新圓寂 某人靈駕 赤琉璃世界中

귀명 보승여래불 (적번)
歸命 寶勝如來佛 (赤幡)

오방례 : 오방의 부처님께 인사하며 영가의 인도를 청함

신원적 ○○○영가시여,

나무 중방 화장세계 비로자나불

　　　금일 ○○○영가를 황유리세계에서

　　　비로자나불 세계로 인도하옵소서. (황색 번)

나무 동방 만월세계 약사유리광불

　　　금일 ○○○영가를 청유리세계에서

　　　약사유리광불 세계로 인도하옵소서. (청색 번)

나무 남방 환희세계 보승여래불

　　　금일 ○○○영가를 적유리세계에서

　　　보승여래불 세계로 인도하옵소서. (붉은색 번)

나무 서방 극락세계 아미타불
南無 西方 極樂世界 阿彌陀佛

유원 대자접인 신원적 모인영가 백유리세계중
唯願 大慈接引 新圓寂 某人靈駕 白琉璃世界中

귀명 아미타불 (백번)
歸命 阿彌陀佛 (白幡)

나무 북방 무우세계 부동존여래불
南無 北方 無憂世界 不動尊如來佛

유원 대자접인 신원적 모인영가 흑유리세계중
唯願 大慈接引 新圓寂 某人靈駕 黑琉璃世界中

귀명 부동존불 (흑번)
歸命 不動尊佛 (黑幡)

발인제
發靷祭

거불
擧佛

나무 극락도사 아미타불
南無 極樂導師 阿彌陀佛

나무 관음세지 양대보살
南無 觀音勢至 兩大菩薩

나무 대성인로왕보살
南無 大聖引路王菩薩

나무 서방 극락세계 아미타불

　　금일 ○○○영가를 백유리세계에서

　　아미타불 세계로 인도하옵소서. (흰색 번)

나무 북방 무우세계 부동존여래불

　　금일 ○○○영가를 흑유리세계에서

　　부동존불 세계로 인도하옵소서. (검은색 번)

발인제

거불 : 불명을 칭하여 가피를 구함

나무 극락도사 아미타불

나무 관음세지 양대보살

나무 대성인로왕보살.

창혼
唱 魂

거 사바세계 차사천하 남섬부주 동양 대한민국
據 娑婆世界 此四天下 南贍部洲 東洋 大韓民國

○○○장례식장 결계도량
○○○ 葬禮式場 結界道場

금차 지극정성 발인지신 봉청재자 행효자 ○○복위
今此 至極精誠 發靷之辰 奉請齋者 行孝子 ○○伏爲

신원적 선 엄부 모관 ○○(법명) ○○(성명) 영가
新圓寂 先 嚴父 某貫　　　　　　　　　　靈駕

불자 ○○(법명) ○○○(이름) 영가
佛子　　　　　　　　　　　　　　靈駕

착어
着語

영명성각묘난사　　　　월타추담계영한
靈明性覺妙難思　　　　月墮秋潭桂影寒

금탁수성개각로　　　　환구영탈좌영단
金鐸數聲開覺路　　　　幻軀永脫坐靈壇

창혼 : 영가를 부름

사바세계 동양 대한민국

【장례식장 주소, 명칭】 수월도량

신원적 불자 ○○(법명) ○○○(이름) 영가시여.

착어 : 법어를 들려줌

신령하고 밝은 성품 미묘하여 헤아리기 어렵고,
가을 연못 잠긴 달에 계수나무 그림자 차네.
요령 울려 깨침의 길 활짝 여오니
헛된 몸 벗으시고 이 영단에 자리하소서.

진령게
振鈴偈

이차진령신소청	금일영가보문지
以此振鈴伸召請	今日靈駕普聞知
원승삼보력가지	금일금시래부회
願承三寶力加持	今日今時來赴會

수위안좌진언
受位安座眞言

옴 마니 군다니 훔훔 사바하 (3번)

반야심경 (참조_ 46쪽)
般若心經

장엄염불 (시간에 따라서) (참조_ 440쪽)
莊嚴念佛

진령게 : 요령 울려 영가를 법회에 청하는 게송

요령 울려 두루 청하오니
금일 영가님은 듣고 아시고
삼보님의 가피력에 의지하여서
오늘의 이 법회에 어서 오소서.

수위안좌진언

옴 마니 군다니 훔훔 사바하. (3번)

반야심경 (참조_ 47쪽)

장엄염불 (시간에 따라서) (참조_ 441쪽)

4) 화장장(연화대)
火葬場

거화

擧火

신원적 ○○○영가

新圓寂 ○○○ 靈駕

차일거화 비 삼독지화

此一炬火 非 三毒之火

시 여래일등삼매지화 기광혁혁 변조삼제

是 如來一燈三昧之火 其光赫赫 遍照三際

기염황황 통철시방 득기광야 등 제불어일조

其燄煌煌 洞徹十方 得其光也 等 諸佛於一朝

실기광야 순 생사지만겁

失其光也 順 生死之萬劫

신원적 ○○○영가

新圓寂 ○○○ 靈駕

회광반조 돈오무생 이열뇌고 득쌍림락

廻光返照 頓悟無生 離熱惱苦 得雙林樂

4) 화장장(연화대)

[아미타경 독송을 하는 동안 다비에 따른 사전 준비를 한다.]

【미타단 작법】
①거화　　　②하화　　　③봉송　　　④십념　　　⑤표백
⑥창의편　　⑦십념　　　⑧습골　　　⑨기골　　　⑩쇄골

①거화 : 홰를 듦

신원적 ○○○영가시여,

이 횃불은 삼독심의 불이 아니고

부처님의 일등삼매 불꽃이라

혁혁한 빛 삼세 걸쳐 두루 비추고

이 광명이 빛나 시방세계에 두루했으니,

이 광명을 얻게 되면 부처님 되고,

이 광명을 상실하면 만겁의 윤회입니다.

신원적 ○○○영가시여,

자성을 돌이켜 비추어서

무생법을 단박에 깨닫고

번뇌 고통 여의어서

고요한 열반 누리소서.

하화
下火

신원적 ○○○영가
新圓寂 ○○○ 靈駕

삼연화합 잠시성유
三緣和合 暫時成有

사대이산 홀득환공 기년유어환해
四大離散 忽得還空 幾年遊於幻海

금조탈각 경쾌여봉 대중차도
今朝脫殼 慶快如蓬 大衆且道

신원적 ○○○영가
新圓寂 ○○○ 靈駕

향 십마처거 양구 목마도기번일전 대홍염리방한풍
向 什麼處去 良久 木馬倒騎翻一轉 大紅焰裏放寒風

독경 내지 장엄염불
讀經　　　莊嚴念佛

봉송
奉送

절이 몰고 신원적 ○○○영가
切以 沒故 新圓寂 ○○○ 靈駕

② 하화 : 불을 지핌

신원적 ○○○영가시여,
세 인연이 화합하여 잠시 이룬 몸
사대가 흩어지니 문득 공이라
환상 바다 헤맨 지가 몇 해입니까?
오늘 아침 벗어나니 신선 같도다.
대중들은 분명하게 일러보소서.

신원적 ○○○영가시여,
오늘 영가 가는 곳이 어디입니까?

타고 온 목마를 한 번 뒤치니
활활 타는 불길 속에 찬바람 이네.

독경 내지 장엄염불

③ **봉송**

간절히 생각하니, 신원적 ○○○영가시여,

기 수연이순적 내 의법이다비
旣 隨緣而順寂 乃 依法而茶毘

분 백년홍도지신 입 일로열반지문
焚 百年弘道之身 入 一路涅槃之門

앙빙대중 자조각로
仰憑大衆 資助覺路

십념
十念

청정법신비로자나불	원만보신노사나불
淸淨法身毘盧遮那佛	圓滿報身盧舍那佛
천백억화신석가모니불	구품도사아미타불
千百億化身釋迦牟尼佛	九品導師阿彌陀佛
당래하생미륵존불	시방삼세일체제불
當來下生彌勒尊佛	十方三世一切諸佛
시방삼세일체존법	대지문수사리보살
十方三世一切尊法	大智文殊舍利菩薩
대행보현보살	대비관세음보살
大行普賢菩薩	大悲觀世音菩薩

대원본존지장보살 　 제존보살마하살 　 마하반야바라밀
大願本尊地藏菩薩 　 諸尊菩薩摩訶薩 　 摩訶般若波羅蜜

* 여기까지 화장의식을 마치고, 화장하는 동안에 독경 또는 공양한다.

인연 따라 원적에 드셨으니,

여법하게 정성 들여 다비 행하여

백 년 동안 불법 펼친 몸 태우오니,

한 걸음에 열반문에 들어가소서.

우러러 대중을 의지하여 깨달음을 돋우소서.

④**십념** : 열 분의 불보살님을 억념함

청정법신비로자나불 원만보신노사나불

천백억화신석가모니불　구품도사아미타불

당래하생미륵존불　시방삼세일체제불

시방삼세일체존법　대지문수사리보살

대행보현보살　　대비관세음보살

대원본존지장보살　제존보살마하살

마하반야바라밀.

* 여기까지 화장의식을 마치고, 화장하는 동안에 독경 또는 공양한다.

독경
讀 經

장엄염불 (참조_440쪽)
莊 嚴 念 佛

습골
拾 骨

신원적 ○○○영가
新圓寂 ○○○ 靈駕

취부득 사부득 정당이마시 여하위실 돌
取不得 捨不得 正當伊麼時 如何委悉 咄

척기미모화리간 분명일국황금골
剔起眉毛火裏看 分明一掬黃金骨

기골
起 骨

신원적 ○○○영가
新圓寂 ○○○ 靈駕

일점영명 요무소애 일척번신 다소자재
一點靈明 了無所碍 一擲翻身 多少自在

무상무공무불공 즉시여래진실상
無相無空無不空 卽是如來眞實相

독경

장엄염불 (참조_ 441쪽)

⑧습골 : 뼈를 거둠

신원적 ○○○영가시여.
가질 수도 버릴 수도 아예 없으니
그렇다면 바로 이때 어쩌렵니까. 억!
두 눈 크게 뜨고 불 속을 보면
한 덩이 황금 뼈가 분명하리다.

⑨기골 : 뼈를 쇄골대로 옮김

신원적 ○○○영가시여.
한 점 신령한 빛 무소득을 깨치고
한 번 던져 몸 바꾸니 자재롭도다.
상도 없고 공도 없고 공 아님도 없으니
이것이 여래의 진실한 모습입니다.

쇄골
碎骨

신원적 ○○○영가
新圓寂 ○○○ 靈駕

약인투득상두관
若人透得上頭關

시각산하대지관 불락인간분별계 하구녹수여청산
始覺山河大地寬 不落人間分別界 何拘綠水與靑山

저개백골 괴야 미괴야
這箇白骨 壞也 未壞耶

괴즉유여벽공 미괴즉 청천백운
壞則猶如碧空 未壞則 靑天白雲

영식독로 유재부재 환식저개마 (양구)
靈識獨露 有在不在 還識這個麽 (良久)

불리당처상담연 멱즉지군불가견
不離當處常湛然 覓則知君不可見

⑩쇄골 : 뼈를 부숨

신원적 ○○○영가시여.
누구든지 높은 관문 뛰어넘으면
산하대지 넓은 줄을 아시게 되고
인간 경계 차별상에 여의게 되니
청산녹수 경계인들 어찌 걸리랴.

이 내 백골 부서졌나 안 부서졌나.
부서지면 푸른 하늘 같아지고
부서지지 않았다면 흰 구름 같네.
신령스런 마음만이 홀로 드러나
있으면서 있지 않으니, 이 무엇입니까?

보고 듣는 이곳 여의지 않고 항상 맑으나
찾으려면 볼 수 없음 아시게 되리.

5) 산골/납골봉안
散骨/納骨奉安

(1) 산골
散骨

신원적 ○○○영가
新圓寂 ○○○靈駕

신종무상중수생 유여환출제형상
身從無相中受生 猶如煥出諸形相

환인심식본래무 죄복개공무소주
幻人心識本來無 罪福皆空無所住

백해구유산 귀화귀풍 일물진장령 개천개지 입령회마
百骸俱遺散 歸火歸風 一物鎭長靈 盖天盖地 入靈會麼

여금욕식일물자 울울청산의요곽
如今欲識一物者 鬱鬱靑山倚寥廓

기제선법본시환 조제악업역시환
起諸善法本是幻 造諸惡業亦是幻

신여취말심여풍 환출무근무실성
身如聚沫心如風 幻出無根無實性

5) 산골/납골봉안

(1) 산골 : 오방을 향해 재를 흩으며 하는 의식

[재를 동쪽으로 흩으면서 이른다.]

육신이 모습도 없는 데서 태어남은 환술로 온갖 형상이
나타난 것과 같네. 꼭두각시의 마음은 본래 없거니
죄며 복도 모두 공하여 어디에 머무르리오.
원적에 드신 영가시여,
백골을 모두 흩으니 불과 바람으로
돌아가지만 한 물건은 길이 신령한 곳에 자리하여
하늘과 땅을 덮습니다. 영가께서는 아시겠습니까?
이제 한 물건을 알고자 하면, 울창한 청산은 텅 빈 성에 의지한다네.

[재를 남쪽으로 흩으면서 이른다.]

모든 선업 짓는 것 본래 헛것이요,
모든 악업 짓는 것 또한 헛것이네.
몸은 물거품 같고 마음은 바람결 같으니
헛것에서 생겼으니 뿌리마저 없소이다.
실다운 성품이 어디에 있사오리까?

두골풍표남북주 부지하처견진인
頭骨風飄南北走 不知何處見眞人

생전착사후착 세세생생우중착
生前錯死後錯 世世生生又重錯

약능일념요무생 착착원래종불착
若能一念了無生 錯錯元來終不錯

사대가차이위형 심본무형인경유
四大假借以爲形 心本無形因境有

전경약무심역무 죄복여환기역멸
前景若無心亦無 罪福如幻起亦滅

사료소료산료 향 십마처거
死了燒了散了 向 什麼處去

무영수하 소월음풍 무봉탑전 안신입명
無影樹下 嘯月吟風 無縫塔前 安身立命

견신무실시불신 요심여환시불심
見身無實是佛身 了心如幻是佛心

요득심신본성공 사인여불하수별
了得心身本性空 斯人如佛何殊別

원적에 드신 영가시여,
머리뼈가 바람에 남북으로 흩어지니 어느 곳에서 참사람을
볼 수 있을지 알 수 없습니다. 생전에 잘못되면 사후에도
잘못되고 날 적마다 거듭 잘못됩니다. 만일 찰나 간에 무생을
깨달으시면 잘못들이 마침내 잘못이 아닐 것입니다.

[재를 서쪽으로 흩으면서 이른다.]

사대가 짐짓 얽혀 형상 이루었고 마음은 본래부터 형상이 없어
경계 따라 거짓으로 생겨났네. 경계가 없으면 마음 또한
없어지느니 죄와 복이 본래 허깨비 같고
사랑도 미움도 한바탕 꿈결이어라.
원적에 드신 영가시여,
이미 돌아가셨고 불에 태워 뼛가루까지 뿌렸으니 어디로 가십니까?
그림자 없는 나무 아래서 달을 읊고 바람을 읊으며
꿰맨 자국 없는 탑전에서 몸과 마음 편히 쉬네.

[재를 북쪽으로 흩으면서 이른다.]

빈 것으로 몸을 보면 부처님 몸이요,
꼭두각시로 마음 보면 부처님 마음이네.
몸과 마음 본성이 없어 공한 줄 알면
그 사람은 부처님과 다름없어라.

백골소산진 개중수시주
白骨燒散盡 箇中誰是主

유유일허공 명월여청풍
唯有一虛空 明月與淸風

불불견신지시불 약실유지별무불
佛不見身知是佛 若實有知別無佛

지자능지죄성공 탄연불수어생사
智者能知罪性空 坦然不隨於生死

신원적 ○○○영가
新圓寂 ○○○靈駕

회비대야 골절하안 맥지일성 시도뇌관 돌
灰飛大野 骨節何安 驀地一聲 始到牢關 咄

일점영명비내외 오대공쇄백운간
一點靈明非內外 五臺空鎖白雲間

환귀본토진언
還歸本土眞言

옴 바자나 사다모 (3번)

원적에 드신 영가시여,
백골이 타 흩어졌으니 어느 누가 주인입니까?
허공 같은 오직 하나 밝은 달과 맑은 바람.

[중앙을 향해 재를 흩으면서 이른다.]

부처님은 몸을 보고 부처라 하지 않고
실제로 있다고 알면 부처님 아니옵니다.
지혜로운 이는 죄의 자성 공함 알아
나고 죽음 태연하여 두려워 않네.

원적에 드신 ○○○영가시여,
너른 들에 재 날리니 뼈마디 어디 있으랴.
천지 덮는 한 소리에 마지막 관문 열리었도다.
억!
영명한 한 점 빛 안팎이 없고
오대산은 구름 사이 갇혀 있도다.

환귀본토진언 : 본래의 땅으로 돌아가게 하는 진언

옴 바자나 사다모. (3번)

산좌송
散座頌

법신변만백억계 보방금색조인천
法身遍滿百億界 普放金色照人天

응물현형담저월 체원정좌보련대
應物現形潭底月 體圓正坐寶蓮臺

(2) 납골봉안
納骨奉安

거불
擧佛

나무 극락도사 아미타불
南無 極樂導師 阿彌陀佛

나무 관음세지 양대보살
南無 觀音勢至 兩大菩薩

나무 대성인로왕보살
南無 大聖引路王菩薩

산좌송 : 흩어서 앉히는 게송

법신불이 온누리에 두루 하고
금빛 광명 온 세상에 두루 비춰
일천 강의 달빛같이 근기 따라 나투시니
그 몸은 연화대에 바로 앉으시네.

(2) 납골봉안 : 납골당에서 유골을 봉안할 때 하는 간단한 의식

거불 : 불명을 칭하여 가피를 구함

나무 극락도사 아미타불

나무 관음세지 양대보살

나무 대성인로왕보살.

창혼
唱 魂

거 사바세계 차사천하 남섬부주 동양 대한민국 모산 모사
據 娑婆世界 此四天下 南贍部洲 東洋 大韓民國 某山 某寺

청정 (수월) 도량
淸淨 （水月） 道場

금차 지극정성 유골봉안재자 모처 거주 모인 복위 모인 영가
今此 至極精誠 遺骨奉安齋者 某處 居住 某人 伏爲 某人 靈駕

불자 ○○(법명) ○○○(이름) 영가
佛子　　　　　　　　　　靈駕

반혼착어
返 魂 着 語

영명성각묘난사	월타추담계영한
靈明性覺妙難思	月墮秋潭桂影寒

금탁수성개각로	잠사진계하향단
金鐸數聲開覺路	暫辭眞界下香壇

수위안좌진언
受 位 安 座 眞 言

옴 마니 군다니 훔훔 사바하 (3번)

창혼 : 영가를 부름

오늘 사바세계 남섬부주 대한민국

【사찰 주소 ○○산 ○○사】청정(수월)도량에서

지극한 마음으로【재자의 주소】에 거주하는

생전에 모시던【직계 가족들 이름】등은

먼저 가신 불자【법명 본명】영가의 납골 봉안을 위해,

불자 ○○(법명) ○○○(이름) 영가시여.

반혼착어 : 영가를 불러 법어를 들려줌

신령하고 밝은 성품 미묘하여 헤아리기 어렵고

가을 연못 잠긴 달에 계수나무 그림자 차네.

요령 울려 깨침의 길 활짝 여오니

진계 떠나 이 향단에 내려오소서.

수위안좌진언 : 자리를 권하는 진언

옴 마니 군다니 훔훔 사바하. (3번)

반야심경 (참조_ 46쪽)
般若心經

아미타불 정근 (약 10회)
阿彌陀佛 精勤

나무서방대교주 무량수여래불 「나무아미타불」······.
南無西方大教主 無量壽如來佛　南無阿彌陀佛

원이차공덕 보급어일체 아등여중생
願以此功德　普及於一切　我等與衆生

당생극락국 동견무량수 개공성불도
當生極樂國　同見無量壽　皆共成佛道

봉안게
奉安偈

신원적 ○○○영가
新圓寂　○○○靈駕

생전유형질　사후무종적
生前有形質　　死後無從跡

청입법왕궁　안심좌도량
請入法王宮　　安心坐道場

반야심경(참조_47쪽)

아미타불 정근(약 10회)

나무서방대교주 무량수여래불「나무아미타불」…….

이 공덕이 모든 곳에 두루 퍼져
우리 모두 극락정토 태어나서
아미타불 친견하고 모두 함께 성불하여지이다.

봉안게

신원적 ○○○영가시여,
생전에 갖추었던 모습과 성품
죽고 나니 아무런 흔적도 없네.
법왕궁에 잘 들어가서
도량에 편안히 계십시오.

6) 위패봉안
位 牌 奉 安

(1) 위패봉안 (전래의식)
位 牌 奉 安

① 상단 사성례
上 壇 四 聖 禮

헌향게
獻 香 偈

아금지차일주향 변성무진향운개 봉헌극락사성전
我 今 持 此 一 炷 香   變 成 無 盡 香 雲 蓋   奉 獻 極 樂 四 聖 前

원수애납수
願 垂 哀 納 受

원수애납수
願 垂 哀 納 受

원수자비애납수
願 垂 慈 悲 哀 納 受

나무 서방정토 극락세계 아등도사 무량수여래불 나무아미타불
南無 西方淨土 極樂世界 我等導師 無量壽如來佛 南無阿彌陀佛
[정근, 십념]

나무 서방정토 극락세계 대자대비 관세음보살 [정근, 십념]
南無 西方淨土 極樂世界 大慈大悲 觀世音菩薩

6) 위패봉안 : 영가의 위패를 절에 안치하는 의식

(1) 위패봉안

① 상단 사성례 : 극락사성께 예를 올림

헌향게 : 향을 올리는 게송

저희 이제 그윽한 향 사르오니

다함없는 공덕의 향 구름 덮개로

서방극락 사성전에 올리오니

자비로 받으소서,

자비로 받으소서,

대자비로 받으옵소서.

서방정토 극락세계 저희들을 이끌어주시는 스승이신

무량수여래 부처님께 귀명합니다. 나무아미타불 [정근, 십념]

서방정토 극락세계 대자대비 관세음보살님께 귀명합니다.

나무관세음보살 [정근, 십념]

나무 서방정토 극락세계 대희대사 대세지보살 [정근, 십념]
南無 西方淨土 極樂世界 大喜大捨 大勢至菩薩

나무 서방정토 극락세계 일체청정 대해중보살 [정근, 십념]
南無 西方淨土 極樂世界 一切淸淨 大海衆菩薩

유원 사성 대자대비 수아정례 명훈가피력
唯願 四聖 大慈大悲 受我頂禮 冥熏加被力

원공법계제중생 동입미타대원해
願共法界諸衆生 同入彌陀大願海

시방삼세불 아미타제일 구품도중생 위덕무궁극
十方三世佛 阿彌陀第一 九品度衆生 威德無窮極

아금대귀의 참회삼업죄 범유제복선 지심용회향
我今大歸依 懺悔三業罪 凡有諸福善 至心用廻向

원동염불인 진생극락국 견불요생사 여불도일체
願同念佛人 盡生極樂國 見佛了生死 如佛度一切

원아임욕명종시 진제일체제장애 면견피불아미타 즉득왕생안락찰
願我臨欲命終時 盡除一切諸障碍 面見彼佛阿彌陀 卽得往生安樂刹

원이차공덕 보급어일체 아등여중생
願以此功德 普及於一切 我等與衆生

당생극락국 동견무량수 개공성불도
當生極樂國 同見無量壽 皆共成佛道

서방정토 극락세계 대회대사 대세지보살님께 귀명합니다.
나무대세지보살 [정근, 십념]

서방정토 극락세계 일체의 청정한 큰 바다에 한량없는 보살님께 귀명합니다. 나무일체청정대해중보살 [정근, 십념]

극락의 네 분 성현이시여, 대자비로 저희 예경 받으시고 그윽이 가피력을 내리시어 법계 중생 모두 함께 아미타 큰 원력의 바다에 들게 하소서.

시방세계 부처님 중 아미타불 제일이라
구품으로 중생 건져 위덕 또한 한량없네.
제가 이제 귀의하며 삼업죄를 참회하고
모든 복과 일체 선업 지심으로 회향하니
함께 염불하는 사람 극락세계 태어나며
부처님 뵙고 생사 깨쳐 부처님처럼 제도하리.
이내 목숨 다할 때에 온갖 장애 사라지고
아미타불 뵙는 즉시 안락국에 왕생하리.

이 공덕이 일체의 중생에게 널리 미쳐
우리들과 중생들이 극락세계 가서 나고
무량수불 함께 뵙고 불도를 이뤄지이다.

원왕생 원왕생 왕생극락견미타 획몽마정수기별
願往生 願往生 往生極樂見彌陀 獲蒙摩頂授記莂

원왕생 원왕생 원재미타회중좌 수집향화상공양
願往生 願往生 願在彌陀會衆坐 手執香華常供養

원왕생 원왕생 왕생화장연화계 자타일시성불도
願往生 願往生 往生華藏蓮花界 自他一時成佛道

상품상생진언
上品上生眞言

옴 마니다니 훔훔 바탁 사바하 (3번)

원성취진언
願成就眞言

옴 아모카 살바다라 사다야 시베 훔 (3번)

보궐진언
補闕眞言

옴 호로호로 사야모케 사바하 (3번)

가서 나리, 가서 나리, 극락세계 가서 나리.
아미타 부처님 친견하고 마정수기 받으리다.

가서 나리, 가서 나리, 미타회상 머물면서
향과 꽃을 손에 들고 항상 공양하오리다.

가서 나리, 가서 나리, 화장세계 가서 나서
모두 함께 한순간에 불도를 이뤄지이다.

상품상생진언 : 상품상생에 태어나는 진언

옴 마니다니 훔훔 바탁 사바하. (3번)

원성취진언 : 대원성취를 발원하는 진언

옴 아모카 살바다라 사다야 시베 훔. (3번)

보궐진언 : 빠진 것을 보완하는 진언

옴 호로호로 사야모케 사바하. (3번)

보회향진언
普廻向眞言

옴 사마라 사마라 미마나 사라마하 자거라바 훔 (3번)

섭수게
攝受偈

계수서방안락찰	접인중생대도사
稽首西方安樂刹	接引衆生大導師
아금발원원왕생	유원자비애섭수
我今發願願往生	唯願慈悲哀攝受

② 상단 축원
上壇 祝願

축원
祝願

앙고
仰告

남방화주 대원본존 지장보살 불사자비 허수낭감
南方化主 大願本尊 地藏菩薩 不捨慈悲 許垂朗鑑

상래소수공덕해 회향삼처실원만
上來所修功德海 廻向三處悉圓滿

보회향진언 : 널리 회향하는 진언

옴 사마라 사마라 미마나 사라마하 자거라바 훔. (3번)

섭수게

서방정토 극락으로 중생 인도 하옵시는
아미타 부처님께 머리 숙여 절하오며
제가 이제 일심으로 극락왕생 발원하니
자비하신 원력으로 섭수하여 주옵소서.

② 상단 축원

축원

앙고(우러러 고하옵건대)
남섬부주의 교화주며 큰 원력의 본존이신 지장보살님이시여,
자비를 버리지 마옵시고 지혜 광명을 드리워 주옵소서.
지금까지 닦은 바다 같은 공덕을 중생계에 회향하오니
모두 원만하여지이다.

시이 사바세계 차사천하 남섬부주 동양
是以 娑婆世界 此四天下 南贍部洲 東洋

대한민국 모처 모산 모사 청정 (수월) 도량
大韓民國 某處 某山 某寺 淸淨 (水月) 道場

금차 지극정성 제당 ○○지신 천혼재자 모처거주
今此 至極精誠 第當 ○○之辰 薦魂齋者 某處居住

행효자 ○○○등 복위 소천망 ○○○영가
行孝子 ○○○ 等 伏爲 所薦亡 ○○○ 靈駕

이차인연공덕 지장대성 가피지묘력 다겁생래 소작지죄업 실개소멸
以此因緣功德 地藏大聖 加被之妙力 多劫生來 所作之罪業 悉皆消滅

부답명로 즉왕극락세계 상품상생지대원
不踏冥路 卽往極樂世界 上品上生之大願

재고축(천혼문) 이차인연 염불풍송공덕 왕생서방정토 친견미타
再告祝(薦魂文) 以此因緣 念佛諷誦功德 往生西方淨土 親見彌陀

획몽제불 감로관정 반야낭지 활연개오 득무생법인지대원
獲蒙諸佛 甘露灌頂 般若朗智 豁然開悟 得無生法忍之大願

억원 영가위주 상서선망 사존부모 누세종친 제형숙백
抑願 靈駕爲主 上逝先亡 師尊父母 累世宗親 弟兄叔伯

일체친족등 각 열위열명영가
一切親族等 各 列位列名靈駕

차도량내외 동상동하 일체유주무주고혼 제불자등 각열위열명영가
此道場內外 洞上洞下 一切有主無主孤魂 諸佛子等 各列位列名靈駕

사바세계 남섬부주 대한민국 ○○처 청정(수월)도량에서,
지극한 정성으로 오늘 ○○재를 봉행하는,

○○에 거주하는 재자 ○○○가 축원하는

그의 ○○○, ○○○영가가,

이 인연공덕으로 지장보살께서 보살피시는 오묘한 힘을 입어,
여러 겁 동안 지은 죄업이 모두 소멸되고, 저승길에 헤매지 않고
곧바로 극락세계 상품에 왕생하여지이다.

다시 축원하옵건대,
염불하고 경을 외운 공덕으로 서방정토에 왕생하여,
아미타 부처님을 직접 뵙고, 부처님께서 감로수 뿌려주심을 입어
밝은 지혜 환히 깨달아, 무생법인 얻기를 바라옵니다.

거듭 원하옵건대,
영가를 중심으로 먼저 돌아가신 스승, 부모, 여러 대의 종친,
형과 아우, 숙부, 백부, 모든 친족 등 여러 영가와
이 도량 안과 밖, 윗동네와 아랫동네, 주인이 있거나 없는
외로운 영혼, 모든 불자 등 각 영가들이 이 인연공덕으로
불보살의 가피력을 입어 모두 삼계의 고뇌를 벗어나
극락정토의 상품상생의 세계에 왕생하여지이다.

이차인연공덕 불보살가피력 함탈삼계지고뇌 왕생 왕생 원왕생
以此因緣功德 佛菩薩加被力 咸脫三界之苦惱 往生 往生 願往生

왕생극락세계 상품상생지대원
往生極樂世界 上品上生之大願

억원 금일 헌공발원재자 (주소) 거주 ○○생 ○○○ 각각등 보체
抑願 今日 獻供發願齋者 (住所) 居住 ○○生 ○○○ 各各等 保體

이차인연공덕 앙몽 제불보살가피지묘력 무병장원 수명장수
以此因緣功德 仰蒙 諸佛菩薩加被之妙力 無病長遠 壽命長壽

복덕구족 만사대길 각기심중 소구소원 여의원만 성취지발원
福德具足 萬事大吉 各其心中 所求所願 如意圓滿 成就之發願

연후원 항사법계 무량불자등
然後願 恒沙法界 無量佛子等

동유화장장엄해 동입보리대도량 상봉화엄불보살 항몽제불대광명
同遊華藏莊嚴海 同入菩提大道場 常逢華嚴佛菩薩 恒蒙諸佛大光明

소멸무량중죄장 획득무량대지혜 돈성무상최정각 광도법계제중생
消滅無量衆罪障 獲得無量大智慧 頓成無上最正覺 廣度法界諸衆生

이보제불막대은 세세상행보살도 구경원성살바야
以報諸佛莫大恩 世世常行菩薩道 究竟圓成薩婆若

마하반야바라밀
摩訶般若波羅蜜

거듭 원하옵건대,

오늘 헌공 발원 재자 ○○○ 각각 등 보체

이 인연공덕으로 제불보살님의 가피력을 입어 병 없이 행복하며 수명은
길어지고 복덕이 구족하여 만사가 대길하고 각자
마음속에 바라고 구하는 원들이 뜻대로 원만히 이루어지이다.

그런 뒤에 원하옵나니,
항하의 모래 수와 같이 많은 법계의 한량없는 불자들이,
꽃으로 장엄된 화장세계에 노닐며 깨달음의 도량에 들어가,
항상 화엄세계의 불보살님들을 만나 뵙고, 모든 부처님의
크신 광명을 입어, 무량한 죄업 소멸되고 한량없는 큰 지혜를 얻어,
위없는 바른 깨달음을 단박에 이루어, 널리 법계의 모든 중생을
제도하여, 부처님의 크신 은혜 갚기 원하오며, 세상에 날 때마다
보살도를 행하여 마침내 일체지가 원만히 이루어지이다.
마하반야바라밀.

(2) 반혼재
返 魂 齋

① 상단
上 壇

거불
擧 佛

나무 불타부중 광림법회
南無 佛陀部衆 光臨法會

나무 달마부중 광림법회
南無 達摩部衆 光臨法會

나무 승가부중 광림법회
南無 僧伽部衆 光臨法會

정법계진언
淨法界眞言

옴 람 (3번)

다게
茶偈

공양시방조어사 연양청정미묘법 삼승사과해탈승
供養十方調御士 演揚淸淨微妙法 三乘四果解脫僧

(2) 반혼재

① 상단

거불 : 불명을 칭하여 가피를 구함

나무 불타부중 광림법회

나무 달마부중 광림법회

나무 승가부중 광림법회.

정법계진언 : 법계를 맑게 하는 진언

옴 람. (3번)

다게 : 차 올리는 게송

시방삼세 항상 계신 부처님과 청정 진리 펴내시는 미묘법과
삼승사과 해탈하신 승보님께 공양하오니,

원수애납수
願垂哀納受

원수애납수
願垂哀納受

원수자비애납수
願垂慈悲哀納受

삼정례
三頂禮

지심정례공양 시방삼세 제망찰해 상주일체 불타야중 (1배)
至心頂禮供養 十方三世 帝網刹海 常住一切 佛陀耶衆

지심정례공양 시방삼세 제망찰해 상주일체 달마야중 (1배)
至心頂禮供養 十方三世 帝網刹海 常住一切 達摩耶衆

지심정례공양 시방삼세 제망찰해 상주일체 승가야중 (1배)
至心頂禮供養 十方三世 帝網刹海 常住一切 僧伽耶衆

유원 무진삼보 대자대비 수아정례 명훈가피력 원공법계제중생
唯願 無盡三寶 大慈大悲 受我頂禮 冥熏加被力 願共法界諸衆生

자타일시성불도
自他一時成佛道

자비로 받으소서,

자비로 받으소서,

대자비로 받으옵소서.

삼정례

지극한 마음으로,
온 세계 항상 계신 거룩하신 부처님께 공양 올리옵니다.

지극한 마음으로,
온 세계 항상 계신 거룩하신 가르침에 공양 올리옵니다.

지극한 마음으로,
온 세계 항상 계신 거룩하신 스님들께 공양 올리옵니다.

다함없는 삼보시여,
저희 공양 받으시고, 가피력을 내리시어,
법계중생 모두 함께 성불하여지이다.

보공양진언
普供養眞言

옴 아아나 삼바바 바아라 훔 (3번)

보회향진언
普廻向眞言

옴 사마라 사마라 미마나 사라마하 자거라바 훔 (3번)

원성취진언
願成就眞言

옴 아모카 살바다라 사다야 시베 훔 (3번)

보궐진언
補闕眞言

옴 호로호로 사야모케 사바하 (3번)

지장 정근
地藏 精勤

나무 남방화주 대원본존 「지장보살」……. (시간에 맞게)
南無 南方化主 大願本尊 地藏菩薩

보공양진언 : 널리 공양하는 진언

옴 아아나 삼바바 바아라 훔. (3번)

보회향진언 : 널리 회향하는 진언

옴 사마라 사마라 미마나 사라마하 자거라바 훔. (3번)

원성취진언 : 대원성취를 발원하는 진언

옴 아모카 살바다라 사다야 시베 훔. (3번)

보궐진언 : 빠진 것을 보완하는 진언

옴 호로호로 사야모케 사바하. (3번)

지장 정근

나무 남방화주 대원본존 「지장보살」……. (시간에 맞게)

탄백
嘆白

지장대성위신력   **항하사겁설난진**
地藏大聖威神力   恒河沙劫說難盡

견문첨례일념간   **이익인천무량사**
見聞瞻禮一念間   利益人天無量事

축원
祝願

앙고
仰告

남방화주 대원본존 지장보살 불사자비 허수낭감
南方化主 大願本尊 地藏菩薩 不捨慈悲 許垂朗鑑

상래소수공덕해 회향삼처실원만
上來所修功德海 廻向三處悉圓滿

시이 사바세계 차사천하 남섬부주 동양 대한민국 모처 모산 모사
是以 娑婆世界 此四天下 南贍部洲 東洋 大韓民國 某處 某山 某寺

청정 (수월) 도량
淸淨 (水月) 道場

금차 지극정성 제당 반혼지신 천혼재자 모처거주
今此 至極精誠 第當 返魂之辰 薦魂齋者 某處居住

행효자 ○○○등 복위 소천망 ○○○영가
行孝子 ○○○ 等 伏爲 所薦亡 ○○○ 靈駕

탄백 : 공덕을 찬탄하고 아룀

지장보살 대성인의 크신 위신력,
항하사겁 말하여도 다하지 못해
보고 듣고 찰나 동안 예배하여도
인간 천상 모두 함께 이익 얻으리.

축원

앙고(우러러 고하건대)
남방화주 대원본존 지장보살님이시여,
자비를 버리지 마옵시고 지혜 광명을 드리워 주옵소서.
지금까지 닦은 바다 같은 공덕을 중생계에 회향하오니
모두 원만하여지이다.

사바세계 남섬부주 대한민국 ○○처
청정(수월)도량에서,
지극한 정성으로 오늘 반혼재를 봉행하는,
○○에 거주하는 재자 ○○○가 축원하는
그의 ○○○영가가,

이차인연공덕 지장대성 가피지묘력 다겁생래 소작지죄업
以此因緣功德 地藏大聖 加被之妙力 多劫生來 所作之罪業

실개소멸 부답명로 즉왕극락세계 상품상생지대원
悉皆消滅 不踏冥路 卽往極樂世界 上品上生之大願

재고축(천혼문) 이차인연 염불풍송공덕 왕생서방정토 친견미타
再告祝(薦魂文) 以此因緣 念佛諷誦功德 往生西方淨土 親見彌陀

획몽제불 감로관정 반야낭지 활연개오 득무생법인지대원
獲蒙諸佛 甘露灌頂 般若朗智 豁然開悟 得無生法忍之大願

억원 영가위주 상서선망 사존부모 누세종친 제형숙백
抑願 靈駕爲主 上逝先亡 師尊父母 累世宗親 弟兄叔伯

일체친족등 각 열위열명영가
一切親族等 各 列位列名靈駕

차도량내외 동상동하 일체유주무주고혼 제불자등 각열위열명영가
此道場內外 洞上洞下 一切有主無主孤魂 諸佛子等 各列位列名靈駕

이차인연공덕 불보살가피지묘력 함탈삼계지고뇌
以此因緣功德 佛菩薩加被之妙力 咸脫三界之苦惱

왕생 왕생 원왕생 왕생극락세계 상품상생지대원
往生 往生 願往生 往生極樂世界 上品上生之大願

억원 금일 헌공발원재자 (주소) 거주 ○○생 ○○○ 각각등 보체
抑願 今日 獻供發願齋者 (住所) 居住 ○○生 ○○○ 各各等 保體

이차인연공덕 앙몽 제불보살가피지묘력 무병장원 수명장수
以此因緣功德 仰蒙 諸佛菩薩加被之妙力 無病長遠 壽命長壽

이 인연공덕으로 지장보살께서 보살피시는 오묘한 힘을 입어,

여러 겁 동안 지은 죄업이 모두 소멸되고, 저승길에 헤매지 않고

곧바로 극락세계 상품에 왕생하여지이다.

다시 축원하옵건대,

염불하고 경을 외운 공덕으로 서방정토에 왕생하여,

아미타 부처님을 직접 뵙고, 부처님께서 감로수 뿌려주심을 입어

밝은 지혜 환히 깨달아, 무생법인 얻기를 바라옵니다.

거듭 원하옵건대,

영가를 중심으로 먼저 돌아가신 스승, 부모, 여러 대의 종친,

형과 아우, 숙부, 백부, 모든 친족 등 여러 영가와

이 도량 안과 밖, 윗동네와 아랫동네, 주인이 있거나 없는

외로운 영혼, 모든 불자 등 각 영가들이 이 인연공덕으로

불보살의 가피력을 입어 모두 삼계의 고뇌를 벗어나

극락정토의 상품상생의 세계에 왕생하여지이다.

거듭 원하옵건대,

오늘 지극 정성 재자 ○○○ 각각 등 보체가

이 인연공덕으로 제불보살님의 가피력을 입어

병 없이 행복하며 수명은 길어지고

복덕구족 만사대길 각기심중 소구소원 여의원만성취지발원
福德具足 萬事大吉 各其心中 所求所願 如意圓滿成就之發願

연후원 항사법계 무량불자등 동유화장장엄해 동입보리대도량
然後願 恒沙法界 無量佛子等 同遊華藏莊嚴海 同入菩提大道場

상봉화엄불보살 항몽제불대광명 소멸무량중죄장 획득무량대지혜
常逢華嚴佛菩薩 恒蒙諸佛大光明 消滅無量衆罪障 獲得無量大智慧

돈성무상최정각 광도법계제중생 이보제불막대은 세세상행보살도
頓成無上最正覺 廣度法界諸衆生 以報諸佛莫大恩 世世常行菩薩道

구경원성살바야 마하반야바라밀
究竟圓成薩婆若 摩訶般若波羅蜜

② 영반시식
靈飯施食

거불
舉佛

나무 극락도사 아미타불
南無 極樂導師 阿彌陀佛

나무 관음세지 양대보살
南無 觀音勢至 兩大菩薩

나무 대성인로왕보살
南無 大聖引路王菩薩

복덕이 구족하여 만사가 대길하고 각자 마음속에

바라고 구하는 원들이 뜻대로 원만히 이루어지이다.

그런 뒤에 원하옵나니, 항하의 모래 수와 같이 많은 법계의

한량없는 불자들이, 꽃으로 장엄된 화장세계에 노닐며

깨달음의 도량에 들어가, 항상 화엄세계의 불보살님들을 만나 뵙고,

모든 부처님의 크신 광명을 입어, 무량한 죄업 소멸되고

한량없는 큰 지혜를 얻어, 위없는 바른 깨달음을 단박에 이루어, 널리 법

계의 모든 중생을 제도하여, 부처님의 크신 은혜 갚기

원하오며, 세상에 날 때마다 보살도를 행하여 마침내

일체지가 원만히 이루어지이다. 마하반야바라밀.

② 영반시식

거불 : 불명을 청하여 가피를 구함

나무 극락도사 아미타불

나무 관음세지 양대보살

나무 대성인로왕보살.

창혼
唱 魂

거 사바세계 불자 ○○(법명) ○○○(이름) 영가
據 娑婆世界 佛子　　　　　　　　　　靈 駕

착어
着 語

영명성각묘난사	월타추담계영한
靈 明 性 覺 妙 難 思	月 墮 秋 潭 桂 影 寒

금탁수성개각로	잠사진계하향단
金 鐸 數 聲 開 覺 路	暫 辭 眞 界 下 香 壇

진령게
振 鈴 偈

이차진령신소청	금일영가보문지
以 此 振 鈴 伸 召 請	今 日 靈 駕 普 聞 知

원승삼보력가지	금일금시래부회
願 承 三 寶 力 加 持	今 日 今 時 來 赴 會

창혼 : 영가를 부름

사바세계 불자 ○○(법명) ○○○(이름) 영가시여.

착어 : 영가를 불러 법어를 들려줌

신령하고 밝은 성품 미묘하여 헤아리기 어렵고,
가을 연못 잠긴 달에 계수나무 그림자 차네.
요령 울려 깨침의 길 활짝 여오니
진계 떠나 이 향단에 내려오소서.

진령게 : 요령 울려 영가를 법회에 청하는 게송

요령 울려 두루 청하오니
오늘 오신 영가님은 듣고 아시고
삼보님의 가피력에 의지하여서
오늘의 이 법회에 어서 오소서.

고혼청
孤魂請

일심봉청
一心奉請

생연이진 대명아천
生緣已盡 大命俄遷

기작황천지객 이위추천지혼 방불형용 의희면목
旣作黃泉之客 已爲追薦之魂 彷彿形容 依俙面目

금차지성 제당지신 천혼재자 행효자 ○○○영가
今此至誠 第當之辰 薦魂齋者 行孝子　　　　靈駕

승불위광 내예향단 수첨법공
承佛威光 來詣香壇 受霑法供

향연청 (3번)
香煙請

가영
歌詠

제령한진치신망	석화광음몽일장
諸靈限盡致身亡	石火光陰夢一場

삼혼묘묘귀하처	칠백망망거원향
三魂杳杳歸何處	七魄茫茫去遠鄉

고혼청 : 고혼의 오심을 청함

일심봉청

일심으로 받들어 청하옵니다.

이 세상 인연 다해 목숨 마치니 이내 목숨 불현듯 옮겨갔습니다.

넋은 벌써 황천길의 나그네 되어 제사 받는 주인공이 되었습니다.

생전 모습 어디 갔나, 분명치 않습니다.

지극한 마음으로 ○○○를 맞이하여

【재자의 주소】에 거주하는

생전에 모시던【직계 가족들 이름】등은

먼저 가신 불자【법명 본명】영가님을 일심으로 청하오니

부처님의 위신력을 입사와 이 향단에 이르러 법공양을 받으소서.

향 사르며 청하옵니다. (3번)

가영 : 노래로 맞이함

인연 다해 죽음에 이르게 되니

번개 불 같은 한바탕의 꿈

아득해라 영혼이여 간 곳 어디며

망망해라 육신이여 고향 가셨소.

수위안좌진언
受位安座眞言

옴 마니 군다니 훔훔 사바하 (3번)

다게
茶偈

백초임중일미신	조주상권기천인
百草林中一味新	趙州常勸幾千人

팽장석정강심수	원사망령헐고륜
烹將石鼎江心水	願使亡靈歇苦輪

원사제령헐고륜	원사고혼헐고륜
願使諸靈歇苦輪	願使孤魂歇苦輪

금일 ○○○영가
今日 ○○○ 靈駕

향설오분지진향 훈발대지 등연반야지명등
香說五分之眞香 熏發大智 燈燃般若之明燈

조파혼구 다헌조주지청다 돈식갈정 과헌선도지진품 상조일미
照破昏衢 茶獻趙州之淸茶 頓息渴情 果獻仙都之眞品 常助一味

식진향적지진수 영절기허
食進香積之珍羞 永絶飢虛

수위안좌진언

옴 마니 군다니 훔훔 사바하. (3번)

다게

온갖 초목 한결같은 신선한 차 맛
조주 스님 몇천 사람 권하였던가.
돌솥에다 맑은 물을 다려 드리니
망령이여, 드시고서 안락하소서
제령이여, 드시고서 안락하소서
고혼이여, 드시고서 안락하소서.

금일 ○○○영가시여,
오분법신향을 올리오니, 대지혜를 여여하게 드러내소서.
반야의 밝은 등을 밝히오니, 갈래갈래 어두운 길 밝혀 가소서.
조주 스님 맑은 차를 다려 올리니, 단박에 목마름 면하소서.
신선계의 진품 과일 진열하오니, 청량한 맛 돋우소서.
향적세계 진수성찬 올리오니, 주림에서 벗어나소서.

어차물물 종종진수 부종천강 비종지용
於此物物 種種珍羞 不從天降 非從地聳

단종재자지일편 성심유출 나열영전 복유상향
但從齋者之一片 誠心流出 羅列靈前 伏惟尙饗

반야심경 (참조_ 46쪽)
般若心經

가지소
加持疏

원차가지식	보변만시방
願此加持食	普遍滿十方
식자제기갈	득생안양국
食者除飢渴	得生安養國

시귀식진언
施鬼食眞言

옴 미기미기 야야미기 사바하 (3번)

보공양진언
普供養眞言

옴 아아나 삼바바 바아라 훔 (3번)

여기 차린 가지가지 음식물은 하늘에서 내려온 음식 아니며
땅에서 솟아 나온 음식도 아니고 오로지 재자들이 정성 다해서
영가님 전에 차렸으니, 흠향하소서.

반야심경 (참조_ 47쪽)

가지소 : 가피를 바람

이 가지 공양이 시방세계 두루 하여서
드신 이는 굶주림과 목마름 덜고
극락세계 태어나소서.

시귀식진언 : 고혼에게 공양을 올리는 진언

옴 미기미기 야야미기 사바하. (3번)

보공양진언 : 널리 공양하는 진언

옴 아아나 삼바바 바아라 훔. (3번)

보회향진언
普廻向眞言

옴 사마라 사마라 미마나 사라마하 자거라바 훔 (3번)

공양찬
供養讚

수아차법식 하이아난찬 기장함포만 업화돈청량
受我此法食　何異阿難饌　飢腸咸飽滿　業火頓淸凉

돈사탐진치 상귀불법승 염념보리심 처처안락국
頓捨貪瞋癡　常歸佛法僧　念念菩提心　處處安樂國

범소유상 개시허망 약견제상비상 즉견여래
凡所有相　皆是虛妄　若見諸相非相　卽見如來

여래십호
如來十號

여래 응공 정변지 명행족 선서 세간해
如來　應供　正遍知　明行足　善逝　世間解

무상사 조어장부 천인사 불 세존
無上士　調御丈夫　天人師　佛　世尊

제법종본래 상자적멸상
諸法從本來　常自寂滅相

보회향진언 : 널리 회향하는 진언

옴 사마라 사마라 미마나 사라마하 자거라바 훔. (3번)

공양찬 : 공양을 찬탄함

지금 받은 법공양은 아난 찬과 다르잖고
주린 배는 배부르고 업의 불길 꺼지리다.
탐진치를 떨쳐내고 불법승에 의지하여
보리심을 잊잖으면 모든 곳이 극락이리.

무릇 형상 있는 모든 것은 허망하니,
모든 형상이 형상 아님을 보면 바로 여래를 보리라.

여래십호

여래 응공 정변지 명행족 선서 세간해
무상사 조어장부 천인사 불 세존.

모든 법은 본래부터
항상 적멸의 모습이니

불자행도이 내세득작불

佛子行道已 來世得作佛

제행무상 시생멸법

諸行無常 是生滅法

생멸멸이 적멸위락

生滅滅已 寂滅爲樂

장엄염불 (참조_ 440쪽)

莊嚴念佛

봉안게

奉安偈

금일 ○○○영가

今日 ○○○ 靈駕

생전유형질　　　　사후무종적

生前有形質　　　　死後無從跡

청입법왕궁　　　　안심좌도량

請入法王宮　　　　安心坐道場

이 도리를 잘 행하면
오는 세상 부처되리.

모든 행은 무상하니
생겨나고 사라지네.
생멸이 다해지면
다름 아닌 적멸이네.

장엄염불 (참조_ 441쪽)

봉안게

금일 ○○○영가시여,
생전에 갖추었던 모습과 성품
죽고 나니 아무런 흔적도 없네.
법왕궁에 잘 들어가서
도량에 편안히 계십시오.

7) 매장
埋 葬

거불
擧 佛

나무 극락도사 아미타불
南無 極樂導師 阿彌陀佛

나무 관음세지 양대보살
南無 觀音勢至 兩大菩薩

나무 대성인로왕보살
南無 大聖引路王菩薩

하관
下 棺

신원적 ○○○영가
新圓寂 ○○○ 靈駕

일체제중생 신심개여환 신상속사대 심성귀육진
一切諸衆生 身心皆如幻 身相屬四大 心性歸六塵

사대체각리 수위화합자 대중차도 금일영가 향십마처거
四大體各離 誰爲和合者 大衆且道 今日靈駕 向什麼處去

7) 매장

---

① 거불　　② 하관　　③ 환귀본토진언　　④ 산좌송　　⑤ 장엄염불

※ 법성게를 외우며 하산함

---

①거불

나무 극락도사 아미타불

나무 관음세지 양대보살

나무 대성인로왕보살.

②하관

신원적 ○○○영가시여,
중생의 몸과 마음 모두 환이니,
육신은 사대이고 마음은 육진입니다.
사대로 모인 몸이 다 흩어지면
무엇이 남아 있어 화합하겠습니까.
대중이시여, 영가께서 가신 곳을 말해 보십시오.

일체불세계 유여허공화 삼세실평등 필경무거래
一切佛世界　猶如虛空花　三世悉平等　畢竟無去來

모령 환회득 차평등 무거래지 일구마
某靈　還會得　此平等　無去來底　一句麼

기혹미연 퇴양일보 화니합수 갱청주각
旣或未然　退讓一步　和泥合水　更聽註脚

기사인간 백세환신 엄귀지하 영년유택
旣捨人間　百歲幻身　奄歸地下　永年幽宅

체백안녕 장보자손 혼귀안양 자재우유
體魄安寧　長保子孫　魂歸安養　自在優遊

환귀본토진언
還歸本土眞言

옴 바자나 사다모 (3번)

법신변만백억계	보방금색조인천
法身遍滿百億界	普放金色照人天
응물현형담저월	체원정좌보련대
應物現形潭底月	體圓正坐寶蓮臺

장엄염불 (참조_ 440쪽)
莊嚴念佛

일체 모든 부처 세계 허공이리니

삼계 모두 평등하여 필경에는 거래 없으니

거래 없는 이 소식을 영가께서는 아십니까?

만약 모르셨다면 한 걸음 물러서 덧붙이는 말 들으십시오.

환 같은 백 년 산 몸 버리고

땅속으로 돌아가시니

영원히 계실 유택입니다.

칠백은 편히 쉬며 자손을 보호하시고

삼혼은 극락 가서 자유롭게 노니십시오.

③환귀본토진언 : 본래의 땅으로 돌아가게 하는 진언

옴 바자나 사다모. (3번)

법신불이 온누리에 두루 하고

금빛 광명 온 세상에 두루 비춰

일천 강의 달빛같이 근기 따라 나투시니

그 몸은 연화대에 바로 앉으시네.

④장엄염불 (참조_ 441쪽)

부: 평토제
坪 土 祭

거불
擧 佛

나무 극락도사 아미타불
南無 極樂導師 阿彌陀佛

나무 관음세지 양대보살
南無 觀音勢至 兩大菩薩

나무 대성인로왕보살
南無 大聖引路王菩薩

창혼
唱 魂

불자 ○○(법명) ○○○(이름) 영가
佛子　　　　　　　　　靈駕

착어
着 語

영명성각묘난사　　　　월타추담계영한
靈明性覺妙難思　　　　月墮秋潭桂影寒

금탁수성개각로　　　　잠사진계하향단
金鐸數聲開覺路　　　　暫辭眞界下香壇

부: 평토제

거불 : 불명을 칭하여 가피를 구함

극락도사 아미타 부처님께 귀의합니다.

관세음보살마하살님께 귀의합니다.

대세지보살마하살님께 귀의합니다.

창혼 : 영가를 부름

불자 ○○(법명) ○○○(이름) 영가시여.

착어 : 영가를 불러 법어를 들려줌

신령하고 밝은 성품 미묘하여 헤아리기 어렵고,
가을 연못 잠긴 달에 계수나무 그림자 차네
요령 울려 깨침의 길 활짝 여오니
진계 떠나 이 향단에 내려오소서.

진령게
振鈴偈

이차진령신소청 금일영가보문지
以此振鈴伸召請 今日靈駕普聞知

원승삼보력가지 금일금시래부회
願承三寶力加持 今日今時來赴會

보소청진언
普召請眞言

나무 보보제리 가리다리 다타아다야 (3번)

수위안좌진언
受位安座眞言

옴 마니 군다니 훔훔 사바하 (3번)

다게
茶偈

백초임중일미신 조주상권기천인
百草林中一味新 趙州常勸幾千人

팽장석정강심수 원사망령헐고륜
烹將石鼎江心水 願使亡靈歇苦輪

진령게 : 요령 울려 영가를 청하는 게송

요령 울려 두루 청하오니
오늘 모신 영가님은 듣고 아시고
삼보님의 가지력에 의지하여서
오늘의 이 법회에 어서 오소서.

보소청진언 : 널리 청하는 진언

나무 보보제리 가리다리 다타아다야. (3번)

수위안좌진언 : 자리를 권하는 의식

옴 마니 군다니 훔훔 사바하. (3번)

다게 : 차 올리는 게송

온갖 풀 중 한결같은 신선한 차 맛
조주 스님 몇천 사람 권하였던가.
돌솥에다 맑은 물을 다려 드리니
망령이여, 드시고서 안락하소서

원사제령헐고륜
願使諸靈歇苦輪

원사고혼헐고륜
願使孤魂歇苦輪

반야심경 (참조_ 46쪽)
般若心經

제령이여, 드시고서 안락하소서
고혼이여, 드시고서 안락하소서.

반야심경 (참조_ 47쪽)

제2장

문 병

> 문병의 경우, 장기 입원환자나 죽음을 앞둔 환자에 따라 의례가 달라진다. 환자를 보살피는 간호사나 호스피스의 의견을 물어 의례로 인해 환자가 피로를 느끼지 않도록 배려해야 한다. 무엇보다도 깊고 오랜 병고에 지친 마음을 따뜻하게 위로하고 병자로서도 아름답고 뜻깊은 시간을 보낼 수 있도록 축원하며, 하루 빨리 병을 털고 일어날 수 있기를 일심으로 기도한다.
> 환자와 가족을 위한 단주 및 경전과 같은 선물을 준비하는 것이 좋다. 그리고 병석에서 간단히 할 수 있는 염불을 일러주어 혼자서 혹은 간병인과 함께 기도할 수 있도록 안내하는 것도 좋다.

1. 입정 → 2. 삼귀의례 · 반야심경 → 3. 발원문

1) 입정

2) 삼귀의례 · 반야심경

3) 발원문

【 환자를 위한 축원문 】

감로의 공덕수 내리시어 온 땅을 생명으로 가득하게 하시며,

번뇌의 뜨거움, 삼독의 열병에서 구제해 주시는 부처님,

중생의 병에 따라 낱낱이 약 베푸시는 약사유리광 부처님이시여,

오늘 이 자리에 병고에 시달리는 ○○○ 불자에게 가피력을 내려

속히 쾌차토록 하여 주옵소서.

무릇 세상을 살아가는 모든 생명, 모든 사람이

병 없이 오래 살기를 원하고 있사오나,

저희의 현실이 매양 뜻과 같지 않사오니,

그 괴로움을 어찌 다 감내하겠사옵니까.

자비하신 부처님이시여,

부처님께서는 중생의 그 괴로움을

모두 다 없애주려는 크나큰 원 세우시고,

한량없는 세월을 몸 버리고

목숨 던져 마침내 성불하셨습니다.

진정 저희들의 영원한 의지처이며,

저희의 고통을 구제해주실 부처님,

바라옵건대, ○○○ 불자에게 하루 속히 크나큰 힘과 용기를

베푸시고 미묘한 가피를 내리시와 전과 같은 건강을 주소서.

건강의 기쁨을 내리소서.

저희가 언제나 부처님의 크나큰 원력 가운데 있음을 감사하오며,

병 없이 건강하고 착실하게 살아가는 불자가 되게 하여 주시옵소서.

부처님의 서원력에 힘입어 일심으로 발원하옵나이다.

마하반야바라밀.

【 환자의 발원문 】

자비의 빛으로 나투시는 관세음보살님이시여!

여기 병상에서 하루하루 고통을 견디는 중생이 있습니다.

사대와 오온으로 이루어진 육신이기에

병을 피할 수 없음을 모르지는 않았으나

견딜 수 없는 고통이 엄습할 때면

갖가지 번뇌와 망상에 마음마저 어지럽습니다.

부처님은 말씀하시길,

병의 고통이라는 첫 번째 화살은 누구나 맞을지라도

현명한 자는 담담히 있는 그대로의 병을 지켜보매

고통에 잇따른 마음의 번뇌라는

두 번째 화살은 피하라 하셨습니다.

지금 이 몸을 괴롭히는 모진 병고는

지난날 그릇된 생각과 어지러운 생활방식이 불러온 병입니다.

이제 진심으로 참회하나니

바른 생각, 바른 말, 바른 행동으로

부처님의 제자다운 삶을 살아가겠습니다.

관세음보살님이시여!

반야의 완성자이시여!

몸에 병 없기를 바라지 말지니,

병이 없으면 탐욕이 생기기 쉽기에 병고로써 양약을 삼으라는

보왕삼매론의 말씀을 기억하고 있습니다.

비록 병고에 시달리고는 있으나

이 몸은 불성이 담긴 그릇입니다.

부디 병상의 시간 동안 병마에 휘둘리지 않고

참된 지혜로 건강한 법체(法體)로 거듭나게 하여 주소서.

관세음보살님의 크나크신 자비에 엎드려 바라옵니다.

나무 관세음보살마하살.

※ 시간이 있으면 기도발원에 이어서 관세음보살 정근을 계속함.

제3장

가정 불공

재가불자에게 이사와 안택 및 개업은 매우 중요한 의미를 갖는다. 여법한 노동으로 땀을 흘려 모은 소중한 재산을 지키고 더욱 번창하게 하기 위해 집전을 할 때에는 「불설소재길상다라니」를 3번 봉독하고, 간절한 마음으로 「화엄성중 정근」 또는 「관음 정근」을 ○○회 혹은 ○○분에 걸쳐 하며, 재가자의 행복한 미래를 위해 아래에 마련한 경전 중에 적당한 내용을 선택하여 함께 봉독한다.

1. 천수경 → 2. 신중 불공 → 3. 신중 정근 (집 안을 돈다) → 4. 삼귀의 →
5. 공양 계송 → 6. 발원문 → 7. 감사 회향 → 8. 사홍서원

1) 천수경

2) 신중 불공

3) 신중 정근

4) 삼귀의

5) 공양 게송

6) 발원문(반야심경 또는 경전 일부)

①이사

〈복덕과 기쁨 누리게 하소서〉

메아리가 소리에 맞추어 응하듯이

중생의 정성 간절함에 언제 어디에나 감응하옵시는 삼보자존이시여,

오늘 이 자리에 삶의 터전을 옮겨 장만하고,

새 살림을 시작하는 불자에게 가피력을 내리시어 복덕과 지혜, 그리고

기쁨을 누리게 하여 주옵소서.

가장이 경영하는 일 뜻대로 이루어져서 생업을 안정케 하여 주시고,

주부가 뜻하는 일 장애가 없어서 자녀들의 교육이 원만히 이루어지고,

화목과 번영 속에 가운이 날로 번영케 하여 주옵소서.

그리하여 친척과 이웃에 언제나 사랑받는 가족으로서

옳은 일에 앞장서는 용기 있는 가문이 되게 하여 주옵소서.

천룡팔부성중 다 함께 이 터를 보호하시고

안팎의 선신 모두가 이 가정을 보살펴주옵소서.

거룩하신 서원에 힘입어 지극한 마음으로 발원하나이다.

나무 석가모니불

나무 석가모니불

나무 시아본사 석가모니불.

②개업

〈더 큰 원력으로 정진하게 하소서〉

여덟 가지 공덕수 비 내리어 온 중생 흡족히 적셔주시는 부처님,

한없는 공덕으로 장엄하신 법왕이시여,

여기 님을 따르는 제자 합장하여 예배하옵니다.

항상 큰 은혜 속에 살게 하고, 자비로 섭수하여 주심을 감사하옵니다.

이번 제가 부처님과 보살님의 가피를 받아

새로 사업을 개업(확장)하게 되었습니다.

언제나 삼보를 믿는 그 정성으로 매사를 지성껏 하겠사오니,

저에게 한없는 힘과 끝없는 용기를 부어주소서.

앞으로 더욱 큰 정진으로 사업에 임하여 불자의 원력을 보이겠습니다.

서원하오니,

저에게 이웃에 공덕 나누고 사회에 봉사할 인연을 주소서.

부처님의 크신 위신력 빌어 발원하옵나이다.

나무 마하반야바라밀.

7) 감사 회향 (선물 증정)

※ 한 사람이 한 줄씩 선창하면 모두 따라 봉독한다.

지혜와 자비의 근원이신 부처님 감사합니다.
저희를 자비로 지켜주시고 진리로 빛내주시는
부처님 감사합니다.
모든 중생과 더불어 공덕 나누며
지혜와 용기 그리고 모든 성취를 함께 하겠나이다.
나무 마하반야바라밀. (3번)

8) 사홍서원

중생을 다 건지오리다.
번뇌를 다 끊으오리다.
법문을 다 배우오리다.
불도를 다 이루오리다.

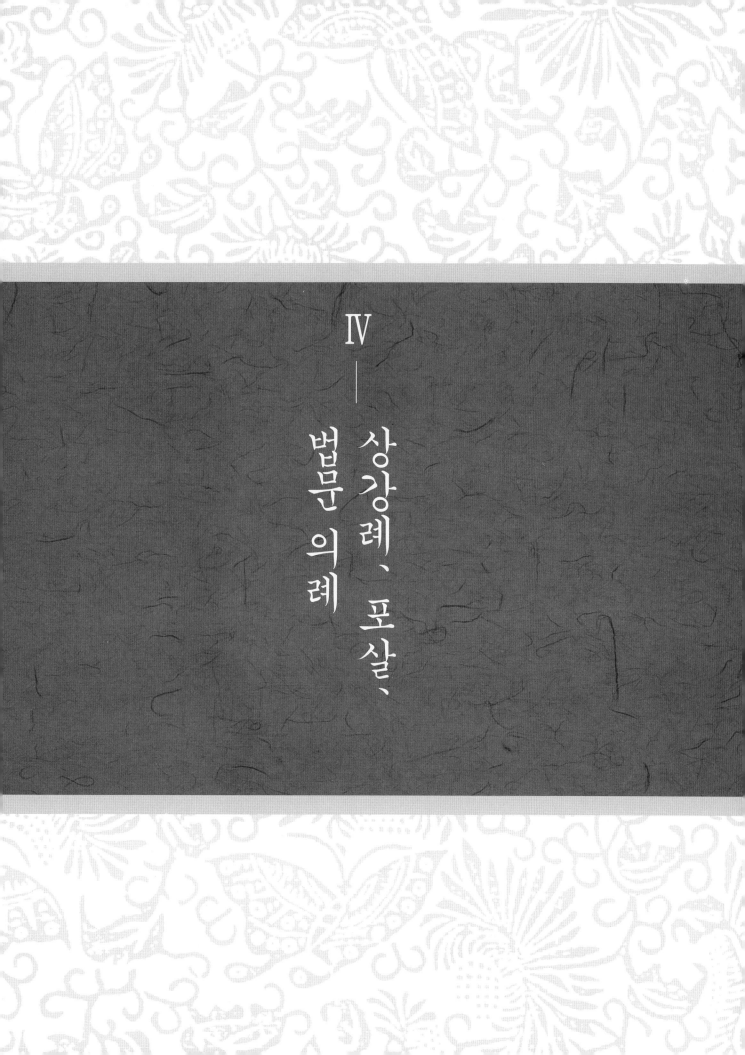

Ⅳ
—
상강례, 포살,
법문 의례

상강례
上 講 禮

예경삼보
禮 敬 三 寶

일심정례 진시방삼세 일체제불 (큰절)
一心頂禮　盡十方三世　一切諸佛

일심정례 진시방삼세 일체존법 (큰절)
一心頂禮　盡十方三世　一切尊法

일심정례 진시방삼세 일체현성승 (큰절)
一心頂禮　盡十方三世　一切賢聖僧

아제자등 강론삼장 유원삼보 위작증명 (저두)
我弟子等　講論三藏　唯願三寶　爲作證明

나무본사석가모니불 나무본사석가모니불
南無本師釋迦牟尼佛　南無本師釋迦牟尼佛

나무시아본사석가모니불
南無是我本師釋迦牟尼佛

개경게
開經偈

무상심심미묘법   백천만겁난조우
無上甚深微妙法   百千萬劫難遭遇

아금문견득수지   원해여래진실의 (목탁 내리며 저두)
我今聞見得受持   願解如來眞實義

회향게
廻向偈

강경공덕수승행   무변승복개회향
講經功德殊勝行   無邊勝福皆廻向

보원침익제유정   속왕무량광불찰 (목탁 내리며 저두)
普願沈溺諸有情   速往無量光佛刹

시방삼세일체불   제존보살마하살
十方三世一切佛   諸尊菩薩摩訶薩

마하반야바라밀 (목탁 내리며 저두)
摩訶般若波羅蜜

포살의식
布薩儀式

예경삼보
禮敬三寶

■ 선창이 「일체제불」을 할 때 대중 일동이 「일심정례」를 받는다.

일심정례 진시방삼세 일체제불 (목탁 내리며 큰절)
一心頂禮　盡十方三世　一切諸佛

일심정례 진시방삼세 일체존법 (목탁 내리며 큰절)
一心頂禮　盡十方三世　一切尊法

일심정례 진시방삼세 일체현성승 (목탁 내리며 큰절)
一心頂禮　盡十方三世　一切賢聖僧

아제자등 설계포살 유원삼보 위작증명 (목탁 내리며 큰절)
我弟子等　說戒布薩　唯願三寶　爲作證明

■ 거향찬, 칭불명호, 개경게, 회향게는
   선창이 한 구절씩 하면 대중 일동이 따라 받는다.

거향찬
舉 香 讚

원차묘향운　　　변만시방계
願 此 妙 香 雲　　　遍 滿 十 方 界

일일제불토　　　무량향장엄
一 一 諸 佛 土　　　無 量 香 莊 嚴

구족보살도　　　성취여래향
具 足 菩 薩 道　　　成 就 如 來 香

나무향운개보살마하살 (3번)
南 無 香 雲 盖 菩 薩 摩 訶 薩

(나무향운개 보살마하살을 세 번 하며, 세 번째는 목탁 내리며 저두)

칭불명호
稱 佛 名 號

나무범망교주노사나불 (3번)
南 無 梵 網 敎 主 盧 舍 那 佛

(나무범망교주 노사나불을 세 번 하며, 세 번째는 목탁 내리며 저두)

개경게
開經偈

무상심심미묘법　　　　백천만겁난조우
無上甚深微妙法　　　　百千萬劫難遭遇

아금문견득수지　　　　원해여래진실의 (목탁 내리며 저두)
我今聞見得受持　　　　願解如來眞實義

■ 포살계본 · 송계가 끝나면 아래 회향게를 한다.

회향게
廻向偈

송계공덕수승행　　　　무변승복개회향
誦戒功德殊勝行　　　　無邊勝福皆廻向

보원침익제유정　　　　속왕무량광불찰
普願沈溺諸有情　　　　速往無量光佛刹

시방삼세일체불　　　　제존보살마하살
十方三世一切佛　　　　諸尊菩薩摩訶薩

마하반야바라밀 (목탁 내리며 저두)
摩訶般若波羅蜜

3

법문의식
法 門 儀 式

예경삼보
禮 敬 三 寶

■ 선창이 「일체제불」을 할 때 대중 일동이 「일심정례」를 받는다.

일심정례 진시방삼세 일체제불 (목탁 내리며 큰절)
一心頂禮　盡十方三世　一切諸佛

일심정례 진시방삼세 일체존법 (목탁 내리며 큰절)
一心頂禮　盡十方三世　一切尊法

일심정례 진시방삼세 일체현성승 (목탁 내리며 큰절)
一心頂禮　盡十方三世　一切賢聖僧

아제자등 설법삼장 유원삼보 위작증명 (목탁 길게 내리며 저두)
我弟子等　說法三藏　唯願三寶　爲作證明

■ 거향찬, 칭불명호, 개경게, 회향게는
 선창이 한 구절씩 하면 대중 일동이 따라 받는다.

거향찬
擧 香 讚

원차묘향운	변만시방계
願 此 妙 香 雲	遍 滿 十 方 界
일일제불토	무량향장엄
一 一 諸 佛 土	無 量 香 莊 嚴
구족보살도	성취여래향
具 足 菩 薩 道	成 就 如 來 香
나무향운개	보살마하살 (3번) (세 번째는 목탁 내리며 저두)
南 無 香 雲 盖	菩 薩 摩 訶 薩

칭불명호
稱 佛 名 號

나무본사석가모니불 (3번) (세 번째는 목탁 내리며 저두)
南 無 本 師 釋 迦 牟 尼 佛

개경게
開 經 偈

무상심심미묘법	백천만겁난조우
無 上 甚 深 微 妙 法	百 千 萬 劫 難 遭 遇

아금문견득수지　　　원해여래진실의 (목탁 내리며 저두)
我今聞見得受持　　　願解如來眞實義

법사등단
法師登壇

청법게
請法偈

차경심심의　　　　　대중심갈앙
此經甚深意　　　　　大衆心渴仰

유원대법사　　　　　광위중생설 (목탁 내리며 대중 일동 큰절 세 번)
惟願大法師　　　　　廣爲衆生說

입정
入定

■ 입정을 시작할 때 유나, 선덕, 입승 스님께서
　죽비나 목탁을 세 번 친 후 조금 있다가
　출정 시 다시 세 번 친 후 법문을 시작한다.

법문
法門

■ 법문 끝나면 바라지가 정근을 시작한다.

나무 삼계도사 사생자부 시아본사 「석가모니불」…….
南無 三界導師 四生慈父 是我本師 釋迦牟尼佛

석가여래종자심진언
釋迦如來種子心眞言

나무 사만다 못다남 박 (3번)

천상천하무여불   시방세계역무비
天上天下無如佛   十方世界亦無比

세간소유아진견   일체무유여불자 (목탁 내리며 저두)
世間所有我盡見   一切無有如佛者

회향게
廻向偈

설법공덕수승행   무변승복개회향
說法功德殊勝行   無邊勝福皆廻向

보원침익제유정   속왕무량광불찰
普願沈溺諸有情   速往無量光佛刹

시방삼세일체불   제존보살마하살
十方三世一切佛   諸尊菩薩摩訶薩

마하반야바라밀 (목탁 내리며 저두)
摩訶般若波羅蜜

식당작법
食 堂 作 法

식당작법이란 영산재를 할 때 전통의식으로 하는 범패작법과 삼하·삼동 결제 중에 대중스님들이 전통의식으로 공양하는 의식이다. 이 가운데 영산재 등의 대규모의 의례에는 대심경(大心經)을 하며, 결제 등 일상적으로는 소심경(小心經)을 한다. 여기에는 전통의식의 식당작법이 아니고 현재 조계종에서 행하는 제일 간략한 식당작법을 수록하였다.

■ 큰방에 들어와서 발우를 자리에 놓고 앉는다.

1) 불은상기게 — 죽비 한 번에 합장하고
佛恩想起偈

불생가비라
佛生迦毘羅

성도마갈타
成道摩竭陀

설법바라나
說法波羅奈

입멸구시라
入滅拘尸羅

2) 전발게 — 죽비 한 번에 합장하고
展鉢偈

여래응량기	아금득부전
如來應量器	我今得敷展

원공일체중	등삼륜공적
願共一切衆	等三輪空寂

3) 죽비 세 번에 합장저두 하고 전발을 한다.

4) 십념 — 죽비 한 번에 합장하고
十念

청정법신비로자나불	원만보신노사나불
淸淨法身毘盧遮那佛	圓滿報身盧舍那佛

천백억화신석가모니불	당래하생미륵존불
千百億化身釋迦牟尼佛	當來下生彌勒尊佛

시방삼세일체제불	시방삼세일체존법
十方三世一切諸佛	十方三世一切尊法

대지문수사리보살	대행보현보살
大智文殊師利菩薩	大行普賢菩薩

대비관세음보살	제존보살마하살
大悲觀世音菩薩	諸尊菩薩摩訶薩

마하반야바라밀 (저두)
摩訶般若波羅蜜

5) 죽비 한 번에 진지를 한다.

(1) 하판에서 나와서 행반한다. 행반할 때는 어간을 중심으로 종체기
  용(從體起用)에 준하여 어간부터 하판으로 내려가며 하고, 섭용귀체
  (攝用歸體)에 준하여 정수물 거둘 때는 하판에서 시작하여 어간에
  서 마친다. 행반 순서는 정수(淨水), 밥, 국, 반찬의 순서로 한다.

(2) 정수물 거둘 때는 두 사람이 나와서 탁자 앞 정면 사미석을 중심
  으로, 양쪽으로 한 사람은 사미석부터 시작하여 입승, 오관, 어간
  으로 돌면서 거두고, 또 한 사람은 사미석을 중심으로 부전, 삼함,
  청산, 어간의 순으로 돌면서 걷는다.

(3) 종전에는 큰방 천정 가운데에 범서(梵書)로 천수주(千手呪)를 원형으
  로 써서 붙이고, 그 아래에 바루에 담을 깨끗한 물을 두었다가 진
  지할 때 물을 돌린다. 공양 후 바루 씻은 물을 걷어서 처음 물 놓
  았던 자리에 두어 천정에 있는 천수주(千手呪)의 그림자가 물에 비
  치게 하여 그 공덕으로 아귀의 주린 기갈을 면하고 배를 불려주
  므로 정수(淨水)가 아니라 천수주(千手呪)가 가지(加持)된 물이라 해
  서 천수(千手)물이라고 불렀다.

(4) 큰방 공양이 다 끝나면 부전스님은 절수통을 들어내다가 큰방 앞
  정수 붓는 곳에 한꺼번에 붓지 않고 조금씩 붓는데, 즉 아귀에게

물을 먹이는 의미가 있기 때문이다. 아귀가 이 물을 먹고 살기 때문에 정수에 음식 찌꺼기가 들어가서는 안 되고 깨끗하게 해야 한다.

옛날 노스님들 말씀에 정수에 찌꺼기가 들어가면 대중스님들이 배탈이 나고 아프며 사중에 장난(障難)이 일어나니 조심해서 깨끗한 정수를 버려야 한다고 가르쳤다.

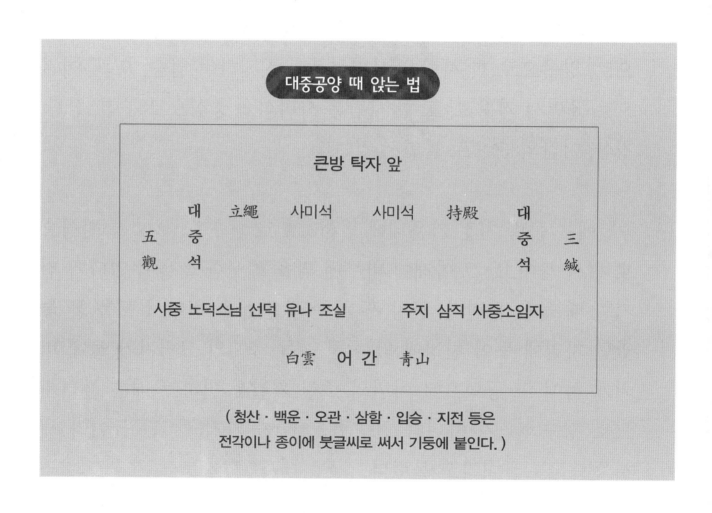

※ 지전(持殿)이 지전(知殿)으로 나온 책도 있다. 여기에서는 지(持) 자로 하였음.

6) 봉발게 — 죽비 한 번에 발우를 정대한다
捧 鉢 偈

약수식시	당원중생
若 受 食 時	當 願 衆 生

선열위식	법희충만 ('충만'을 할 때 발우를 내려놓는다.)
禪 悅 爲 食	法 喜 充 滿

7) 오관게 — 죽비 한 번에 합장한다
五 觀 偈

계공다소양피래처	촌기덕행전결응공
計 功 多 少 量 彼 來 處	忖 己 德 行 全 缺 應 供

방심이과탐등위종	정사양약위료형고
防 心 離 過 貪 等 爲 宗	正 思 良 藥 爲 療 形 枯

위성도업응수차식
爲 成 道 業 應 受 此 食

※ 재가 있는 날은 오관게(五觀偈) 다음에 **8) 생반게**(生飯偈)는 생략하고

곧바로 9)번을 한다. 왜냐하면 시식할 때 헌식을 했기 때문에 발우 공양 시

생반을 생략하고 재가 없을 때만 생반을 한다.

8) 생반게 — 죽비 한 번에 감로인[1]을 맺는다('생반게'를 할 때는 합장하지 않는다.)
生 飯 偈

여등귀신중	아금시여공
汝 等 鬼 神 衆	我 今 施 汝 供

차식변시방	일체귀신공
此 食 遍 十 方	一 切 鬼 神 共

옴 시리시리 사바하. (3번)

9) 죽비 세 번에 합장저두 하고 공양을 한다.

10) 죽비 두 번에 숭늉을 돌린다.

(이때 죽비 치는 스님은 대중이 공양을 거의 다 했는지 살펴보고 쳐야 한다.)

11) 죽비 한 번에 찬상을 내가고, 들어올 때 절수통(折水桶)을 들고 들어온다.

※ 헌식[2]을 맡은 스님은 생반기를 거두어 헌식대에 헌식한다.

12) 죽비 한 번에 정수(淨水)를 거둔다.

---

1 감로인은 왼손 약지(藥指)의 첫째 마디를 엄지로 누르며 오른손바닥 위에 왼손을 얹는다.

2 헌식주문은 다음과 같다.

   大鵬金翅鳥 曠野鬼神衆 羅刹鬼子母 甘露悉充滿 옴 모지사바하 (3번)

13) 절수게³ — 죽비 한 번에 감로인을 맺는다.
折水偈

아차세발수	여천감로미
我此洗鉢水	如天甘露味

시여아귀중	개령득포만
施與餓鬼衆	皆令得飽滿

옴 마휴라세 사바하. (3번)

14) 수발게 — 죽비 한 번에 합장하고
收鉢偈

반사이흘색력충	위진시방삼세웅
飯食已訖色力充	威振十方三世雄

회인전과부재념	일체중생획신통
廻因轉果不在念	一切衆生獲神通

15) 죽비 세 번에 합장저두 하는 것으로 공양을 마친다.

---

3 공양을 마친 뒤 절수게 할 때 정수통을 가지고 하판부터 발우 씻은 물을 거둔다.

큰절에서 공양(供養), 운력(運力), 운집(雲集)할 때 목탁 치는 법

1. 공양목탁 　○ ○ ○ ○ ○ ○ ○ ○ ○ ∘ ∘ ∘　○ ○

한 번 내린다.

2. 운력목탁 　○ ○ ○ ○ ○ ○ ○ ○ ∘ ∘ ∘ ∘

　　　　　　○ ○ ○ ○ ○ ○ ○ ∘ ∘ ∘ ∘　○ ○

두 번 내린다.

3. 운집목탁 – 법문 · 입선 · 포살 · 자자 · 대중인사 등

　　　　　　○ ○ ○ ○ ○ ○ ○ ○ ○ ∘ ∘ ∘ ∘

　　　　　　○ ○ ○ ○ ○ ○ ○ ○ ∘ ∘ ∘ ∘

　　　　　　○ ○ ○ ○ ○ ○ ○ ○ ∘ ∘ ∘ ∘　○ ○

세 번 내린다.

열반종 치는 법

1. 대종 : 음종 없이 　○ ○ ○ ○ ○ ○ ○ ○ ○ ○ ○ ○
　　　　산중 대중스님들이 충분히 알아들을 수 있을 정도로
　　　　치다가 마친다.

2. 소종 : 음종 없이 　○ ○ ○ ○ ○ ○ ○ ○ ○ ○ ○ ○
　　　　길게 한 마루 내려서 음종 없이 종소리를 죽인 후
　　　　그대로 마친다.

큰활자본

불교상용의례집

1판 1쇄 펴냄 | 2013(2557)년 3월 1일
개정 2판 1쇄 펴냄 | 2016(2560)년 9월 30일
큰활자본 1쇄 펴냄 | 2020(2564)년 7월 1일
큰활자본 4쇄 펴냄 | 2023(2567)년 9월 15일

편찬 | 대한불교조계종 교육원 불학연구소
자문위원 | 인묵 스님, 화암 스님

발행인 | 정지현
편집인 | 박주혜

펴낸곳 | (주)조계종출판사
출판등록 | 제2007-000078호(2007.4.27)
주소 | 서울시 종로구 삼봉로 81 두산위브파빌리온 831호
전화 | 02-720-6107
팩스 | 02-733-6708
구입문의 | 02-2031-2070 | (불교전문서점 향전 www.jbbook.co.kr)

ⓒ대한불교조계종 교육원
ISBN 979-11-5580-138-3 13220